하트가
썩었어요

하트가 썩었어요

**폭력이 사라진
교실을 꿈꾸며**

김대원 지음

높은 곳에 가느다란 나무 높은 배는 없다. 침묵을 깨고, 사랑을 외쳐라.

뜨락

시작하면서

우리는 폭력에 상당히 둔감하고 지나치게 관대한 세상에서 살고 있다. 현대사회는 자연환경은 물론이고 사람에게까지 너무나 폭력적이고 무례하다. 그 어느 때보다 입에 담지 못하며 상상조차 할 수 없는 수준의 폭력까지 용납된다. 이대로라면 모두가 망한다. 망하지 않을 방법으로는 무엇이 있을까? 대안은 '탈(脫)폭력 세상'이다. 나는 이 대안을 실현하기 위한 무모해 보이는 도전을 '다윗과 골리앗의 싸움'이라고 이름 붙였다.

폭력이 더 잔인하고 더 흉악하고 더 끔찍하게 발전하는 것 같아도 우리에겐 폭력을 극복할 최고의 무기가 있다. 바로 '사랑'이다. 사랑이란 어떤 것이기에 불가능할 것 같은 탈폭력 세상을 가능하게 할 수 있을까? 내가 폭력이라는 큰 장수 골리앗에 맞서는 최고의 무기로 사랑을 주장하는 이유가 이 책곳곳에 담겨 있다.

내 꿈은 '탈폭력 세상에서 우리 아이들이 안전하고 행복하게 살아가는 것'이다. 내가 탈폭력 세상을 꿈꾸는 이유는 나 자신이 무지막지한 아동학대와 가정폭력에서 살아남은 생존자로서 끔찍한 폭력의 독성으로 고통받는 이들의 아픔 그리고 그 폐해를 잘 알기 때문이고 이와 같은 몹쓸 경험은 지금 당장 끊어야 한다는 사명감 때문이다.

나처럼 경험하지 말아야 할 폭력의 '첫 단추 끼우기'를 적지 않은 사람이 가정에서 시작한다. 즉, 전쟁과 재해를 제외하고 많은 아이가 태어나서 처음 경험하는 폭력이 가정에서 일어난다. 모든 것을 양육자에게 의존할 수밖에 없는 연약한 아이는 매 순간 어디서 날아올지 모를 폭력으로 휘몰아치는 불안과 두려움 속에서 심각한 '외상(trauma)'을 입으며 성장한다. 그렇게 자라는 아이들의 폭력에 노출된 경험은, 또래와의 관계 속에 그대로 드러나 학교폭력으로 확장된다. 더 나아가 폭력에 익숙한 어른이 될 수도 있다. 그렇게 폭력의 대물림이 시작되고 폭력이 악순환된다.

탈폭력 세상을 만들기 위해 내가 가장 정성을 쏟는 대상은 아이들이다. 아이들은 직접적이면서 일차적인 보호가 필요한 대상이다. 교육적 효과가 좋고 변화가 빠르다는 강점도 있다. 그리고 아이들 사이에서 폭력이 끊어졌다는 것은 학교폭력이 근절됐다는 의미랑 통하며, 이는 미래에 있을지도 모를 아동학대와 가정폭력까지 예방된다는 뜻이기도 하다. 따라서 우리는 가능한 모든 것을 동원해서 학교폭력으로부터 우리 아이들을 구해야 한다.

이를 위해 어른들이 먼저 폭력에 대한 감수성을 높이고 민감해져야 한다. 폭력을 끊고 티끌만큼 작은 폭력도 용납하지 말아야 한다. '충분하면서도 적당한 돌봄' 그리고 '올바른 가르침과 배움'을 끊임없이 반복하며 모자람 없이 넉넉하되 아이의 발달 단계와 개인적 특성에 알맞은 적절하면서도 따뜻한 사랑을 전해야 한다.[1] 이런 어른들의 변화가 우리 아이들의 마음 밭에 잘 전달된다면 학교폭력은 근절된다. 자연스럽게 우리 아이들도 '학교폭력 예방교육'을 따로 시간을 내서 공부까지 해야 하는 이 모순된 현실에서 벗어날 수 있다. 그렇게 된다면 우리 아이들이 어른이 될 세상은 폭력의 악순환이 끊어져 안전하고 행복해질 것이다.

나는 그렇게 성장한 우리 아이들이 살 곳이 바로 '탈폭력 세상'이라는 것을 믿어 의심치 않는다. 이 믿음은 복지와 교육 현장에서 축적된 경험에 근

---

1. '충분하면서도 적당한 돌봄' 그리고 '올바른 가르침과 배움'이 담긴 이 문장은 이 책의 기본이 되는 개념으로 자주 언급되기에 이후부터는 약칭으로 '돌봄과 배움'으로 명명했다.

거한다. 내가 아동학대와 가정폭력이 학교폭력과 밀접한 관계가 있다는 이론을 인정하게 된 배경에는 학교폭력 근절을 위한 운동 중 만난 귀한 아이들의 서사가 있다. 나는 폭력을 행사했던 아이들이 돌봄과 배움의 기회를 통해 변하는 것을 충분히 목격했다. 그 변화가 공동체를 얼마나 평화롭게 바꾸는지도 거듭 확인했다. 그래서 나는 아이들이 희망이라고 확언한다.

복지와 교육 현장에서 일하는 해가 늘어갈수록 폭력이 허용된 세상에서 사는 우리 아이들의 거칠고 처절한 삶을 널리 알리고 싶은 소망이 커졌다. 엘리스 밀러(Alice Miller)처럼 '아이들을 위해서'라는 핑계로 자행되는 어떤 폭력도 정당화될 수 없다는 신념을 공유하고 싶었다. 다양한 이유로 '폭력'이 곧 '자기 자신'이 된 아이들의 슬픔도 나누고 싶었다. 폭력의 최일선에서 헌신하는 귀한 어른이 아주 많다는 현실도 알리고 싶었다. 또 더 많은 아이에게 학교폭력 근절에 대한 열정을 심어주고 그 열정에 불을 지피고 싶었다.

그러므로 나는 독자가 '탈폭력 세상을 위해 학교폭력을 근절하고 우리 아이들을 살리자'라는 나의 주장에 힘을 실어주길 바란다. 세상은 한 사람 한 사람의 개인이 변화시킨다. '한 아이가 천하(天下)보다 귀하다는 것'을 인지하고 이를 삶으로 살아내는 어른들이 존재하는 한 우리 아이들은 학교폭력 없는 세상에서 안전하고 행복하게 지낼 수 있다. 그리고 그 모습을 자녀가 그리고 주변 사람이 따를 것이다. 그렇게 날마다 학교폭력을 극복하겠다고 각오하고 고민하며 노력하는 사람이 늘어날 것이다. 이런 소망을 담아서 이 순간에도 학교폭력으로 되돌릴 수 없는 선택을 고민하는 우리 아이들에게 나는 진심으로 호소한다. "네 고통이 어서 끝나고, 안전하고 행복해질 때까지 우리가 함께할게. 제발 죽지 마!" 이 호소는 내가 이 책에서 궁극적으로 하고 싶은 말이다. 잠시 5학년 아이 '사랑이'와 나눈 대화를 들어보자.

"소장님, 소장님은 뇌가 없어요? 왜 이러고 살아요?"

"사랑이는 소장님에게 왜 뇌가 없다고 생각하는데?"

"만약에 소장님 머릿속에 뇌가 있으면 공부를 잘했겠지요. 공부를 잘해서 의사가 돼서 돈을 많이 벌 텐데, 소장님은 뇌가 없어서 공부를 못했으니까 돈도 못 벌고 여기서 이러고 있는 거잖아요."

"소장님이 여기서 이러고 있다는 게 무슨 말인지 더 자세하게 얘기해 줄래?"

"소장님이랑 선생님들은 여기서 이상한 애들이랑 살면서 맨날 애들한테 두들겨 맞잖아요. 공부 잘하는 사람이 미쳤다고 여기서 이러고 살겠어요?"

독자는 이 책을 읽으면서 사랑이처럼 거침없이 막말하는 아이들이 가진 아픔에 놀랄 것이다. 또 아이들과 그 곁에 있는 어른들과의 상호작용에 주목하게 될 것이다. 그러면서 아이들이 어디까지 얼마나 멋있게 성장할 수 있는지를 발견하면서 눈시울이 붉어질 것이다.

나는 그동안 미성년자 보호라는 핑계로 귀를 막고 듣지 않았던 우리 아이들의 울부짖음을 책 속에 여과 없이 담으려 노력했다. 독자는 이야기를 읽으면서 마음속에서 일게 될 불편한 감정을 회피하고 싶을 수 있다. 그럴수록 끝까지 읽어주길 바란다. 왜냐하면 우리가 외면하고 싶은 그 감정과 상황이 어떤 아이에겐 피할 수 없는 현실이자 고통스러운 삶이기 때문이다. 이제는 우리 사회가 폭력 속에서 느끼는 아이들의 심리적 혼란과 거대한 문제를 양산하는 아픔에 직면해야 할 때다. 독자는 이 책에서 만나는 아이들을 본인의 자녀라 여기며 그들의 외침에 귀 기울이기를 바란다. 혹은 자신이라고 생각하며 살려달라는 구조요청을 온 마음과 온몸으로 알아듣기를 바란다.

일러두기

이 책을 쓰면서 이야기 속 등장인물의 보호를 가장 중요하게 생각했다. 모든 이름은 가명이고, 이들이 처한 상황은 유사하지만 유추할 수 없도록 각색했다. 개인정보를 보호하려 철저히 노력했다. 그러면서도 독자가 뉴스나 미디어를 통해 만날 볼 수 없는 생생한 현장의 목소리를 들려줌으로써 우리 아이들의 삶을 이해할 수 있게 도울 수 있도록 노심했다.

제1부에서는 학교폭력 근절을 위한 예방교육 현장으로 여행을 떠날 것이다. 우리가 방문할 열 개의 여행지 속 에피소드를 통해 독자는 아이들의 생생한 목소리를 듣게 될 것이다. 그 속에서 아이들의 성숙함에 놀랄 것이고 따뜻함에 감동할 것이다. 우리 아이들에 대한 기대가 커지면서 행복함에 잠길 것이다. 독자가 제1부에서 만난 아이들을 통해 희망을 발견하고 그 희망이 꽃을 피울 수 있도록 지지하고 응원하며 스스로 아이들의 본이 되는 일에 더 적극적이기를 소망한다.

제2부에서는 학교폭력 근절을 위한 위탁기관 현장인 <초등 가정형위(Wee)센터>로 유람을 떠날 것이다. 이 책이 기관을 설명하는 책은 아니지만 이해를 돕기 위해 제2부를 시작하면서 기관에 대한 간단한 설명을 담았다. 그 외에도 글의 흐름에서 센터에 대한 정보와 조우하더라도 이해해 주길 바란다. 독자는 그곳에서 만난 아이들의 서사 속 희로애락에 스며들게 될 것이다. 이를 통해 독자는 학교폭력 근절을 위한 위탁기관의 전문가들은 아이들과 어떻게 소통하며 그것이 아이들 성장에 어떤 변화를 가져오는지 엿보게 될 것이다.

이 책은 여타 학교폭력 근절을 위한 저서들처럼 현행법을 자세하게 소개하지 않는다. 하지만 독자가 알면 좋을 법한 어느 정도의 현행법 소개 그리고 다양한 프로그램과 정보 제공을 놓치지 않았다. 필요한 내용이라고 생각되는 부분이 있으면 적극적으로 적용하길 제안한다. 강조하지만, 이 책은 탈폭력 세상을 향해 달려가는 학교폭력 근절의 가능성을 노래하고자 한다.

차례

제1부

교실에서
폭력이
사라지는 날

안전한 교실,
평화로운 미래를
만들어가는 첫걸음.

학교폭력 근절을 위한
예방교육 현장으로 떠나는 여행

'애들은 싸우면서 큰다'라는 말이 있다. 삼십 년 이상의 세월을 아이들과 함께 지내면서 느끼는 것인데 아이들은 정말 많이 싸운다. 너무 싸워서 그렇게 싸우려면 제발 떨어져 있으라고 목이 터지도록 말해도 듣는 둥 마는 둥 붙어서 싸운다. 하지만 신기하게도 그렇게 씩씩거리면서 절교를 외쳤던 아이들이 언제 싸웠냐는 듯이 금새 까르르 웃으며 같이 놀기도 한다. 그렇다면 친구와 싸우고 다시 놀 기회가 누구에게나 있을까?

'학교폭력'은 '학교'와 '폭력'의 합성어다. 사람이 태어나 살면서 절대 경험하지 말아야 할 무서운 '폭력' 앞에 가르침과 배움이 공존하는 '학교'가 붙은 아주 슬픈 단어다. 우리 아이들이 집 다음으로 많은 시간을 보내는 학교에서 어떤 아이는 적게는 몇 시간씩, 많게는 종일 폭력을 당하며 만신창이가 된다. 그렇게 지옥 같은 학교에서 온몸과 마음에 박힌 폭력의 후유증은 평생 지속될 수 있으므로 학교폭력은 매우 위험하다.

우리나라에서 학교폭력이 사회적 이슈로 공론화되고 세간의 관심이 집중되기 시작한 것은 푸른나무재단[2]이 출범한 즈음이다. 1995년 6월, 한 아이가 학교폭력으로 16살의 나이에 죽음을 선택했다. 외아들을 잃은 아버지의 마음은 요동쳤다. 하늘이 무너진 것을 경험한 아버지는 다시는 이 땅에 자신과 같이 불행한 아버지가 없기를 소망하는 마음에서 학교폭력의 심각성을 시민사회에 알리고 싶었다. 그리고 그 마음을 담아 학교폭력 예방과 피해자 치유 그리고 사회변화를 기본가치로 활동하는 비영리 공익법인을 설립했다.

---

2. 구. 청소년폭력예방재단(청예단)

푸른나무재단을 포함한 많은 시민이 학교폭력 근절에 관한 법제화를 위해 오랜 세월 고군분투한 끝에 2004년 1월 29일 「학교폭력예방 및 대책에 관한 법률: 약칭 학교폭력예방법」이 제정됐다. 학교폭력예방법은 이후에도 학교폭력 문제에 효과적으로 대응하기 위해 여러 차례 개정되었으며, 학교폭력 근절을 위해 끊임없이 노력하고 있다.

하지만 법 제정 및 다양한 정책 추진에도 불구하고 2011년 12월 20일, 대한민국을 떠들썩하게 뒤흔든 학교폭력 사건이 발생했다. 대구에 살던 한 중학생이 학교폭력을 멈추기 위해서 스스로 세상을 떠난 것이다. 이를 계기로 정부는 2012년 2월 6일에 <학교폭력 근절 종합대책>을 발표했다. 그에 따라 학교폭력예방법을 대대적으로 개정하며 학생·교직원·보호자에 대한 '학교폭력예방교육' 연수를 학기별 1회 이상으로 의무화했다. 또 학기별 1회 <학교폭력 실태조사>를 실시하여 빠르게 변하는 학교폭력의 현주소를 제대로 이해하며 해결책을 모색하고 있다.

이같은 노력에도 불구하고 학교폭력이 발생한다면 어떻게 해야 할까? 관련 아이들끼리 화해하고 다시 친해지면 가장 좋다. 그러나 다퉜던 친구와 화해하고 다시 친해지는 일이 누구에게나 또는 어떤 관계에서나 쉬운 것은 아니다. '친구와 관계 맺는 기술'이 미숙한 아이들은 스스로 화해하고 다시 친해지는 것을 힘들어할 수 있어서 적극적으로 도와줘야 한다. 즉, 우리 아이들에게 다툰 다음을 잘 다루게 도와준 후 친구와 더욱 친해질 수 있는 '우정 쌓을 기회'를 제공해야 한다는 것이다.

결과적으로는 궁극적 해결인 '일상으로의 복귀'를 위해, 피해 학생은 즉시 그리고 적극적으로 보호되어야 하며 최선을 다해서 피해가 복구될 수 있도록 도와야 한다. 가해 학생에게는 행위에 대한 책임을 지도록 명확히 가르쳐 줘야 한다. 즉, 자신의 언행을 진심으로 반성하고 다시는 같은 일이 반복되지 않도록 다짐하고 약속하며 노력해야 한다. 또 피해 학생에게 진정한 사과와 용서를 구하기 위해 정중하게 화해를 청해야 한다. 마지막으로 친구가 입은 피해를 복구할 수 있도록 최선을 다해야 한다. 우리 사회는 아이들에게 이 모든 일을 해낼 수 있도록 기회를 주고 용기를 북돋고 응원해야 한다.

그러나 현장에서는 아이의 마음을 무시한 채 보호자의 욕심으로 법정에 갈 정도까지 일이 커지는 경우가 많다. 결국 아이들은 화해 경험과 다시 친구가 될 기회를 잃게 된다. 이것이 바로 친구와 싸우고 다시 놀 기회가 누구에게나 있지 않은 이유다.

학교폭력은 마치 운전하는 것과 같다. 운전은 나만 잘해서는 안 된다. 내가 아무리 운전을 잘해도 앞, 뒤, 옆에서 다가오는 위험에 언제든 노출될 수 있는 것처럼 학교폭력도 마찬가지다. 내 아이만 소중하게 생각하고 내 자녀가 '자신만 소중하다'라고 인식하도록 키워서는 안 된다. 따라서 우리는 성장 중인 아이들에게 '네가 소중하듯이 네 친구, 선생님 그리고 모두가 소중하다는 것'을 반복해서 가르쳐야 한다. 즉, '자기중심적'인 우리 아이들이 공동체 삶에서 빠질 수 없는 덕목인 '타자 중심적'으로 사고할 수 있도록 역지사지를 연습하고 훈련할 기회를 끊임없이 공급해야 한다.

그러나 이보다 선행될 것은 어른인 우리부터 평소에 모든 아이를 귀하게 여기고 소중하게 대하며 친절을 베풀어야 한다. 모든 아이를 골고루 관대하게 돌봐야 한다. 모든 아이를 너그럽게 사랑해야 한다. 한 아이를 키우려면 온 마을이 필요하다는 유명한 아프리카 속담도 있지 않은가.

우리 아이들은 천하보다 귀해요 1장

나는 종종 아이들에게 '우정 쌓기'라는 미덕을 권한다. 이는 나도 고등학교 1학년 담임 선생님으로부터 받은 선물이다. 그때는 방학 중에 친구와 선생님께 편지 보내는 일이 흔했다. 그해 여름방학, 나는 담임 선생님께 친구와의 관계에 대한 깊은 고민이 담긴 내용의 편지를 보냈다. 선생님은 답장에 '지란지교(芝蘭之交)'를 소개하며 학창 시절에 친구와 고귀한 관계를 맺는 우정 쌓기가 얼마나 대단하고 아름다운 것인지를 예쁜 글씨에 담아 선물했다. 그 편지 덕분에 아동학대와 가정폭력으로 자존감이 바닥을 치던 나는 친구와의 관계를 건강하게 유지할 수 있었고 우정 쌓기를 잘 이뤄갈 수 있었다.

내 경험에 의하면 아이들은 친구 사이의 정신적 유대감이나, 정을 의미하는 우정을 통해서 심리적으로 굉장히 안정된다. 그런 아이들은 여유롭고 편안하게 학교폭력을 극복하는 능력을 지닌다. 그리고 서로를 있는 모습 그대로 인정하고 존중하며 배려하는 우정 쌓기를 통해 인격이 더욱 성숙해진다. 우리 아이들이 배우는 도덕 교과서 또한 우정을 쌓는 경험이 이웃을 사랑하고 더 나아가 인류애를 구현하는 데 밑거름이 된다고 가르친다.

희망 출석 부르기

나는 강의 시간엔 피교육자가 아무리 어려도 항상 존대어를 사용한다. 그러다가 상대와 마음이 열린 관계로 발전하면 반말을 사용하기도 한다. 2012년 4월, 햇살이 눈부시게 빛났던 그날은 한 중학교에서 수업하게 되었다. 나는 자기소개가 끝난 후 매우 진지한 표정으로 말했다.

"여러분, 지금부터 우리는 1~2교시 동안 '학교폭력예방교육'을 배울 것입니다. 폭력을 하면 안 된다는 것은 유치원에 다닐 정도의 어린아이도 다 아는 기본 상식이죠. 그럼에도 불구하고 이 중요한 교과목 시간에 여러분이 학교폭력예방교육을 공부해야만 하는 세상을 만든 것에 대해, 저는 책임 있는 한 명의 어른으로서 먼저 정중하게 사과드립니다. 용서해 주시겠습니까?"

내가 아이들에게 진심으로 머리 숙여 사과하자 아이들은 낯설어하며 용서해준다는 듯이 고개를 끄덕였다.

"그리고 여러분께 부탁하고 싶은 것이 있습니다. 제 사과를 받아주셨다면 오늘 저와 이 수업을 들은 여러분은 여러분 안의 귀한 양심을 잘 개발하고 실천하시길 부탁드립니다. 그래서 여러분의 자녀가 살아갈 세상은 '학교폭력예방교육'을 공부하지 않아도 되는 안전하고 행복한 곳으로 만들어주시면 감사하겠습니다. 혹시 이 순간부터 제 부탁이 가능하도록 노력하겠다고 약속해 줄 수 있을까요?"

내가 정중한 자세로 부탁하자 아이들은 비장한 각오가 담긴 눈빛을 띠며 알겠다고 약속했다. 나는 그 약속에 힘입어 수업을 시작했다. 그리고 우리 수업의 마지막 순서인 '희망 출석 부르기'를 할 차례가 됐다.
희망 출석 부르기의 방식은 이렇다. 먼저 내가 출석부에 있는 이름을 번호 순서로 부르면 호명된 아이는 자신의 장래 희망을 넣어서 대답한다. 그러면 나는 그 장래 희망을 넣은 이름을 다시 부르는 '복사 화법'으로 마무리한다. 예를 들어서 내가 "1번 김모모."를 부르고 모모가 "저는 사회복지사가 될 김 모모입니다."라고 대답하면, 내가 "사회복지사가 될 김모모 학생이군요. 모모의 장래 희망을 응원합니다."라고 격려하는 방식이다.

나는 출석부를 보면서 1번부터 순서대로 호명했다. 아이들은 쑥스러워하면서도 자신의 장래 희망을 넣어서 대답했고 재미있어했다. 누구는 장난스럽게 대답했고 또 어떤 아이는 "저는 대통령이 될 당당한입니다."라고 대답해서 친구들의 호감을 얻었다. 까르르 웃는 행복한 분위기 속에서 진행되던 희망 출석 부르기는 26번에 가서 한순간에 얼어붙었다. "26번 한용기." 하고 호명하자 26번인 용기가 "다음 주에 자살할 한용기입니다."라고 진지하게 대답했기 때문이다.

데니스 라인스(Dennis Lines)에 의하면 청소년이 또래에게 보여지는 행위로 단서를 주면서 자신의 심리적 문제를 대놓고 알리는 건 자주 있는 일이다. 이를 '가면을 쓴 도움 호소'라고 한다.[3] 그러나 용기는 얼마나 힘들었던지 가면도 쓰지 않은 채 맨얼굴을 내밀고 도와달라고 호소한 것이다.

나는 매우 당황했다. 임장하신 수학 선생님과 반 아이들도 마찬가지였다. 나는 이 상황을 어떻게 이끌어 가야 할지 지혜를 달라고 마음속으로 간절히 기도한 뒤 잠시 침묵했다. 그리고 마지막 순서인 27번의 이름을 불렀다. 27번 아이도 얼떨결에 자신의 장래 희망을 넣어서 대답했다. 모두의 희망 출석이 끝나고 나는 입을 열었다.

> "여러분, 방금 우리 용기가 '다음 주에 자살할 한용기입니다'라고 대답해서 저를 포함한 이곳에 있는 모두가 당황하고 놀랐을 것 같습니다. 저는 지금 이 상황에서 제가 어떤 말을 어떻게 하는 것이 좋을지 짧은 순간이지만 진지하게 고민했습니다. 그리고 매우 신중하게 최선을 다하려고 합니다. 여러분, 우리 수업을 시작하면서 제가 부탁드린 내용이 기억나는지요? 그 약속을 떠올리면서 제 말을 진지하고 엄숙한 마음으로 들어주길 부탁합니다. 잠시 모두 눈을 감아주시겠어요?"

3. 데니스 라인스(Dennis Lines), 정희성 외 옮김, 『쉽고 간결한 학교상담』, (한울, 2019.) 181.

아이들이 눈을 감았다.

　　"여러분, 저는 우리 용기가 자살하겠다는 생각을 왜 했는지 알 수 없습니다. 그러나 확실한 것은 그렇게 된다면 우리는 다음 주부터 평생 용기를 볼 수 없을 것입니다. 여러분과 한 반에서 공부하며 함께 지내는 친구 용기가 다음 주에 자살하는 것이, 자신과 상관없다고 생각하는 학생은 손을 들어주시겠어요?"

나는 수업을 시작할 때부터 자기 안에 이미 존재하고 있는 양심을 개발하고 실천할 것을 약속했던 아이들을 신뢰하며 질문했다. 역시 아무도 손들지 않았다.

　　"자, 용기야. 눈을 뜨고 잠시 친구들을 둘러볼래요? 용기가 다음 주에 자살할 거라고 말했는데 그것이 자신과 상관없다고 여기는 친구가 있는지 용기가 직접 확인하면 좋겠어요."

나의 말에 용기가 천천히 고개를 들고 더욱 천천히 눈을 떠 교실을 둘러보았다. 손을 든 친구가 한 명도 없다는 것을 확인하자 용기는 흐느꼈다. 나는 아이들에게 모두 눈을 뜨자고 말했다. 용기의 짝과 앞·뒤에 앉아 있는 아이들이 용기의 어깨와 등에 손을 얹고 울지 말라며 위로했다. 용기는 친구들의 위로에 오열했다. 시간이 지나면서 용기의 울음이 잦아들고 조금씩 진정될 즈음 수업을 마치는 종이 울렸다.

　　"여러분, 수업을 마치면 떠나야 하는 제가 용기를 직접적으로 도와줄 수 없어서, 여러분에게 부탁하고 싶습니다. 용기가 자살을 생각했던 이유가 잘 해결될 수 있도록 도와줄 수 있을까요?"

"예."

아이들이 우렁차게 대답했다. 고맙다고 인사를 한 뒤 수업을 마쳤다. 그리고 용기와 함께 복도로 나왔다. 수학 선생님도 뒤따라왔다. 나는 용기에게 무슨 일로 그렇게 힘들었는지 물어보았다.

"선생님, 저는 친구들이 다 저를 싫어하는 줄 알았어요. 지금까지 저는 왕 따[4]였거든요. 그래서 제가 자살한다고 말하면 친구들이 다 좋아할 줄 알 았는데 제가 죽는 것을 좋아하는 애가 한 명도 없어서 너무 좋았어요…."

용기는 그렇게 말하면서 또 울었다. 나는 그동안 많이 힘들었을 용기의 등을 다독이면서 위로했다. 또 용기가 친구들의 마음을 알게 되어 다행이라고 말 해줬다. 용기의 울음이 멈춰질 즈음 용기가 갑자기 물었다.

"선생님, 저는 왜 이렇게 찌질할까요?"

"용기야, 너는 정말로 네가 찌질하다고 생각하니?"

"예. 그러니까 애들도 저를 왕따시키겠지요."

나는 잠시 침묵한 후 말했다.

"곧 3교시가 시작되니까, 우리에겐 시간이 많지 않잖아. 그래서 선생님의 마음만 말할게. 선생님은 네가 왜 왕따를 당한 건지 몰라. 그러나 네가 찌 질하다는 것은 인정할 수 없어. 한 가지 확실하게 말할 수 있는 건, 오늘 우

---

4. 집단에서 특정 개인을 따돌리는 일. 또는 그 대상을 일컫는 말.

리 수업 중에 네가 한 행동이 정말 멋있고 용기 있었다는 거야."

"정말요?"

"그럼, 물론이고 말고. 사실 선생님도 네 대답 때문에 처음엔 당황했지. 그렇지만 용기야, 나는 네가 존경스러워. 정말 찌질한 사람은 그런 용기를 낼 수 없어. 그래서 나는 네가 찌질하다고 한 그 말을 인정하지 못하겠다는 거야. 내가 너를 보는 내 눈에 담긴 마음으로 네가 너 스스로를 볼 수 있다면 얼마나 좋을까?"

내 말에 용기가 다시 눈물을 흘렸다. 나는 나보다 키가 큰 용기를 안고 등을 다독였다. 그리고 수학 선생님을 통해 담임 선생님께 말씀드려서 우리 반에서 일어나고 있는 따돌림 사건을 잘 해결해달라고 부탁하겠다고 약속했다. 모든 학교폭력이 마찬가지지만 특히 왕따는 감지되자마자 신속하게 개입해야 한다. 안 그러면 따돌림에 동조하는 아이들이 늘고 용기의 사례처럼 소중한 아이들이 스스로 생명을 끊을 선택까지 하는 치명적인 결과를 가져오기 때문이다.

교문 밖으로 나오자 긴장이 확 풀렸다. 가까스로 길가에 있는 벤치에 앉아서 오늘 수업에 함께 해주신 하나님께 감사했다. 또 자신을 따돌리는 친구들 앞에서 큰 용기를 내 준 그 학생에게 감사했다. 그리고 나의 무모한 질문에 손들지 않았던 성숙하고 정의로운 아이들에게도 감사했다. 나는 가방 속에서 일기장을 꺼내서 수업에서 느낀 감정과 상황을 기록했다. 너무너무 무서웠지만 그 느낌을 잊고 싶지는 않았다.

수업이 4월 초 바로 그날에 진행되어 천만다행이었다. 수업이 한 주라도 뒤에 잡혔더라면 어떻게 됐을까? 이 세상 언어로는 표현할 수 없을 정도로 귀한 아이 용기는, 어쩌면 스스로 학교폭력에서 벗어나기 위해 극단적인 선택을 실제로 했을지 모른다. 용기를 따돌렸던 아이들은 평생 후회와 죄책감에 시달렸을지 모른다. 그리고 용기의 친구나 가족 그리고 선생님과 학교, 이웃과 지역사회 등 관련된 모든 사람은 용기를 돕지 못했다는 죄의식과 그리움으로 깊고 어두운 터널 속에 갇혔을지도 모른다.

그런 까닭에 주기적인 학교폭력예방교육은 꼭 필요하다. 다행히 우리나라는 학교 현장에서 학교폭력예방교육 프로그램이 굉장히 다양하게 진행되며 그 수준 또한 상당한 깊이가 있다. 제1부에서는 1장에서 소개할 'OBPP' 정신[5]과 'STOP 법칙!'을 포함하여 현장에서 인기 있고 탁월한 효과가 있는 여러 가지 학교폭력예방교육 프로그램을 소개할 것이다.

집단 따돌림 방지 프로그램 'STOP! 법칙'

스웨덴, 핀란드, 노르웨이 등 스칸디나비아반도에서는 1960년대에 이미 학교폭력에 관심을 두기 시작했다. 그들이 주목한 학교폭력이란 학생들 사이에서 자행되는 친구에 대한 '따돌림 또는 괴롭힘(bullying)'을 말한다.[6] 그중 노르웨이에서는 학교폭력을 동정심, 관용, 인간에 대한 존중 등의 가치 부족에서 오는 문제로 파악하고 예방 대책 연구와 더불어 근본적인 가치를 인식시키는 활동에 중점을 두어 학교폭력을 예방하고자 했다.[7]

노르웨이 베르겐 대학교 심리학 교수인 올베우스(D.Olweus)는 최초로 학교폭력을 체계적으로 연구한 학자이자 폭력 피해 아동에 대한 연구의 선구자다. 1970년대부터 학교폭력 문제에 관심을 둔 그는 학교폭력 실태조사와 학교폭력 근절을 위한 대책을 마련하는 일에 평생을 바쳤다. 그가 진행한 학교폭력 피해 및 가해 학생들의 삶을 추적한 10년의 종단연구는 우리나라 학교폭력의 안일함에 경종을 울렸다.

---

5. 학교폭력 예방과 근절에 근간이 되는 기념비적인 올베우스의 연구. Olweus Bullying Prevention Program의 약자이며 올베우스 프로그램으로도 불린다.
6. 김철(2022), 「노르웨이 올베우스 학교폭력 예방프로그램(OBPP)에 관한 연구」, 교육문화연구 제28권 제2호, 248.
7. 박효정(2012), 「노르웨이의 학교폭력 실태와 대책, 그리고 한국교육에의 시사점」, 세계교육정책 인포메이션 제1호, 한국교육개발원, 5.

그의 연구는, 학교폭력 피해 학생이 피해를 회복하지 못한 채 그대로 성장했을 때 우울증, 자신감 결여, 불안증 등 여러 가지 어려운 정신적 문제를 겪고 있음을 밝혔다. 가해에 가담했던 청소년이 제대로 된 선도 및 교육 없이 성인이 됐을 때 범죄에 연루될 가능성이 일반 학생에 비해 4배 이상 높다는 것도 밝혀냈다. 따라서 학교폭력이 발생하면 피해 학생, 가해 학생, 목격 학생 등 사건에 관련된 모든 학생을 즉시, 그리고 적극적으로 도와야 함을 주장했다.[8]

올베우스의 정신이 담긴 OBPP는 학생들의 친사회적 관계 및 행동 향상, 폭력 상황에 대한 성인들의 철저한 개입, 괴롭힘에 대한 책임 의식, 학교폭력에 대한 무관용 원칙 전달 등을 기본으로 한다. OBPP의 효과는 검증되어 다수의 국가에서 도입하여 운영하고 있다. 우리나라도 2012년부터 시·도 교육청과 경찰청이 협약하여 일선 학교에 '학교폭력 멈춰!' 'STOP! 법칙' '멈춰! 프로그램' 등으로 명명하며 빠르게 적용했다.[9]

'STOP! 법칙'의 규칙은 간단하다. 예를 들어서 A라는 친구가 나를 괴롭힌다면 단호한 목소리로 그만두라고 말한다. 그럼에도 괴롭힘이 계속된다면 더 단호하고 큰 소리로 'STOP!(멈춰!)'을 외친다. 그 소리를 들은 모든 사람은 하던 일을 멈추고 두 사람에게 다가간다. A에게는 괴롭히는 언행을 멈추도록, 부드럽지만 단호하게 말한다. A를 다그치거나 너무 강하게 말하면 친구를 괴롭힌 것을 들킨 A가 더 거칠고 폭력적인 자세로 나올 수 있기 때문이다. 또 도움이 필요해서 'STOP!'을 외친 친구에게는 괜찮은지 상태를 확인하면서 위로해 준다. 문에서 가까운 곳에 있는 아이는 얼른 그 상황을 해결 및 중재해 줄 어른을 모시고 온다. 도움을 요청받은 어른은 하던 일을 멈추고 당장 그곳으로 가서 상황을 자세히 확인한 후 관련 아이들의 마음이 불편하지 않도록 돕는다. 이때 어른의 개입은 신속하고 공정해야 한다.

학교폭력 근절을 위한 예방교육과 위탁교육 현장에서의 내 경험에 의하면

8. KBS1. 시사기획 창. (2012.5.15). 제목: 학교폭력, 가해자는 말한다.
9. 박지영(2015), 「멈춰 프로그램을 활용한 학교폭력예방교육이 학교폭력 대처능력에 미치는 영향」, 한국방송통신대학교 대학원 청소년교육학과 석사학위 논문, 31.

'STOP! 법칙'은 기대보다 훨씬 효과가 있다. 이 법칙의 취지가 공동체 모두에게 확실하게 인식되고 익숙해지면 그 후부터는 아주 작은 폭력이라도 신속하게 해결할 수 있고 폭력의 확대를 예방할 수 있기 때문이다. 따라서 나는 'STOP! 법칙'의 성공적인 정착을 위해 학교와 학원은 물론이고 가정에서도 도입해 볼 것을 제안한다.[10]

OBPP 정신이 우리 사회에 잘 정착될수록 우리 아이들은 자신이 속해 있는 공동체가 위험하지 않다고 인식하여 심리적 안정감을 느낄 것이다. 그리하여 학교폭력으로부터 자신을 지키기 위해 더 큰 폭력을 선택하는 학교폭력의 악순환도 끊어질 것이다.

---

10. 단, 공동체는 평소에 타인을 자신처럼 소중히 여기며 아주 사소한 폭력도 용납하지 않고 혹시 폭력이 발생한다면 즉시 돕는 정신을 전제로 한다.

2012년, <학교폭력 근절 종합대책>의 시작

푸른나무재단은 2001년부터 연 2회 〈학교폭력 실태조사〉를 실시한 다. 교육부의 〈학교폭력 실태조사〉가 의무화되기 전인 2001년부터 2011년 까지 10년 동안 진행했던 〈학교폭력 실태조사〉 결과에 의하면 학교폭력 피 해 · 가해율은 지속해서 증가했다. 학교폭력 피해로 인한 자살을 생각하는 학생의 수도 증가했다. '나만 아니면 된다'라는 학교폭력에 무관심한 방관 학생의 수가지도 증가했다. 학교폭력의 저연령화로 인해 초등학교 저학년까 지 학교폭력에 노출됐다. 가해 학생의 집단화와 피해 학생이 쉽게 가해 학생 이 되는 피해 · 가해의 모호함도 증가했다.

그러나 무엇보다 무서운 것은 가해 학생의 폭력에 대한 무감각 및 무반성과 정당화 주장이었다. 이를 해결하기 위해 푸른나무재단에서는 학교폭력에 의한 피해 학생과 가족에게 실질적인 도움을 줄 지원체계 및 전문성이 절실 함을 피력했다. 동시에 학교폭력 근절을 위한 예방교육과 학교폭력 전문기 관의 확대를 주장했다.[11] 그러나 우리 사회는 학교폭력 근절에 주목하지 않 았고 그 노력은 그저 흩어졌다.

그러던 중 2011년 12월 20일, 대한민국을 떠들썩하게 달궜던 대구 중학생 학교폭력 사건이 발생했다. 천하보다 귀하디귀한 아이는 괴로웠던 많은 순 간과 가해 학생들의 잔인하고 비열한 행위를 네 장의 유서에 남겼다. 부모님, 선생님 그리고 경찰들에게 도움을 청하고 싶었으나 가해 학생들의 보복이 두려웠다는 아이의 외침은 폭력에 둔감한 우리 사회에 큰 충격을 줬다.

이 사건을 계기로 정부는 국무총리 주재 학교폭력 관련 관계 장관회의를 열 었다. 또 대통령 · 국무총리 · 교과부 장관, 관련 전문가 · 학생 · 교사와의 간

---

11. 에듀지킴, 「2012년 청소년폭력예방전문가 양성연수」, (청소년폭력예방재단, 2012.) 26-35.

담회는 물론이고 민간 전문가로 구성된 학교폭력 근절을 위한 자문위원회를 다수 개최했다. 그리고 2012년 2월 6일, 〈학교폭력 근절 종합대책〉을 발표했다. 직접 대책으로 '사소한 괴롭힘'도 '범죄'라는 인식하에 피해자 보호를 최우선하고, 학교폭력이 은폐되지 않도록 철저하게 대응하겠다는 각오를 담았다. 근본 대책으로는 학생들이 더불어 살아가는 능력을 갖출 수 있도록 학교와 가정 그리고 사회가 협력하여 인성교육을 실천하겠다는 결의를 담았다.

그렇다면 2012년 〈학교폭력 근절 종합대책〉 발표 후 십여 년이 지난 오늘날 학교는 어떻게 변했을까? 담임교사의 생활지도를 위한 권한은 강화됐을까? 교사의 학생 생활지도를 위한 여건은 조성됐을까?

당시 정부는 학교폭력 근절을 위한 직접 대책으로 교사의 업무 부담을 줄이기 위해 복수 담임제도를 도입하고, 전문상담교사를 배치하며, 학교별 생활지도 전담팀 운영, 행정업무경감, 법률상담 지원 등 다각적인 지원책을 마련했다. 또한 학교장과 교사의 역할 및 책임을 강화한다고 직접 대책도 발표했다. 하지만 학교폭력 근절을 위한 교사의 역할은 여전히 교사의 손발을 묶고 꼼짝할 수 없게 만드는 '아동학대법' '학습권' '통합교육법' '학교폭력예방법' '학생인권조례' 등에 가로막히곤 했다. 교사의 업무 부담을 줄이는 것도 중요하지만 학생과 직접 관계하는 교사의 권위가 바로 세워지지 않는다면 아무리 선진적인 정책이라 할지라도 빛 좋은 개살구에 지나지 않는다.

정책이 삶이 되려면 결국 사람이 움직여야 한다. 우리 아이들에겐 좋은 어른이 필요하다. 성장기인 아이들의 미숙함을 수용하고 긍정적으로 바라봐주며 지덕체가 조화롭게 균형을 이루며 성장하도록 도울 수 있는 통합적이고 전문적이며 인격적인 좋은 어른인 '교사' 말이다. 그런 교사에게 잘못된 길을 걷는 제자가 옳은 길을 가도록 훈육하고 지도할 수 있는 성숙한 교육환경이 보장된다면 사제 사이의 신뢰와 존중은 되살아 날 것이다. 그 영향은 바로 '학교폭력 근절'이라는 열매로 연결되지 않을까? 물론 그렇게 되기 위해서는 보호자의 성숙함도 함께여야 한다. 아이들에게 필요한 좋은 어른은 비단 교사뿐 아니라 보호자는 물론이고 모든 어른이어야 한다.

2023년, <학교폭력 근절 종합대책>의 발표

정부는 2012년 2월 6일 발표된 〈학교폭력 근절 종합대책〉에서 가해 학생 조치 사항을 학생부에 기록하는 등 사소한 괴롭힘도 엄정 대응하는 '무관용 원칙'을 정립했다. 그러나 그 보존기간이 점차 완화되어 학교폭력에 대한 경각심이 약화됐고 피해 학생이 제대로 보호받지 못했다는 지적이 많았다. 이에 정부는 2023년 4월 12일, 관계 부처 합동으로 〈학교폭력 근절 종합대책〉을 발표했다. 2012년 발표 후 11년 만이다. 이번 발표에서는 첫째, 일방·지속적인 학교폭력에는 무관용 원칙. 둘째, 학교폭력 피해 학생 중심의 보호 조치 강화. 셋째, 현장의 학교폭력 대응력 제고 및 인성교육 강화라는 세 가지 추진 방향을 마련했다.

그러나 정책이 삶에 녹아들기도 전에 올바른 교육환경의 부재로 인한 학교폭력은 2023년 7월 18일 결국 '서이초 사건'을 낳았다. 이 사건을 계기로 학교폭력의 직접적인 피해자는 학생에서 교사까지로 확대된다는 사실이 명백히 드러났다. 따라서 우리는 누구라도 타인에게 함부로 하는 아주 사소한 폭력도 하면 안 된다는 것을, 다시 말해서 어떤 폭력도 절대 하면 안 된다는 것을 즉각적으로 확실히 가르쳐야 한다. 물론 어른이 먼저 모범을 보여야 한다는 것은 아무리 강조해도 부족하다.

정부는 2023년 4월 12일 〈학교폭력 근절 종합대책〉 발표에 따라 2023년 12월 7일, 행정안전부와 경찰청과 함께 〈학교폭력 사안 처리 제도 개선 및 학교 전담 경찰관(SPO) 역할 강화 방안〉을 발표했다. 이는 2023년 10월 6일 '대통령-현장 교원 간담회'에서 학교폭력 업무의 외부 이관을 요청함에 따라 이뤄진 결과다. 이는 학교 현장이 가해 및 피해 학생 사이의 관계 개선 및 회복, 피·가해 학생 지도, 피해 학생 지원 등 본연의 기능인 교육적 역할에 집중하도록 돕기 위함이다. 따라서 이제부터는 학교폭력이 발생했을 때 사안 조사를 교육지원청 내 '학교폭력 전담 조사관'이 실시한다.

사람에 관한 일은 무 자르듯 싹둑 잘릴 수 없다. 특히 학교폭력에서는 얽히고설키는 복잡한 관계가 비일비재하다. 이 정책이 어떻게 자리 잡을지 아직은 알 수 없다. 다만 다수의 전문가가 건설적으로 연합하여 단 한 명이라도 억울한 아이가 없기를 바란다. 강조하지만 학교폭력의 피해자는 단 한 명도 너무 많다.

또한 법률과 상관없이 우리 아이들의 스승이 되는 길을 선택한 선생님들이 존경받는 교사의 덕목인 헌신과 사랑을 포기하지 않기를 소망한다. 그들이 무력한 현실에 용기를 잃지 않길 바란다. 아이들이 선생님의 헌신과 사랑이 당연한 것이 아님을 깨닫고, 감사하는 마음으로 선한 학생으로 성장하길 바란다.

앞에서도 언급했듯이 학교폭력에는 친구와 교사의 인권은 무시하고 자기에게만 집중하는 인간의 본성인 '자기중심성'이 녹아 있다. 따라서 아이들에게 강한 본성과 맞설 수 있는 무형의 가치인 진정한 사랑을 흘려보냄으로써 좋은 성품을 계발하도록 도와야 한다. 또 아이들이 충분히 받으면서 배운 사랑을 실천하며 살도록 반복해서 도와야 한다. 그런 환경이 갖춰져야 아이는 자신이 받은 사랑과 배움을 삶 속에서 실천하기 위해 최선을 다해 연습하고 훈련하며, 결국 좋은 성품을 지닌 사람으로 성장할 수 있다.

<학생 인권>과 학교폭력

나는 가끔 푸른나무재단에서 의뢰하는 〈사랑의 교실[12]〉 수업을 진행한다. 다음은 고등학교 3학년 아이가 교육을 마친 후 내게 준 피드백이다. 교육 후 변화된 아이의 생각이 귀하고 자기 삶에 대해 변화된 의지가 멋있어서 이곳에 옮겼다.

---

12. 우리나라 경찰은 '지역사회와 국가 기관이 주체가 돼 비행 청소년 조기 선도를 통해 건전한 청소년 육성에 힘쓰겠다'라는 취지로 청소년 선도프로그램인 〈사랑의 교실〉을 진행한다. 〈사랑의 교실〉은 경찰서에 신고된 비행 청소년을 대상으로 교육·상담·봉사활동 등 맞춤형 교육프로그램을 제공하여 재비행 예방 및 성인 범죄로의 확산 방지를 목적으로 운영된다.

"선생님, 사실 저는 게임을 하다 욕을 해서 고소당한 것 때문에 여기에 왔어요. 다들 하는 욕인데 나만 재수가 없어서 걸렸다고 생각했습니다. 그리고 내가 내 입으로 욕하는 게 내 자유인데 무슨 잘못이라는 건지 내가 왜 여기에 있어야 하는지 의문이었어요. 너무 과한 것 같고 억울했습니다. 하지만 교육을 받으면서 점점 생각이 달라졌어요. 그리고 이 수업을 통해 많은 것을 배워서 좋았습니다. 처음엔 듣기 싫었지만 지금은 잘 온 것 같다는 생각이 듭니다. 그냥 내뱉었던 사소한 욕 몇 마디도 폭력이고 범죄라는 사실을 마음으로 깊이 깨달았습니다. 한마디의 욕처럼 작은 폭력도 그냥 두었을 때 더 커지고 잔인해진다는 것을 배우면서 지금이라도 이 교육을 받은 게 내 인생 전체를 보았을 때 다행이라고 생각합니다. 이곳에 와서 교육을 들으면서 저도 마음이 넓어져서 많은 사람을 품어주는 사람이 되고 싶고, 힘든 사람들이 기댈 수 있는 사람이 되고 싶은 꿈이 생겼습니다. 앞으로는 스스로에게 떳떳하도록 바르게 살겠습니다. 선생님! 좋은 교육을 해주셔서 감사합니다."

학교폭력예방교육을 할 때 학생들에게 심심찮게 듣는 말이 있다. 〈인권 교육〉 시간에 배웠다면서 자기가 뭘 하든지 자기 마음이니까 인권 침해하지 말라는 것이다. 그런 말을 들을 때 나는 수업을 잠시 멈추고서라도 아이들에게 해주는 말이 있다 바로 '인권의 짝꿍 이야기'다.

인권에게는 두 개의 짝꿍이 있다. 첫 번째 짝꿍은 '책임'이다. 책임은 자신이 도맡아 해야 할 임무나 의무를 다하는 걸 말한다. 나는 아이들에게 자기 인권이 소중한 것처럼 타인의 인권을 소중히 여기고 침해하지 않으며 보장하기 위해 방종하지 않을 책임을 모두가 선행해야지 개인의 인권이 보장되는 사회가 유지될 수 있다고 말한다.

인권의 두 번째 짝꿍은 '감사'다. 감사는 헌신과 사랑을 기본으로 한다. 혼자서는 아무것도 할 수 없는 갓난아기였던 우리가 이만큼 살 수 있는 것은 가족을 포함한 주변인의 헌신과 사랑 그리고 공동체의 연대가 우리의 인권을 소중하게 여기고 보장해 주었기 때문이다. 그러니 그 모든 것에 감사하며 고마움을 적극적으로 표현하는 사람이 되어야 한다는 것을 부드럽지만 단호한 목소리로 강조한다.

처음엔 빈정거리던 아이들이 내 말에 귀를 기울이고 마음을 열면서 듣는 눈빛으로 변하는 순간이 있다. 이런 눈빛 즉, 아이들이 생각하는 대화 중에 자기 내면에서 뭔가를 깨달았을 때 보이는 눈빛을 나는 '번뜩이'라고 이름 지었다. 아이들이 번뜩이를 보이면서 나의 말을 인정하고 받아들이며 태도가 변할 때 나의 마음은 감사로 가득해진다. 진정한 가르침 속에서 진심으로 배우고 스스로 깨달으면 아이들은 금방 변한다. 그래서 나는 우리 아이들에게 무한한 희망이 있다고 확신한다.

2010년 10월 5일 경기도교육청에서 처음으로 공포한 〈학생 인권 조례〉는 학생의 인권이 보장되는 학교를 만들기 위해서 각 시·도 교육청별로 제정·공포해 시행하고 있다. 인권은 모든 사람이 존엄하게 살아가는 데 필요한 권리를 뜻한다.

우리 아이들이 인권을 오해하고 남용할 때 자유를 들먹이며 자기 마음대로 행동함에 따라 친구를 괴롭히는 학교폭력이 발생한다. 반면에 상대의 인권을 존중하고 서로가 상대를 존엄하게 대하는 사회가 된다면 학교폭력은 극복된다. 좋은 정책이 삶에 녹아들려면 반복된 훈련이 필요하다. 그러나 정책보다 선행될 것은 개개인이 좋은 인성과 고귀한 성품을 개발하는 것이다. 아이들은 물론이고 어른들까지 모두가 인간사의 본질로 돌아가는 마음으로 인성과 성품을 개발하기 위해서 공부하고 노력한다면 학교폭력은 근절된다.

학교폭력은 무섭고 거대한 괴물이에요   3장

아이들과 상담하다 보면 뉴스를 통해 경험한 잔인한 학교폭력에 대한 위험 발언이 불쑥불쑥 나온다. 이렇게 여과 없이 보도되는 학교폭력 내용을 접한 어떤 아이는 그래도 되는 줄로 착각한다. 어떤 아이는 보도 속 폭력 행위를 그대로 모방한다. 또 다른 아이는 더 잔인하게 학습하여 그보다 진화된 폭력을 행사하기도 한다. 어른들은 '학교폭력'이라는 단어의 직접적인 주인공인 우리 아이들을 보며 소망이 없다고 실망하기도 한다.

실제로 학교폭력을 행사하는 아이들은 소수지만, 쏟아지는 보도 내용에 반복적으로 노출되다 보면 마치 요즈음 아이들이 다 그렇다고 오해하기 쉽다. 요즈음 아이들이 과거보다 더 폭력적이고 더 잔인하다고 착각할 수 있다. 고로 위기의식에 압도될 수도 있다.

따라서 우리 아이들이 접하면 안 될 수위의 보도 내용의 접근을 철저하게 차단하고 보호해야 한다. 또 학교폭력이 무엇인지 공부하여 보도 내용에 압도되거나 폭력에 둔감해지지 않도록 정신을 바짝 차려야 한다.[13] 3장에서는 최근 무서울 정도로 급증하는 사이버 폭력과 폭력의 관문인 언어폭력에 대해 다룰 것이다.

급증하는 사이버폭력과 학교폭력의 확장성

집에 있는 자녀가 새벽 1~2시경에 학교폭력을 당할 수 있을까? 친구를 괴롭힐 수 있을까? 그렇다. 현관문은 굳게 잠겨있고 내 목숨을 걸고서라도 자녀를 지킬 각오가 된 보호자와 함께 있는데도? 여전히 그렇다. 어떻게 그것이 가능할까? 아이 손에 쥐어진 최신식 컴퓨터인 인터넷·스마트기기(정보

---

13. 참고로 학교폭력 감수성을 높이기 위해서 뉴스 및 인터넷 게시 글을 선별해서 볼 수 있는 '미디어 리터러시' 역량을 키우는 것도 매우 중요하다.

통신기기)로 인한 사이버폭력 때문이다. 과거에는 우리 아이들이 누군가가 괴롭힐 때 보호자가 있는 집에 도착하면 보호받을 수 있었다. 하지만 이제는 인터넷을 사용할 수 있다면 시·공간을 초월해 어디서든지 학교폭력이 발생할 수 있다. 이 말은 우리 아이들 손에 스마트폰이 있다면 사이버폭력의 위험에 언제든 노출될 수 있다는 뜻이다.

학교폭력은 오프라인에서뿐 아니라 온라인 속 사이버폭력까지 그 수법이 나날이 교묘해지고 더욱 은밀해지고 있다. 특히 2020년부터 코로나 전염병으로 인해 인터넷·스마트미디어 사용이 더욱 원활해진 환경 속에서 사이버폭력은 급증하는 추세다. 사이버폭력의 특성은 첫째, 익명성으로 인해 가해에 가담하기 쉽다. 둘째, 영구적으로 남는 박제기록은 피해 학생을 평생 괴롭힌다. 셋째, 시·공간의 제한 없이 폭력에 노출된다. 넷째, 악성 소문이나 허위 사실이 신속하게 확산 및 전파된다. 다섯째, 자신도 모르게 은밀히 발생할 수 있다. 여섯째, 피해 내용은 재생산되고 공유됨에 따라 그 피해는 점점 더 심각해진다. 가장 무서운 것은 사이버폭력의 경우 당사자인 아이가 손 안의 컴퓨터에서 벌어지고 있는 끔찍한 폭력을 스스로 공개하지 않는 이상 도울 수 없다는 것이다.

한 소녀의 사례를 통해 사이버폭력의 끔찍한 폐해와 학교폭력의 확장성에 대해 나누고 싶다. '생명'이라는 소녀는 사이버폭력으로 하룻밤 사이에 캄캄한 구렁텅이에 빠져 생기를 잃었다. 내가 생명이를 처음 만났을 때 그 아이는 열여섯 살이었다. 우리가 만난 이유는 생명이의 인터넷·스마트미디어 과몰입과 은둔형 때문이었다.

처음에 생명이는 내가 뭘 해도 무시했다. 내가 생명이를 만나러 다닌지 8주가 지나 추운 겨울의 어느 날. 한냉 알러지로 괴물처럼 변한 내 피부를 보고 놀란 생명이가 왜 그러냐고 물어보면서 우리 사이에 말문이 트였다. 우리는 1년 넘게 만나 이야기를 나눴다. 생명이가 말해 준 그 사건이 일어나기 전까지, 친구가 많았던 생명이는 그 시절의 자신을 그리워했다.

사건이 있었던 날, 새벽 1시가 넘도록 생명이는 친구들과 단톡에서 수다를 떨었다. 그러던 중 겨울이가 생명이에게 개인 톡을 보냈다.

　　"야, 너 너무 나대는 거 아니야?"
　　"어? 내가?"
　　"어. 요즈음 너 학교에서도 그러더니. 방금도 단톡에서 잘난 척 오지더라.
　　지금 너만 말하잖아. 그만 좀 나대고 입 좀 닥치지. 그 입 찢어버리기 전에."

생명이는 갑자기 당한 사이버 언어폭력에 너무 당황하고 놀라서 겨울이와의 개인톡 뿐 아니라 단톡에서도 나왔다. 생명이는 친구들과 같이 있을 때와 전혀 달랐던 겨울이의 모습에 여러 가지 감정이 뒤섞여 혼란스러워서 그날 밤 한숨도 못 잤다. 그리고 밤새 카톡 내용을 곱씹고 또 곱씹었다. 아침이 되자, 학교에서 마주칠 겨울이를 어떻게 대해야 할지 몰라 부담스러웠다. 불편한 마음을 겨우 참고 등교했다. 그날따라 겨울이와 친구들이 더 친해 보였다. 또 애들이 자신을 보고 쑥덕거리는 것 같이 느껴졌다.

생명이는 지난밤에 자신이 단톡에서 말없이 나온 뒤 겨울이와 친구들이 자신의 뒷담화를 했을까 봐 불안했다. 처음에는 겨울이만 불편했는데 시간이 지나면서 단톡에 있던 친구들까지 다 불편해졌다. 다른 때 같으면 쉬는 시간마다 친구들과 모여 앉아 수다 삼매경에 빠졌을 텐데 그날은 스스로 혼자 있었다. 급식 시간에도 책상에 엎드려 있었다. 친구들이 다가와서 왜 그러냐고 물어보며 말을 걸었지만 생명이는 생리통 때문이라는 핑계를 댔다.

그렇게 며칠 동안 불편한 마음으로 등교했다. 스스로 혼자 있던 생명이가 불편했던지 친구들도 서서히 다가오지 않았다. 괴로운 마음과 불편함으로 인한 스트레스가 두통과 복통인 신체화로 나타났다. 엄마는 생명이가 멀쩡하다가도 등교할 시간이면 아프다고 하자 꾀병 부리지 말라고 야단치며 등교시켰다. 그러나 두 주가 넘도록 아침마다 그 일이 반복되자 하는 수 없이 병원에 데려갔다.

의사 선생님은 생명이의 두통과 복통이 정신적인 문제라고 진단했다. 놀란 엄마는 생명이를 신경정신과에 데려갔다. 병원에서는 극심한 스트레스로 생명이의 심리상태가 매우 위험하다며 약물치료와 상담치료를 권했다. 그동안 있었던 사실을 알게 된 엄마는 왜 말 하지 않았냐고 큰 소리로 다그쳤다. 생명이는 엄마가 이렇게 난리 칠 것 같아서 말하지 않은 거라며 입을 닫았다. 그것이 가족과 마지막으로 한 대화였다. 그날로 누구보다 밝고 명랑했던 생명이의 삶에서 웃음이 사라졌다. 온라인 속으로 숨어 버린 생명이는 집 밖은 물론이고 자기 방에서조차 나오지 않고 점점 짜증이 늘고 폭력적으로 변했다.

학교폭력예방법 제2조에 의하면 학교폭력이란 '학교 내외에서 학생을 대상으로 발생한 상해, 폭행, 감금, 협박, 약취 · 유인, 명예훼손 · 모욕, 공갈, 강요 · 강제적인 심부름 및 성폭력, 사이버 따돌림, 정보통신망을 이용한 음란 · 폭력 정보 등에 의한 신체 · 정신 또는 재산상의 피해를 수반하는 행위'를 말한다. 학교폭력의 유형은 '신체폭력, 언어폭력, 금품갈취(공갈), 강요(강제적인 심부름), 따돌림, 성폭력, 사이버폭력' 등으로 구분한다. 쉽게 말해서 학교폭력은 학교 안과 밖에서 학생을 대상으로 신체적 · 정신적 · 재산상의 피해를 주는 행위를 말한다.

처음에 생명이는 '사이버 언어폭력'을 당하며 마음의 상처인 '정신적 피해'를 입었다. 정신적 피해는 곧 복통과 두통이라는 '신체적 피해'와 이를 치료하기 위한 비용이 발생하는 '재산상의 피해'로까지 확장했다. 무엇보다 생명이와 가족의 삶은 피폐해졌다. 혹자는 생명이가 겨울이의 몇 마디 말에 너무 예민하게 반응한 것 아니냐고 말할 수 있다. 그러나 우리는 사람마다 위기를 느끼는 강도가 다르다는 것을 인식해야 한다. 누군가는 대수롭지 않게 넘길 수 있는 것이 누군가에겐 감당할 수 없을 정도로 크게 느껴질 수 있다. 특히 관계 지향적인 특성이 있는 여학생은 친구라고 믿었던 대상에게 받는 폭력의 파급이 더 크다.

성장 과정에 있는 연약한 아이들은 아무리 사소하더라도 폭력적인 한마디에 자아가 파괴될 수 있다. 나아가서는 삶을 포기하고 싶은 생각에 잠식당해서 극단적인 선택을 할 수도 있다. 뼈에 금이 가면 그 즉시 치료하고 깁스해야 얼른 뼈가 붙고 건강이 회복되는 것처럼 학교폭력도 발생한 즉시 초기대응을 제대로 해야 한다. 물론 폭력이 발생하기 전에 예방하는 것은 더 중요하다.

만약 생명이가 겨울이의 카톡 내용을 도움 줄 수 있는 어른에게 보여주며 도움을 청했다면 어떻게 됐을까? 생명이의 상처 입은 마음에 겨울이가 진정한 사과와 용서를 구하고 화해를 위한 노력과 일상생활로의 복귀가 지원됐다면 생명이는 툭툭 털고 일어날 수도 있지 않았을까? 그러나 생명이는 폭력을 당했을 때 어떻게 해야 할지 몰랐다. 보호자도 생명이의 상황을 알게 되었을 때 어떻게 도와줘야 할지 몰랐다. 이러지도 저러지도 못한 채 시간이 흘렀고 상황은 걷잡을 수 없을 정도로 커졌다.

나와의 대화에서 생명이는 그 다음날 친구들이 말을 걸어줬을 때 '자기에게 무슨 일이 생겼었는지 솔직하게 털어놨으면 좋았을 것을…. 아니면 겨울이와 대화라도 해보았더라면 좋았을 것을….'이라며 상황을 무조건 피했던 것이 너무 후회된다고 말했다. 내가 그동안 학교폭력예방교육을 공부했을텐데 왜 도움을 청하지 않았는지 묻자 생명이는 그때는 뻔한 소리라서 잘 듣지 않았다고 답했다. 이런 점에서, 학교폭력예방교육은 아이들이 관심 있게 참여할 수 있도록 재미있고 실제적인 방식으로 이루어져야 한다.

아울러 보호자는 자녀의 재적 학교에서 의무적으로 개설하는 학부모를 위한 학교폭력예방교육에 참석하여 지혜롭고 현명한 대처방식을 숙지해야 한다. 의무교육을 아이들에게는 강제하면서 보호자는 참석하지 않고 배우지 않는다는 것은 어불성설이 아닐까? 무엇보다 보호자는 평상시에 원활한 의사소통이 가능한 가족 문화를 만들어야 한다. 그래야 아이들이 위험에 처했을 때 즉시 도와달라고 손을 내밀 수 있다.

부모는 자녀에게 항상 너를 사랑하고, 네 편이며, 네게 무슨 일이 생기면 최선을 다해 도와줄 것이라는 메시지를 인식할 수 있도록 자주 표현해야 한다. 사람은 말하지 않으면 모른다. 그러니 자녀가 어떤 위험에 놓이더라도 보호자는 그 일이 해결될 때까지 포기하지 않고 꼭 지켜줄 것이라는 메시지를 자녀가 뼈에 새길 정도로 반복해서 표현하고 실제로도 그렇게 해야 한다.

한국청소년정책연구원의 〈학교폭력예방교육지원센터〉에서는 사이버폭력을 '사이버 어울림 6대 문제'인 사이버 따돌림, 사이버 언어폭력, 사이버 영상 유포, 사이버 명예훼손, 사이버 스토킹, 사이버 갈취로 구분하여, 학교 현장에 체계적인 예방교육과 사이버 윤리교육 자료를 제공한다. 이 외에도 우리 정부가 SNS 등으로 사이버폭력을 예방하기 위해 조기 감지하는 서비스는 교육부의 〈어울림앱〉, 여성가족부의 〈사이버 아웃리치 앱〉과 〈솔로봇〉, 방송통신위원회의 〈스마트 안심드림 앱〉 등으로 다양하다.

그럼에도 우리 아이들을 폭력으로부터 보호하기 위해서 우리 사회는 지금보다 더욱 최선을 다해야 한다. 무엇보다 사이버폭력으로부터 우리 아이들을 지키는 안전한 방법은 자녀의 공격적인 원성을 듣더라고 큰 용기를 내서 스마트미디어에 대한 접근을 늦추는 것도 좋다. 다시 말해서 자녀가 온라인 세상에서의 예의를 배우고 잘 사용할 준비가 될 때까지 자녀에게 스마트폰 지급 시기를 늦추는 것이다. 자녀의 온라인 세상에서의 삶을 지도하는 부모의 역할은 스마트쉼센터[14]에서 도움 받을 수 있다. 스마트쉼센터에서는 아동 · 청소년 · 성인을 대상으로 특성에 맞는 인터넷 · 스마트폰 과의존 예방교육을 제공하여 효율적인 사용과 다양한 대안 활동을 통해 자기조절능력과 사이버 윤리의식 향상을 돕고 있다. 또 찾아가는 예방교육인 부모·지도자 교육, 인형극 운영, 캠프, 대안 활동, 캠페인 활동 등을 진행한다.

언어폭력, 폭력의 시작

폭력을 행하는 사람이 "안녕?" 하고 상냥하게 인사하거나 친절한 마음을 담아 말하면서 때릴까? 그렇지 않다. 페트리샤 에반스(Patricia Evans)는 폭력피해 여성 40명과의 심층적 인터뷰를 통해서 신체폭력 전에는 언어폭력이 반드시 선행된다는 것을 밝혔다.[15] 그녀는 타인을 지배하고 통제하며 권력을 행사하기 위해 사용되는 언어폭력의 유형을 '관심 안 주기, 반박하기, 축소하기, 농담을 가장한 말장난, 대화 차단과 말 돌리기, 안 좋은 별명으로 부르기, 비난과 책임 전가, 평가와 비판, 하찮아 보이게 만들기, 사기 꺾기, 협박하기, 잊어버리기, 명령하기, 부인하기, 학대 수준의 분노' 등 열다섯 가지로 분류했다.[16]

현행법은 언어폭력을 세 가지로 정의한다. 명예훼손, 모욕, 협박이다. 이중 명예훼손은 그 내용이 진실이라고 하더라도 범죄이며 허위인 경우에는 형법상 가중 처벌의 대상이 된다. 나의 경우는 '모든 막말'을 언어폭력으로 정의한다. 막말의 사전적 의미는 '나오는 대로 함부로 하거나 속되게 말함. 또는 그렇게 하는 말'이다. 생각하지 않고 내뱉는 막말은 상대에게 큰 상처를 입힌다. 이 때문에 화자는 스스로에게는 부끄럽고 수치스러워서 가깝게는 곧, 나아가서는 평생 후회할 수 있다.

과거에는 아니었으나 이제는 언어폭력이 된 대표적인 막말 중에는 욕설로 만든 호칭인 별명 부르기가 있다. 특히 여러 사람 앞에서 친구의 명예를 훼손하는 구체적인 성격, 능력, 배경, 생김새 등으로 별명을 만들어서 부르는

14.　스마트쉼센터 https://www.iapc.or.kr/

15.　페트리샤 에반스(Patricia Evans), 이강혜 옮김, 『언어폭력』, (북바이북, 2019.) 14.

16.　페트리샤 에반스(Patricia Evans), 이강혜 옮김, 『언어폭력』, (북바이북, 2019.) 139.

것은 학교폭력인 범죄다. 그러나 사실상 아이들과 대화하다 보면 욕설 호칭은 친구보다 가족 안에서 선행되는 경우가 많다. 특히 보호자가 귀여움을 담아 부르는 욕설 호칭이나 습관적 또는 무의식인 욕 사용, 여과 없이 내뱉는 말장난 등에 담겨 있는 욕설은 어린 자녀의 평생 언어습관 형성에 큰 영향을 미친다. 그리고 자녀는 욕에 익숙한 아이로 성장한다. 고로 어릴 때부터 쉽게 욕을 사용하게 된다.

우리 아이들이 또래 관계에서 특히 많이 하는 언어폭력에는 패드립[17], 욕설, 저격글, 협박, 유언비어 등이 있다. 이 중에서 아이들이 가장 격분하는 언어폭력은 '패드립'이다. 생각 없이 장난으로 하는 패드립이 있는가 하면 보호자를 통해 알게 된 정보로 친구의 가족을 모욕하는 패드립도 있다. 보호자가 은연중에 하는 말에서 자신이 아는 친구 부모님의 외도, 이혼, 사망, 사업 실패 등의 정보를 듣고는 그 정보를 친구들 사이에 소문을 내거나 약점으로 삼는 것이다.

자신이 하늘같이 여기며 믿고 따르는 보호자가 타인을 두고 함부로 말하는 언어폭력에 익숙해진 아이들일수록 뒷담화를 폭력이라고 생각하지 않는다. 또 보호자가 말장난이나 습관처럼 사용하는 욕을 듣고 자란 아이는 욕설을 장난이나 친구를 놀려먹을 때 습관적으로 사용하기 때문에 나쁘다는 것을 알고도 고치기 어렵다. 사람은 자신이 어릴 때부터 듣고 자란 말을 한다. 이게 바로 어른부터 아이들 앞에서 언행을 조심해야 하는 이유다.

17. 패륜적 드립의 줄임말로 부모님이나 가족 중 어른을 욕하고 놀릴 때 사용한다.

　　　　어딘가에 소속되었을 때 힘의 역동이 작용하는 것을 경험한 적이 있는가? 예를 들어서 '나는 그룹 안에서 다른 사람을 놀리거나 창피하게 만든 적이 있는가?' '나는 어떤 식으로든 괴롭힘의 희생자였나?' 등을 묻는 것이다.[18] 2명 이상이 모이면 '힘의 역동'에 의해 그 집단에는 서열과 지위가 생긴다. 성숙하지 못한 집단의 경우 힘의 불균형으로 인해 힘을 남용하는 사람이나 장난을 빙자한 미묘한 형태의 '괴롭힘'이라는 폭력을 행하는 사람이 있기도 하다.

이런 폭력은 예능이나 리얼리티 프로그램 등 다양한 분야의 영상매체에서도 볼 수 있다. 영상 속 사람은 분명히 웃고 있으나 보는 이는 함께 웃을 수 없을 정도로 타인을 향한 태도가 굉장히 무례한 경우가 있다. 아니 무례함을 넘어서 그 수위가 상당하기도 하다. 실제 생활 속에서도 우리는 너무나 쉽게 장난이나 농담이라며 상대방의 자존심을 깎아 내린다. 누군가를 주변인들의 웃음거리로 만들거나, 주변인의 웃음을 자아내며 동조를 유발할 때도 있다.

무방비상태에서 갑작스러운 폭력에 노출된 사람은 순간 당황한다. 어떤 사람은 일을 크게 벌이지 않기 위해서 같이 웃는다. 하지만 마음은 불편하고 씁쓸하며 상처받아 아프다. 아니면 자기도 모르게 버럭 화를 냈다가 관계가 틀어지기도 한다. 간혹 용기를 내서 정중하게 멈출 것을 제안하면 도리어 탓하는 말을 듣는다. '장난인데 뭘 그렇게 정색하느냐' '넌 항상 유머를 다큐로 받더라'라는 등의 언어폭력으로 핀잔하는 것이다.

이처럼 가해자는 피해자가 잘못한 것처럼 몰아가며 민망하게 만드는 2차적 피해를 주면서도 당당하다. 이는 분명한 괴롭힘이고 폭력이다. 인지하고 당

18. 　데니스 라인스(Dennis Lines), 정희성 외 옮김, 『쉽고 간결한 학교상담』, (한울, 2019.) 215.

장 멈춰야 한다. 반복하지만 학교폭력은 단 한 번도 너무 많다. 4장에서는 아이들이 가장 궁금해하는 장난과 폭력의 차이점과 연약한 보호자가 자녀를 위한다는 명목하에 학교폭력을 대하는 미흡한 자세를 다룰 것이다.

장난이 학교폭력으로

한 학급 25명 중 24명의 학생이 1명의 학생에게 신체폭력을 했다며 도와달라는 요청을 받았다. 24명 단체가 1명을 상대로 행사한 신체폭력이라니. 더 자세한 내용을 알아야 도울 수 있어서 담임 선생님에게 연락했다. 담임 선생님에 의하면 그 반에는 허세를 잘 부리고 뭐든지 자신이 먼저 해야지 직성이 풀리는 '잘난체'라는 남학생이 있다. 잘난체는 책을 읽을 때나, 활동할 때, 발표할 때도, 무조건 자신이 가장 먼저 해야 했다. 목소리 톤도 높았고, 강했다. 잘난체는 평소에 자신은 뭐든지 다 잘한다고 말했고 실제로도 잘했다.

그 일이 발생한 날에도 잘난체는 자신은 지금까지 어떤 놀이든 져본 적이 없다고 허세를 부렸다. 급우들은 잘난체에게 증명해보라고 했다. 그러자 잘난체는 '공공칠 빵' 놀이를 해서 만약 자신이 지면 반 아이들 모두에게 '인디안 밥'을 맞겠다고 제안했다. 아이들은 점심을 빨리 먹고 둘러앉아 공공칠 빵! 놀이를 시작했다. 잘난체는 술래가 되지 않으려 최선을 다했으나 결국 술래가 됐다. 반 아이들은 한 명씩 돌아가면서 인디안 밥을 외치며 잘난체의 등을 두드렸다.

잘난체는, 등이 점점 아파오자 일곱 번째 친구에게 맞은 후 더는 못 맞겠다며 그만하자고 말했다. 그러자 반 아이들은 술래가 되면 24명 모두에게 인디안 밥을 맞겠다고 말한 건 네가 제안한 것이고 약속은 지키는 거라고 주장했다. 잘난체는 여덟 번째 아이에게 맞다가 뿌리치고 보건실로 뛰어갔다. 벌겋게 부은 등을 본 보건 선생님이 놀라서 처치를 해 준 후 담임 선생님에게 상황을 전했다.

담임 선생님은 반 아이들을 대상으로 생활지도와 사과의 시간을 가진 후 잘난체의 엄마에게 전화로 설명했다. 엄마는 잘난체와 통화를 원했고 아이는 친구들과 장난치다가 그런 것일 뿐 이제는 괜찮다고 답했다. 그러자 엄마는 담임 선생님에게 아이들끼리 놀면서 그럴 수도 있고 아들이 괜찮다고 하니 됐다며 전화를 끊었다. 학생과 보호자가 괜찮다고 했기 때문에 담임 선생님은 그 일이 마무리됐다고 판단하고 윗선에 보고 하지 않았다. 그 일은 그렇게 마무리됐다. 아니 그런 줄 알았다.

주말에 아빠가 잘난체를 데리고 목욕탕에 갔다. 벌겋게 부었던 등은 이제 시커먼 색으로 변했다. 자세한 상황을 몰랐던 아빠는 놀라서 왜 그런지 물었다. 아빠의 흥분에 당황한 잘난체는 전후 사정은 생략하고 같은 반 애들한테 돌아가면서 맞았다고 대답했다. 아빠는 화가 나서 노발대발했다. 더 자세하게 알아보지 않은 채 담임 선생님에게 전화해서 이렇게 심각한 학교폭력이 일어났는데 학교는 어떻게 쉬쉬하면서 감출 수 있냐고 따졌다. 담임 선생님은 그날 상황을 아빠에게 말씀드렸으나 이미 사랑하는 아들의 몸에 든 멍을 보고 흥분한 아빠에겐 들리지 않았다. 아빠는 교장 선생님에게 전화해서 그 반 아이들 전부를 고소하겠다고 말했다.

당시는 학교폭력예방법이 개정되기 전이었기에 '학교폭력대책 자치위원회'가 개최됐고 학교폭력이라고 결정됐다. 이 일을 계기로 학교는 반 아이들 전체를 대상으로 특별교육을 계획했고 도움을 요청한 것이다. 24명은 본의 아니게 학교폭력 가해자가 됐다. 자신이 제안한 놀이로 일이 그렇게까지 커지자 잘난체는 매우 난처해졌다.

〈관계 회복을 위한 특별교육〉을 통해 친구들은 잘난체에게 '네가 아프다고 그만해'라고 말했을 때 그만했어야 했는데, 그러지 않아서 미안하다고 진심으로 사과했다. 잘난체는 그 사과를 받아들였다. 아이들은 다양한 활동을 통해 자신과 서로에 대해 탐색했다. 특별히 잘난체는 자신이 평소 잘난 척이 심하고 허세가 과해서 친구들이 불편해한다는 것을 깨달았다. 그동안 자신이 대수롭지 않게 했던 말과 행동이 친구들에게 상처를 준다는 것도 알게 됐다. 잘난체가 앞으로 그런 언행을 하지 않겠다는 다짐을 말하자 반 친구들도 잘난체가 일부러 그런 것이 아니라는 걸 이해했다.

최우성은 자녀의 학교폭력을 인지했을 때 보호자가 자녀의 이야기만을 듣고 판단한다면 사실관계를 훼손할 수 있다고 짚는다.[19] 때때로 아이들 사이에서 시작된 사소한 장난이나 오해와 갈등은 결국 보호자인 부모의 감정싸움으로 치닫게 되기도 한다. 또 잘난체의 가정처럼 부와 모가 학교나 상대편 보호자를 상대하는 결이 달라서 어려운 지경에 빠지는 경우도 있다. 최우성의 설명처럼 한쪽 보호자는 좋게 해결하려는 반면, 한쪽 보호자는 일이 꼬이게 만드는 것이다.[20]

많은 경우 끔찍한 학교폭력은 장난으로부터 시작된다. 교육청에서 2012년부터 진행하고 있는 〈학교폭력 실태조사〉 결과 중 가해 이유가 '장난'이라는 답변은 2023년 현재까지도 초·중·고 모두에서 부동 1·2위를 차지한다. 따라서 학교폭력예방교육을 할 때는 '장난과 폭력의 구분'에 대한 차이점을 자세히 다룬다. 장난과 학교폭력을 구분하는 기준은 장난을 건 사람이 아니다. 즉, 상대방과 주변 사람들이 어떻게 느꼈는가다.

평소 가정에서 보호자가 어린 자녀에게 장난쳤는데 그 반응이 귀엽거나 재미있다고 느껴질 때 웃으면서 그 장난을 반복하는 경우가 있다. 하지만 아이는 장난이라고 생각하지 못해 속상해하고 울음을 터트리거나 분노를 표출할 수 있다. 때론 그 장난에 큰 겁을 먹고 그 사건으로 잊지 못할 외상을 입을 수 있다.

내가 상담했던 한 고등학생은 자신이 여덟 살이었을 때 추석 명절에 아빠가 술을 먹였다가 딸의 반응이 귀엽다고 웃으면서 더 먹였다며 죽을 뻔했던 경

19. 최우성 지음, 『학교폭력, 우리 아이를 지켜주세요』, (성안당, 2023.),329.
20. 최우성 지음, 『학교폭력, 우리 아이를 지켜주세요』, (성안당, 2023.) 330.

험을 말하면서 아빠를 원망하고 치를 떨었다(아마도 아빠는 사랑하는 딸이 본인에게 왜 차갑게 구는지 아직도 이해하지 못할 것 같다). 그렇게 어린 자녀가 무서워하며, 울고, 싫어하는데도 자신을 사랑하는 가족이 재미있다고 웃으면서 장난을 반복한다면 사고하는 힘이 연약한 아이의 경우 장난과 폭력을 구분하기 어려워진다. 이는 또래 관계 속에서 그대로 재연될 수 있다.

따라서 학교폭력을 근절하기 위해 보호자는 자신의 기분과 분위기에 취해 자녀를 노엽게 하지 말아야 한다. 즉, 자녀와 친해지고 싶어서 시도했던 장난이었어도 아이가 불편해하면 즉각 멈춰야 한다. 간혹 아이가 싫어하는 반응에 민망한 보호자가 정색하며 거칠고 폭력적으로 반응하는 것을 경험한 아이는 자신이 잘못하고도 도리어 상대를 탓하는 관계 방식을 배울 수 있다.

무엇보다 자녀 양육에서 놓치지 말아야할 것은 가정의 모든 어른이 서로 원활하게 소통하며 보호자 간 일관된 양육방식과 교육철학을 공유해야 한다. 그리고 자녀를 독립적인 인격체로 인지하고 존중해야 한다. 그렇지 않으면 아이가 사춘기가 되면서 보호자와 자녀의 관계는 소원해지고 소통과 웃음이 있던 그 자리에 불통과 무례함 그리고 다툼이 끼어들기 시작한다.

자녀에게 혼란을 주는 보호자의 생각과 태도

앞에서 이미 다뤘듯이 학교폭력은 '학교 안과 밖에서 학생을 대상으로 신체적, 정신적, 재산상의 피해가 수반되는 행위'를 말한다. 그러나 우리 아이들에게 폭력 사건이 발생하면 학교폭력의 정의 속 세부 내용을 함께 살펴볼 필요가 있다. 학교폭력은 첫째, 아이들 사이에서 힘의 불균형이 성립된다. 둘째, 아무런 이유 없이 반복적이고 지속적으로 발생한다. 셋째, 고의적이고 계획적인 괴롭힘이 발생한다. 이해를 돕기 위해서 두 가지 사례를 살펴볼 것이다. 첫 번째 사례는 '인내와 산만이의 이야기'다.

어느 날, 학교에서 돌아온 '인내'가 엄마에게 말했다.

"엄마, 산만이가 제 필통을 떨어뜨렸어요."

"우리 딸, 속상했겠네. 산만이가 네 물건을 오늘 처음 떨어뜨렸니?"

"아니요. 어제도 떨어뜨리고 자주 그래요."

"산만이가 네 물건만 떨어뜨리니? 아니면 다른 친구들 것도 떨어뜨리니?"

"제 것만 떨어뜨려요."

"우리 딸 생각에 산만이가 왜 그러는 것 같아?"

"몰라요. 근데 떨어뜨리고 웃는 것을 보면 일부러 그러는 것 같아서 속상해요."

인내의 답변에 의하면 산만이의 행동에는 학교폭력의 세부 내용인 '일부러 또는 아무 이유 없이 반복적, 지속적, 의도적이고 계획적으로 괴롭히는 것'이 들어 있다. 이는 분명히 학교폭력이 발생한 것이니, 인지한 보호자와 교사 등 어른은 신속하게 그리고 적극적으로 도와야 한다. 반면에 산만이가 인내의 물건을 오늘만 떨어뜨렸다면 실수로 그랬을 수 있다. 인내를 포함한 다수의 친구에게 자주 그런다면 산만이가 부주의해서 그랬을 수 있기에 진정한 사과와 재발 방지 약속을 담은 훈육과 생활지도로 해결하면 된다. 이 부분은 제2부에서 자세히 다룰 것이다.

여기서 잠시 살펴볼 중요한 두 가지 사실이 있다. 첫째는, 최근 들어 학교폭력을 행사하는 아이 중에 부주의는 물론이고 충동성, 공격성 그리고 분노를 참지 못하는 약물치료가 필요한 아이나 경계성 지능 장애가 있는 아이가 늘고 있다는 것이다.

둘째는, 보호자의 자녀에 대한 과한 사랑 표현에 따른 부작용이 점점 늘고 있다는 것이다. 다시 말해서 자녀의 언행을 무조건 수용하고, 잘못했을 때 (특히 타인에게 함부로 할 때)조차도 훈육하지 않으며, 문제행동이 강화되도록 방치하거나 부추기는 경우다. 또 그로 인한 결과를 대신 해결해 주는 부모의 부정적 양육 태도에 따른 안하무인으로 자라는 아이들도 늘고 있다.

이런 아이들은 친구도 교사도 모두 자기통제와 지배하에 있어야 한다. 고집도 세다. 자기가 좋아하고 잘하고 원하는 것에는 적극적이며 그것만 하자고 우긴다. 선생님이 자기가 못하고 자신 없거나 싫어하는 것을 가르치려 들면 싫다고 떼쓰며 감정을 폭발한다. 학급에 이런 학생이 한 명이라도 있으면 학급 운영은 어렵고 아이들은 불행하다.

따라서 우리 아이들의 발달 단계별 과업을 잘 파악하여 아이가 발달 단계에 맞게 잘 성장하고 있는지 살펴야 한다. 아이가 발달에 어려워하는 부분은 어떤 것이 있는지 세밀하게 관찰하고 적절한 도움을 줘야 한다. 자녀에게 '너와 마찬가지로 네 친구와 선생님도 소중하다'라는 메시지가 담긴 돌봄과 배움의 기회를 끊임없이 제공해야 한다. 마지막으로 전문적 치료가 필요한 경우에는 전문기관 연계를 통해 신속히 그리고 적극적으로 도와야 한다.

다음으로는 '공기와 바다의 이야기'를 살펴보자. 체육 시간이 끝나자 몹시 더웠던 공기가 물을 마시려고 복도에 있는 정수기를 향해 뛰어갔다. 그런데 정수기 주변은 누군가 흘린 물로 흥건했다. 공기는 미끄러졌지만 넘어지지 않으려고 아등바등하다가 옆에 있던 바다를 붙잡았다. 그러면서 둘이 같이 넘어졌다. 바다는 엉덩방아를 찧었고 순간적으로 디딘 팔목이 삐끗했다. 공기는 일부러 그런 것은 아니지만 바다가 다쳤기 때문에 미안하다고 사과했다. 그리고 보건실에 같이 가서 바다가 치료받는 동안 함께 있다가 교실로 돌아왔다.

이 사례는 학교폭력일까? '그렇다'라고 대답할 독자는 '학교폭력의 정의'로 보았을 때 바다가 공기 때문에 넘어졌고 팔목도 삐끗했으니 신체적 피해인 학교폭력이라고 말할 것이다.

'아니다'라고 대답할 독자는 공기로 인해 바다가 신체적 피해를 입은 것은 맞다. 하지만 학교폭력의 세부 내용으로 봤을 때 공기가 바다를 일부러 또는 아무런 이유 없이 반복적, 지속적, 의도적인 계획을 갖고 괴롭힌 것은 아니다. 둘 사이에 힘의 불균형이 보이지도 않는다. 무엇보다 바다가 자신 때문에 다치자 공기는 바다에게 즉시 사과했다. 그리고 보건실에 같이 가서 치료받도록 했으니 학교폭력은 아니라고 말할 것이다. 대신 아이들에게 안전에 대해 강조하며 실내에서는 뛰지 말고 정숙하도록 생활지도에 더욱 신경 쓰는 방향으로 결론지을 수 있다.

그런데도 굳이 학교폭력이라고 고집하는 사람이 있다면, 학교 내 〈전담 기구〉에서 결정할 수 있는 '학교장 자체 해결'에 맡겨도 된다. 학교장 자체 해결은 다음과 같이 네 가지 요건에 해당해야 한다.

첫째, 2주 이상의 신체적·정신적 치료를 요하는 진단서를 발급받지 않은 경우.

둘째, 재산상 피해가 없거나 즉각 복구된 경우.

셋째, 학교폭력이 지속적이지 않은 경우.

넷째, 학교폭력에 대한 신고, 진술, 자료제공 등에 대한 보복행위가 아닌 경우.

공기와 바다 사례는 보호자들이 민원을 제기하고 개입하는 과정에서 갈등이 생겼고 복잡해졌다. 학교가 화해를 이끄는 과정에서 공기의 부모는 학교를 믿지 못하겠다면서 교육지원청의 〈학교폭력대책심의위원회〉까지 들먹였다. 〈학교폭력대책심의위원회〉는 학교폭력의 심각성, 고의성 및 계획성, 반복성 및 지속성, 반성과 화해의 정도, 선도 가능성, 장애 학생 관련 여부, 힘의 불균형 등의 기본적인 판단 요소에 따라 가해 학생의 조치를 결정한다. 특히 고의성이 전혀 없는 경우는 학교폭력이 아니라고 판단한다. 따라서 '공기와 바다 사례'는 여기에도 해당되지 않는다.

그럼에도 공기의 부모님은 공기에게 '왜 네 마음대로 사과했냐'며 공기를 나무랐다. '네가 사과만 하지 않았어도 네가 잘못한 것이 아닐 수 있었다'라는 부모님의 방어적이고 비상식적인 주장에 공기는 혼란스러웠다. 두 아이는 한 반에서 공부하는 사이좋았던 친구 관계에서 갑자기 불편해졌다. 학급에도 어색한 공기가 흘렀고 반 분위기도 엉망이 됐다. 보호자의 자존심 싸움으로 반 아이들은 불편한 학교생활을 이어갔다. 결국 모든 손해는 아이들의 몫이 된 것이다.

두 아이는 물론이고 반 학생들이 걱정된 학교에서는 도움을 요청했다. 〈관계회복을 위한 프로그램〉을 진행하는 중 두 아이는 그동안 자신들이 얼마나 힘들었는지를 토로했다. 본인들은 싸운 적이 없는데도 학교폭력 가해자라느니 피해자라느니 하는 말을 듣고 있는 게 너무 힘들다고 했다. 특히 공기는 자신이 일부러 그런 것은 아니지만 바다가 다쳤을 때 사과한 것을 두고 혼낸 부모님의 행동을 아무리 생각해도 이해할 수 없다고 말했다. 두 아이 모두 보호자의 눈치를 보느라 같이 놀지 못하고 말도 못한다면서 자기들 때문에 학급 분위기까지 이상해졌다고 했다. 두 아이는 친구들에게 진심으로 미안한 마음도 표현했다. 모든 상황을 다 알고 있는 반 친구들은 두 아이가 느끼는 마음을 충분히 이해했다.

두 아이는 속마음을 솔직하게 털어놓으며 보호자 때문에 어쩔 수 없었던 서로의 입장을 자세하게 듣고 이해했다. 본의 아니게 멀어졌던 관계도 회복됐다. 두 아이는 용기를 내서 각자의 보호자를 설득하기로 결심했다. 아이들의 연합은 성공했고 끝이 보이지 않았던 지저분한 다툼은 드디어 막을 내렸다. 나는 이 사건을 계기로 더욱 친해진 아이들 속에서 어른보다 나은 성숙함을 발견했다. 학교폭력이 발생했을 때 진상조사를 제대로 하지 않은 채 내 자녀는 무조건 아니라고 억지를 쓰고 우기는 보호자가 있다. 이런 보호자의 태도는 자기 잘못을 스스로 인지한 자녀에겐 더더욱 위험하다. 보호자에 대한 실망으로 아이의 마음은 닫히고 보호자와 자녀의 관계는 불통의 늪으로 빨려 들어 간다. 특히 보호자가 무조건 우겼으나 자녀의 잘못이라는 것이 밝혀졌을 때 자녀가 사람들(대개 선생님과 친구들) 앞에서 느낄 민망함과 수치심은 배가 된다. 심지어 그 사건은 아이가 스스로를 친구들과 단절하게 만들기도 한다. 물론 자녀를 포함하여 가족에게 미칠 불이익 처분이 염려되어 그랬다거나 사랑하는 자녀를 보호하기 위해서라는 보호자의 변명을 들어줄 수는 있다. 그러나 보호자의 미성숙한 생각과 태도 때문에 올바른 가치관과 도덕성을 형성하면서 잘 성장 중이던 자녀의 삶은 송두리째 흔들릴 수 있다. 그런데도 '자녀를 위해서'라는 변명으로 보호자 자신의 감정싸움을 선택할 것인가?

간혹 어떤 보호자는 그렇게까지 하지 않아도 되는 사건에 변호사를 선임하기도 한다. 매번 보호자가 나서서 그런 식으로 문제를 해결한다면 아이는 과연 무엇을 배울 수 있을까? 보호자는 평생 그렇게 자녀를 대신해서 모든 문제를 해결해 주면서 살 수 있을까? 그렇게 자기 인생을 대신 살아준 보호자를 둔 자녀는 어떤 어른으로 성장할까? 만약 보호자가 해결해 줄 수 없는 상황이 된다면?

나는 학교폭력 근절의 근본적인 대책 중 가장 중요한 요인 중 하나로 보호자의 학교폭력에 대한 인식개선 및 변화를 꼽는다. 특히 아이들의 사소한 장난, 오해, 갈등이 학교폭력으로 확대되는 것을 예방하기 위해서 보호자도 적극적으로 공부해야 한다. 학교에서 개설하는 학교폭력예방교육 참석은 물론이고 가능하다면 우리나라의 '학교폭력예방교육 표준화 프로그램'인 〈어울림 프로그램〉의 학부모 연수를 받아보는 것도 좋다.[21]

학교폭력 근절을 위해 공감 능력을 기르고 자기 존중감을 높이며 건강하게 갈등을 해결하고 자신의 감정을 조절할 줄 알며 원활한 의사소통을 할 수 있는 능력은 오직 아이들에게만 필요한 것이 아니다. 보호자가 먼저 공부하고

---

21. 한국청소년정책연구원 학교폭력예방교육지원센터(www.stopbullying.re.kr)에서는 〈어울림 프로그램〉 학생교육 자료, 교사연수 자료, 학부모 연수 자료를 무료로 제공한다.

변화되어 본보기를 보여준다면 아이들은 그 아름다운 길을 따를 것이고 우리 사회는 학교폭력 근절에 또 한 걸음 가까워질 것이다.

엘리스 밀러에 따르면 최근에 어린이의 외상 장애가 사회에 막중한 영향을 미친다는 것이 인정되고 있다. 그녀는 이 지식이 모든 사람에게 퍼져야 하고 그렇게 된다면 우리 사회는 근본적인 변화를 맞을 것이며 이를 통해 무섭게 확산되는 폭력으로부터 우리 사회를 해방 시킬 수 있다고 주장한다.[22] 나는 그녀의 주장에 따라 학교폭력 근절을 위해서 어린이에게 외상을 입히지 말아야하는 것은 물론이고 보호자가 인지하지 못한 상태에서의 폭력도 근절되어야 한다고 주장한다. 5장에서는 보호자의 언행 중 사랑하는 자녀에게 물 흐르듯 자연스럽게 스며드는 간교한 폭력의 대물림 구조에 대해 고민할 것이다.

때려도 되니까, 절대 맞지는 마!

그날은 한 초등학교 3학년 학급에서 수업 중이었다.

> "그런데, 선생님! 우리 엄마는 친구가 때리려고 하면 먼저 때리라고 했어요. 맞고 오지 말래요."
> "맞아요. 우리 부모님도 그랬어요. 때려도 되니까 절대 맞지는 말래요."

아이들의 그 말에 나는, 가족에게서 친구가 때리려고 하면 먼저 때려도 좋으니 맞지 말라는 말을 들어본 사람 있으면 손들어 보자고 했다. 그러자 전체 25명 중 15명의 학생이 손을 들었다.

사실 이와 비슷한 말은 내가 어릴 적에도 있었다. 기둥뿌리 뽑아서라도 치료

22.　엘리스 밀러(Alice Miller), 노선정 옮김, 『천재가 될 수 밖에 없었던 아이들의 드라마』, (양철북, 2019.) 214.

비는 물어 줄 테니 절대 맞고 오지는 말라던 보호자의 말에는 소중한 자녀를 폭력으로부터 지키고 싶은 본능이 들어 있다. 하지만 친구에게 폭력을 해도 된다는 의미도 담겨 있으므로 자녀에게 해서는 안 되는 말이다.

학교폭력은 어떠한 형태든 폭력적으로 대응하면 쌍방 가해로 인정하는 경우가 많다. 그렇다면 누군가 폭력을 하려 할 때 그냥 당하고만 있어야 하는가? 우리 아이들에게 자기 보호도 하지 말라고 가르치라는 말인가? 사람이 폭력을 당하지 않으려고 아니, 자기 자신을 지키기 위해서 방어하는 것은 본능이다. 그러나 때로는 방어 본능에 충실하다가 폭력을 할 수 있다. 많은 경우 피해자가 지속적·반복적·고의적으로 자행하는 폭력을 참고 참다가 한순간 폭력적인 형태로 방어하는 바람에 쌍방과실이나 가해자와 피해자가 뒤바뀌는 억울한 상황에 놓일 수도 있다. 그래서 학교폭력예방법은 누군가 자신을 괴롭힐 때 신속하게 도움을 요청하거나 신고하라고 가르칠 것을 지향한다.

내 수업에는 이런 질문도 있다.

> "여러분 혹시 태어나서 지금까지 살면서 부모님께 친구를 괴롭히고 폭력을 하라고 배운 적이 있을까요?"

이 질문에 아이들은 야유를 퍼붓거나 어이없다는 듯이 웃는다. 그러면 나는 또 질문한다.

> "우리는 태어나서 자라는 동안 부모님이나 유치원, 학교 등의 어른들께 친구와 사이좋게 지내고, 친구를 괴롭히지 말라고 배웠는데 학교폭력은 왜 계속 발생할까요? 우리는 왜 이 소중한 시간에 '학교폭력예방교육'이라는 수업을 하고 있을까요? 왜 학교폭력은 사라지지 않을까요?"

나의 질문에 학생들은 대개 모른다고 대답한다. 그럴 때 나는 우리 아이들에게 '학교폭력예방교육을 수업으로 들어야 할 상황을 만든 것에 대한 사과'와, '당장 폭력을 멈추자'라는 정중한 제안을 한다(1장 참조). 나의 진정한 사과와 정중한 부탁에 아이들은 '알겠다'라는 귀한 답으로 약속한다. 지금까지 한 번도 싫다고 답한 아이를 만나 본 적이 없다.

그 외에도 사랑하는 보호자가 가족이나 지인 아니면 모르는 타인에게라도 욕설이나 협박 그리고 비아냥거리는 말투를 사용한다면 아이의 사고에는 친구와 선생님에게 저렇게 언어폭력을 해도 된다는 공식이 성립된다. 습관이 된 언어폭력은 사춘기가 되면서 보호자에게까지 확장될 수도 있다. 나는 사춘기 자녀의 포악한 언어로 상처받은 보호자가 자녀가 어릴 때 왜 제대로 가르치지 않았는지 너무 후회된다는 하소연을 적지 않게 듣는다. 하지만 포기하지 말자. 자녀교육은 후회할 그때가 곧 다시 시작할 때다.

1분 49초

〈초등 가정형Wee센터〉생활실에서 5·6학년 여섯 명이 숨바꼭질 중이었다. 6학년인 나무는 5학년인 이슬이에게 사물함에 숨으라고 했다. 이슬이가 싫다고 했지만 형의 다그침에 결국 사물함에 들어갔다. 나무는 이슬이가 들어가자마자 문을 닫고 열쇠로 잠궜다. 같이 놀던 아이들이 놀라서 말렸으나 나무는 장난이라며 계속했다. 안에 갇힌 이슬이가 열어 달라고 울부짖었지만 나무는 한참 후에야 열어줬다. 그러나 이슬이는 이미 축 처져있었다.

놀란 아이들이 선생님에게 도움을 청했다. 사물함에 갇혔던 이슬이는 센터에 입소하기 전 심각한 가정폭력의 피해자였다. 아버지는 가족을 상습적으로 화장실에 가두고 팼다. 감금에 끔찍한 트라우마가 있던 이슬이는 사물함에 갇힌 그 순간 아버지에 의해 갇혔던 그때가 떠올랐을 것이다. 다행히 이슬이는 큰 위험 없이 금방 회복했다.

문제는 나무였다. 문을 잠궜던 나무는 겨우 1분 49초 가뒀을 뿐인데 이슬이가 괜히 오버했다며 빈정거렸다. 나는 나무와 긴 시간 대화했다. 이슬이가 느낀 감정과 이슬이의 심리적인 상황 그리고 다른 아이들이 느끼고 표현했던 감정과 태도, 학교폭력의 신체폭력 중 하나인 '감금'에 대해 설명하면서 역지사지를 느끼도록 호소하고 지도했으나 나무는 꿈쩍도 하지 않았다. 오히려 자신은 평소에 이슬이를 싫어했음에도 이슬이가 술래가 되지 않게 도와줬는데 이런 죄인 취급을 받아서 억울하다고 했다. 이슬이가 힘들어 하던 것을 보지 않았는지 묻자 그건 이슬이가 약해빠져서라며 적반하장으로 나왔다.

나는 나무에게 혹시 누군가 네게 똑같은 행동을 했다면 어땠을 것 같은지 물어봤다. 나무는 본인에게는 아무도 그렇게 하지 못한다고 자신했다. 나는 혹시라도 그렇게 된다면 어떻게 할 것이냐고 물었다. 그러자 꼭 응징할 것이며 그전에 엄마가 그 사람을 가만두지 않을 거라고 답했다. 나무는 전혀 반성하지 않았고 미안한 기색도 없었다. 그러는 동안 나무의 엄마가 도착했다.

나는 어머니에게 아이와 진지하게 대화하면서 이슬이가 원하는 진정한 사과와 재발 방지 약속이 담긴 훈육을 해주십사 부탁했다. 그러자 엄마의 입에서 생각지도 못한 말이 나왔다.

"소장님, 아니 애들이 놀다 보면 그럴 수도 있지요. 그 상대방 아이가 트라우마가 있다는 건 알겠는데요. 그래도 우리 아이가 한 행동을 학교폭력이라고 함부로 말하는 건 좀 아니죠. 그리고 우리 애한테 사과랑 앞으로 하지 않겠다는 약속까지 하라는 건 진짜 너무한 거 아닌가요? 겨우 이런 걸 학교폭력이라고 생각하다니 소장님이 너무 예민한 거 아닌가요? 아니 길 가는 사람들 붙들고 물어보세요. 누가 이런 걸 학교폭력이라고 인정하겠어요?"

나무 엄마의 언행과 표정 그리고 왜곡된 사랑에 담긴 난폭함에 나는 무척 슬퍼졌다. '자기가 한 잘못을 인정하지 않고 반성하지 않는 아이를 어떻게 도울 수 있을까?' '같은 마음을 가진 보호자를 어떻게 설득할 수 있을까?' 그날 나무는 사과는커녕 억울함만 내뱉다가 스스로 센터에서 퇴소했고 가해 학생이 센터를 떠남으로써 사건은 종결됐다. 나무는 자신이 성장하는 데 꼭 필요한 본인의 행동에 책임질 기회를 스스로 버렸다. 보호자는 나무가 이 세상을 살아가는 데 필요한 기본적인 상식이자 중요한 덕목인 '용기 있게 사과하는 기술'을 배울 기회를 무시했다.

나는 아이에게 옳고 그름을 판단할 수 있는 기준을 제공하고, 스스로 사고하여 옳은 선택을 할 수 있도록 반복해서 안내하는 것이 어른의 도리라고 여긴다. 그날 나는 나무가 왜곡된 인식을 깨고, 더불어 살아가는 데 필요한 따뜻한 마음을 가지도록 돕고 싶었다. 나무가 타인의 마음에 공감하고 상대방을 이해할 수 있는 성숙함을 갖도록 지원하고 싶었다. 나무가 자신이 조금이라도 손해를 보는 것은 용납하지 않으면서도 남에게 함부로 대하는 것을 당연히 여기는 위험한 사고가 고착되기 전에, 사람답게 사는 데 필요한 미덕을 스스로 갖출 기회를 놓친 것이 늘 아쉽다.

우리가 함께 사는 데 필요한 것은?   6장

독일의 루터교 목사이자 반나치 운동가인 '마르틴 뤼밀러(1892~1984)'는 나치 독일이 패전한 이후 평화주의자이자 반전주의자로 활동했다. 그의 시 〈나치가 그들을 덮쳤을 때〉[23]는 나치의 만행에 무관심으로 방조했던 자신을 포함한 침묵하는 다수를 비판하고 있다. 이 시는 정치적 무관심이나 방관자 효과를 경고하는 목적으로도 다양한 곳에서 인용되고 있다. 6장에서는 학교폭력을 목격한 모두는 '침묵하는 방관자'가 아닌 '적극적인 형제애를 실천하는 방어자'가 되자는 독려를 담았다.

'으악! 빨간 마스크다.'

내가 타인의 아픔에 침묵하는 방관자에 대해 심각하게 고민하게 된 계기는 어느 날 길에서 만난 한 중년 남자가 처한 상황 때문이었다. 그날 나는 시청 방향으로 걷고 있었다. 그러던 중 내 앞으로 얼굴이 온통 빨간색인 한 사람이 비틀거리며 걸어왔다. 으악! 빨간 마스크다. 아닌가? 대낮에 얼굴이 피범벅인 채 거리를 활보하는 그의 모습은 영락없는 귀신 같았다. 흐르는 피로 눈을 뜨는 것조차 힘들어 보였고, 걸음도 위태로웠다. 나는 그를 향해 달려가면서 112에 신고했다. 가까이 가서 그를 부축하여 벽에 기대 앉히고 지혈부터 해야겠다는 생각에 손수건을 꺼내서 상처 부위에 댔다. 곧 구급차가 도착했다. 연이어 경찰차도 도착했다. 보호자가 아니라는 내 말에 구급차는 환자만 태우고 떠났다. 경찰관이 신고자인 나에게 기본적인 인적 사항을 묻던 중 질문했다.

---

23. 한국어 번역본은 다음 문헌에서 확인할 수 있다. 디트리히 본회퍼(Dietrich Bonhoeffer), 에릭 메택시스(Eric Metaxas), 김순현 옮김, 『디트리히 본회퍼』, (포이에마, 2011), 285.

"그런데 무슨 일이 있었는지 아세요?"

"아니요. 저도 자세한 것은 몰라요. 시청에 가고 있는데 그분이 피 흘리면서 걸어오고 있어서 일단 신고부터 한 거예요. 빨리 와주셔서 감사합니다. 다른 사람들이 먼저 신고했나 봐요."

"아니요. 아가씨만 신고했는데요?"

"예? 저 아저씨가 시청 앞에서 다쳤다고 했는데, 여기까지 피를 흘리면서 오는 동안 신고한 사람이 한 명도 없었다고요?"

"예, 없었어요. 요즘은 자기 일 아니면 신고 잘 안 해요."

자기 일이 아니면 잘 신고하지 않는다는 경찰관의 말은 피 흘리며 비틀거리던 아저씨를 처음 보았을 때 받은 충격보다 더 큰 충격이었다. 그 말에 '제노비스 신드롬(방관자 효과)'이 떠올랐다. 제노비스 신드롬은 1964년 3월 27일자 〈뉴욕타임스〉에 실린 '키티 제노비스(Kitty Genovese) 사건'에서 비롯됐다.[24] 어느 밤, 제노비스는 강도의 칼에 찔리며 30분이 넘게 도와달라고 소리쳤지만 아무런 도움도 받지 못한 채 사망했다. 그녀가 고통스럽게 죽어가며 도와달라고 외쳤던 그 시각 38명의 이웃이 창문 너머로 그 현장을 내려다보고 있었지만 그 누구도 도와주거나 신고하지 않았다. 나는 경찰관의 말에 우리 사회가 이미 제노비스 신드롬에 갇혔을까 염려됐다. 그 사건을 계기로 나는 우리 아이들이 학교폭력을 목격했을 때 '침묵하는 방관자'가 아닌 '적극적으로 도와주는 방어자'가 될 수 있도록 돕기 위해 더 열심히 연구하자고 결심했다.

다시 제노비스 사건으로 돌아가 보자. 사실 제노비스 사건에는 큰 반전이 있다. 그 사건이 보도되면서 세상이 38명의 목격자를 비난하고 인간의 이기심에 대해 떠드는 동안 제노비스의 남동생은 누나의 사건을 끈질기게 조사했

---

24. 출처: 네이버 지식백과, 〈제노비스 신드롬〉. 제노비스 신드롬은 EBS지식채널에서 '38명의 목격자'(2007.2.12.)라는 제목으로 방영되기도 함.

다. 그리고 실제 목격자는 6명이었으며 그중에 2명은 경찰에 신고했다는 진실을 밝혔다. 〈뉴욕타임스〉에 보도된 내용은 잘못된 것이었다.

온 세상이 자신들을 차가운 심장을 가진 파렴치하고 이기적인 사람이라고 매도하는 것을 보면서 도와줬던 목격자들은 얼마나 큰 상처를 받았을까? 이는 전형적인 '아니면 말고'라는 식의 책임을 회피하는 태도이며, 가십과 뒷담화로 당사자에게 씻지 못할 상처를 입히는 무서운 폭력이라고 볼 수 있다. 결국 〈뉴욕타임스〉는 2016년, 오보를 인정하는 사과 기사를 냈다.

발 없는 말이 천 리 가고, 한 번 내뱉은 말은 주워 담을 수 없다는 속담처럼 말은 입에서 나온 그 순간 큰 힘을 발휘하며 한없이 퍼진다. 누군가 생각 없이 한 말로 그 가십의 주인공은 씻을 수 없는 상처를 입을 수 있다. 그 말이 사실일지라도 마찬가지다. 혹시 누군가의 아픔을 알게 된다면 아픈이의 입장에서 가장 필요한 건 무엇인가를 고민하고(물어볼 수도 있고) 그가 필요하다고 표현한 도움으로 함께해야 한다. 내가 상담한 아이들과의 경험에 따르면, 때로는 아무것도 하지 않고 그저 곁에 있어 주는 것만으로도 위로가 될 수 있다. 급식 시간에 같은 식탁에서 식사하는 것만으로도 큰 힘이 된다. 다시 강조하지만, 누구라도 위험에 처했을 때 모두가 적극적으로 돕는다는 건 바로 모두가 안전하고 행복한 탈폭력 세상에서 살게 된다는 뜻이다.

<세계인권선언문> 제1조로 배우는 '형제애'

'선한 사마리아인 법'의 배경이 되는 한 사마리아인은 옷이 벗겨지고 거의 죽은 채로 버려진 사람을 전혀 몰랐음에도 나서서 돌봤다. 예수는 이 예화를 통해 어려움에 처한 사람을 보았을 때, 이익이나 손해를 계산하지 말고 돕는 것이 타인에게 취해야 할 기본적인 태도임을 쉽게 가르쳐준다.

인류의 역사를 살펴보면 폭력은 점점 더 난폭해지고 더 잔인해지고 더 집단화되고 있다. 그럴수록 자랑스러운 우리 인류는 폭력의 확장을 보고만 있지 않았다. 선함과 정의로움을 추구하고 더 사랑하며 더욱 연대했다. 이를 근거로 하는 훌륭한 예가 바로 〈세계인권선언문〉이다. 이 선언문에는 인류 모두가 천부의 존엄성과 동등하고도 양도할 수 없는 권리를 지닌다는 인식이 담겨 있다. 〈세계인권선언문〉 제1조는 '모든 인간은 태어날 때부터 자유로우며, 누구에게나 동등한 존엄성과 권리가 있다. 인간은 타고난 이성과 양심을 지니고 있으며, 형제애의 정신에 입각해서 서로 간에 행동해야 한다.'라고 말한다.

예수의 이웃사랑과 세계인권선언문의 형제애 실천을 살아낸 사람이 있다. 바로 독일의 양심이라고 불리는 '디트리히 본회퍼(Dietrich Bonhoeffer)'다. 그는 히틀러 나치 정권의 잔인한 유대인 대학살에 적극적으로 저항하다 형장의 이슬로 사라졌다. 그의 타자 중심적인 사랑 실천은 세계사는 물론이고 우리나라의 민주화 운동에도 깊은 자극과 영향을 줬다. 그리고 이제는 학교폭력 근절을 위해 나아갈 방향을 시원하게 비추는 빛이 되고 있다.

간혹 학교폭력이 잘못된 것임을 알지만 힘센 친구가 잘못된 행동을 강요했을 때 두려워서 혹은 또래에게 소외되지 않으려고 동조하는 아이가 있다. 그 아이는 자신이 한 선택에서 자유로울까? 아이들과 상담하다 보면 그렇지 않다. 아이는 정의롭지 못했던 자신을 탓하고 후회하며 죄책감에 힘들어한다. 때론 자신을 짓누르는 죄의식에서 벗어나려 원치 않는 비행에 가담하거나 술·담배 등 해로운 약물을 선택하기도 한다. 이 모든 것이 제발 도와달라는 신호다.

〈학교폭력 실태조사〉 결과에서 우리 아이들이 학교폭력예방교육 시간에 배우고 싶다고 반복해서 답하는 내용은 학교폭력을 당했을 때 대처하는 방법, 피해 학생을 도와주는 방법, 가해 학생을 말리는 방법이다. 이 세 가지 방법의 가장 기본은 폭력을 당한 즉시 또는 목격한 즉시 도움을 줄 수 있는 어른에게 도와달라고 요청하는 것이다. 학교폭력예방법 제20조에 따르면 우리는 모두 학교폭력 신고 의무자다.

그러나 아이들과 얘기해보면 의외로 학교폭력 신고를 '고자질했다'라고 생각하는 경우가 적지 않다. 또 친구들이 자신을 '고자질쟁이'나 '배신자'라고 부를까 봐 걱정돼서 신고하지 않았다는 경우도 허다하다. 그러나 학교폭력 신고는 매우 올바른 행동이자, 학교폭력을 근절할 가장 적극적인 방법이다. 학교폭력 신고는 정의로운 방어자가 될 가장 쉬운 선택이며 형제애를 실천하는 귀한 용기다. 또 신고했다는 것이 알려지면 자신에게 어떤 보복이 올지 모른다는 두려움에 신고할 용기가 부족한 아이도 있다. 하지만 학교폭력예방법은 보복행위 금지(학교폭력예방법제20조5항)와 신고자의 비밀보장(동법 21조) 및 보호를 적극적으로 돕고 있다. 즉, 누구도 학교폭력 신고행위로 불이익을 받지 않도록 철저하게 보호하고 있으니 걱정하지 말고 행동하자.

나는 몇 년 전에 출소를 앞둔 분들을 대상으로 〈사회적응을 위한 프로그램〉을 진행한 적이 있다. 당시 한 피교육자가 해 준 말이 기억난다. 피해자가 일이 커져서, 주목받는 게 불편해서, 또는 범죄를 저지른 사람의 보복이 두려워서 침묵하면 범죄는 더 진화하지만, 아주 사소하더라도 신고하고 또 신고하며 사건이 발생할 때마다 계속 신고한다면 결국 그 범죄는 멈추게 된다는 조언이었다. 나는 아이들에게도 같은 조언을 한다. 폭력은 침묵을 먹고 자라기 때문이다. 나는 독자에게도 학교폭력뿐만 아니라 아동학대나 가정폭력 그 외 어떤 폭력이든지 목격했을 때 즉시 신고할 것을 간청한다.

하지만 그 전에 우리가 먼저 아주 사소한 괴롭힘도 폭력이고 범죄라는 것을 기억하며 각자가 자기 삶의 자리에서 본인의 언행이 폭력적인가를 수시로 점검하고 우리 아이들에게 본이 되는 삶을 살아야 한다. 또한 귀한 것을 배워야 할 권리가 있는 우리 아이들에게 학교폭력을 목격했을 때 적극적으로 도와야 할 근거인 상호의존 속에 담긴 이웃사랑과 연대 의식에 담긴 형제애를 제대로 가르쳐줘야 한다.

고귀한 성품의 사람으로 성장해요　　7장

　　　앤디 스탠리(Andy Stanley)는 미국의 저명한 비저너리이며 목사이고 다수의 베스트셀러 작가다. 그는 자신의 저서 『성품은 말보다 더 크게 말한다』에서 어떤 대가가 따르더라도 옳은 길로 초지일관하여 다른 사람들에게 감화를 주고 세상을 변화시키는 사람이 되라고 독려한다. 특히 그가 강조하는 빨리 가는 것보다 바른길을 가는 데 필요한 나침판이자 모든 리더십의 진정한 기초인 '성품 개발'은 학교폭력을 극복하는 우리에게 매우 중요한 덕목이며 7장에서 다루게 될 회복적 생활교육과 그 맥을 같이한다.

후회와 새로운 선택

그날은 ○○고등학교 2학년 학생들과 수업하던 날이었다. 쉬는 시간에 남학생 한 명이 다가왔다.

　　　"선생님, 아까 말씀하셨던 거요. 제가 거기에 다 해당하는데 걱정돼서요."
　　　"무슨 말인지 자세히 얘기해 줄래요?"
　　　"수업 시간에 토론했던 사례요. 사실 저는 걔네보다 더 심했거든요."
　　　"학생이 친구들을 괴롭혔다는 말인가요?"
　　　"네. 그런데 지금은 아니에요."

그 아이는 손사래를 치면서 대답했다.

　　　"더 자세하게 얘기해 줄 수 있어요?"
　　　"제가 중학교 3학년 때까지 진짜 심했거든요. 친구들이랑 몰려다니면서요."

"얘기를 들어보니 이미 멈춘 것 같은데 무엇이 걱정이라는 걸까요?"

"아까 유명인들의 '학교폭력 미투사건[25]'에 대해 모둠별로 토론했었잖아요. 그때 제가 옛날에 했던 행동이 막 떠오르면서 창피하더라고요. 사실 저랑 중학교를 같이 다녔던 애들은 제가 어땠었는지 다 아니까 제 의견을 말할 때도 좀 그랬어요. 저 어떡하죠?"

"학생의 말은 학교폭력 미투 사건으로 토론하면서 느낀 것이 과거에 친구를 괴롭힌 것 때문에 자신의 미래가 걱정된다는 뜻일까요? 아니면 과거에 친구를 괴롭힌 것이 창피할 정도로 후회되고 그 일을 지금이라도 바로잡고 싶다는 말일까요?"

"예? 어~ 둘 다요."

아이는 나의 직설적인 질문에 잠시 당황하는 기색을 보이더니 대답했다. 나는 그의 솔직함에 감사를 표한 뒤 점심 식사 후에 해결할 방법을 찾아보자고 제안했다.

아이가 약속 장소에 도착했다. 5교시 수업에 들어가야 하는 아이와 대화할 시간이 충분하지 않았기에 일단 내가 생각한 방법을 제안해 볼 테니 들어보겠냐고 묻자 아이는 고개를 끄덕였다.

"저는 학생이 제가 제안하는 방법을 선택한다면 꼭 오늘 안에 하면 좋겠어요. 시간이 지나면 마음이 바뀌거나 의지가 사라질 수도 있어서 그래요."

"예."

"먼저, 후회스러운 그 행동을 했던 자신을 깊이 성찰하는 거예요. 그리고 괴롭혔던 친구들의 이름과 어떻게 괴롭혔는지 자세하게 적어봅니다. 두 번째는, 후회하고 있는 지금 그 일들을 어떻게 해결하면 좋을지 스스로 고

---

25. 유명인들이 과거에 학교폭력을 저질렀던 사실을 피해자 및 관련인이 공론화하는 것을 말한다.

민하고 해결 방법을 기록해 보는 거예요. 세 번째는, 본인이 적은 내용을 실천할 수 있도록 오늘 안에 위클래스 상담 선생님이나 담임 선생님 등 믿을만한 어른에게 도움을 받는 것입니다. 그렇게 노력하면서 학생 스스로가 자기 삶을 책임지는 참다운 주인공이 되는 거죠."

내 제안을 듣던 아이의 표정이 점점 어두워졌다.

"물론 굉장히 창피하고, 큰 용기가 필요한 일입니다. 어쩌면 이미 다 지나간 일을 들춰내서 복잡하고 힘들어질 수 있어요. 마치 굳이 문제를 만들려는 것처럼요. 그러나 통계를 보면 피해 학생들이 가장 원하는 것은 진정한 사과를 통해 자신의 명예가 회복되는 것과 재발 방지 약속을 통해 앞으로는 안전할 것이라는 기대입니다. 피해를 입은 친구들은 그 자체로도 힘들었을 텐데 폭력에 굴복당하면서 수치스러움을 느끼며 자존심도 많이 상했을 거예요. 자기의 모습을 본 친구들이 자신을 한심하다고 여기거나 그런 일을 당해도 되는 애로 생각하면 어쩌나 하는 걱정으로 스트레스를 받았을 수도 있고요. 그래서 그 친구들의 명예가 회복되는 것은 매우 중요해요. 물론 제가 제안한 이 방법은 누구에게도 쉽지 않아요. 학생이 하고 싶지 않다고 말해도 저는 뭐라고 할 수 없어요. 그런데도 학생이 오늘 저를 찾아왔던 그 용기로 이 일을 해낸다면 과거를 건강하게 청산할 수 있을 거예요. 그리고 한층 성숙해진 자신에게서 당당함과 자긍심을 맛볼 수 있을 거고요. 무엇보다 더는 자신의 미래가 두렵지 않을 것이라고 장담합니다."

어두워지던 아이의 표정이 내 말을 들으며 점점 진지해졌다. 그 아이는 내가 상담한 학생 중 자신과 비슷한 사례가 있는지 물었고, 나는 물론 있다고 대답했다. 그 아이가 내 제안을 실천했는지 여부는 알 수 없다. 하지만 대화를 통해 느껴진 아이의 마음이 귀했고, 솔직했던 그 아이의 용기가 존경스러웠다. 만약 그 아이가 내 제안을 선택하고 실행에 옮겼다면, 우리 사회는 탈폭력 세상에 한 걸음 더 가까워졌다는 의미일 것이다.

회복적 생활교육

회복적 생활교육의 기본이 되는 '회복적 정의'는 캐나다에서 일어난 한 사건으로 시작됐다. 1974년 어느 밤, 캐나다의 작은 마을 엘마이라(Elmira)에 큰 사건이 벌어졌다. 두 명의 고등학생이 술에 취해 마을을 돌아다니며 난동을 피웠다. 창문을 깨고 타이어를 찢는 등 큰 피해를 줬다. 당시 보호 관찰관이었던 마크 얀츠(Mark Yantzi)와 데이브 워스(Dave Worth)는 초범인 두 학생의 범죄 행위에 대한 교정을 두고 많이 고민했다. 보호 관찰관들은 판사의 허락을 얻은 후 두 학생에게 피해 입힌 가정을 직접 방문하여 자기들이 한 언행을 진정으로 사과하고 피해에 대해 합의하는 과정을 거치도록 했다.

두 학생은 스물두 집을 방문했다. 그들은 힘들고 창피했으나 피해자들의 얼굴을 보고 진정으로 사과한 뒤 피해 입힌 것을 보상했다. 부족한 부분은 봉사활동을 통해 보완했다. 피해받은 주민들은 학생들이 진심으로 반성하는 것을 느끼면서 심리적으로 안정감을 가졌다. 학생들도 자신이 피해 입혔던 사람들이 고통받는 모습을 보면서 잘못을 진심으로 깨닫고 뉘우쳤다. 그렇게 학생들은 자기들이 했던 못난 행동에 책임을 지면서 다시 마을의 구성원으로 받아들여짐을 경험했다.

사실 우리에게는, 잘못한 것에 대한 처벌 위주의 '응보적 정의'가 더 익숙하다. 그러나 가해자가 잘못을 저질렀을 때 처벌받는 것으로 죄가 사해지는 응보적 사법은 가해자에게 성찰과 반성의 기회 그리고 재발 방지에 얼마나 효과가 있을까? 피해자의 피해 회복은 가능할까? 그 사건을 계기로 가해자는 우리 사회에서 배척될 수 있다. 피해자의 경우 피해 상태는 그대로이며 당한 것도 억울하고 힘든데 회복을 위한 노력도 본인이 해야 하는 고통이 계속된다. 또 가해자가 처벌 기간을 마친 후 찾아와서 보복할지도 모른다는 두려움과 불안이 계속된다. 그리고 실제로도 그런 2차 피해가 발생할 수 있다. 그래서 우리나라 사법계에서도 이미 회복적 정의에 기반을 둔 '회복적 사법'이 논의되고 있다. 이를 위해 소년법에서는 이미 '화해 권고제도'라는 것을 적용하고 있다.

회복적 정의는 2012년부터 '회복적 생활교육'이라는 명명 하에 학교에서도 도입·적용되고 있다. 회복적 생활교육은 학생들에게 타인과 관계 맺는 능력이 향상되도록 돕는다. 자기중심적인 학생에 의해 공동체에 야기되는 고충과 생활지도에 어려움을 겪고 있는 교사들에게도 큰 도움이 된다. 특히 못난 학생은 물론이고 못난 보호자들의 터무니없는 공격에 상처받은 선생님들 사이에 그 효과성이 검증되면서 회복적 생활교육을 자신의 학급에 도입하는 교사가 늘고 있다.

회복적 생활교육은 학교폭력 근절에도 좋은 영향을 끼친다. 회복적 생활 실천의 대가인 네이선 메이너드(Nathan Magnald)와 2016년 올해의 교사상을 수상한 브래드 와인스타인(Brand Welentein)은 자신들이 약 25년 넘게 실천해 온 교육 리더십 경험과 국제 회복적 실천 협회의 공식적인 트레이닝에 기반한 임상으로 『오늘부터 시작하는 회복적 생활교육』이라는 저서를 출판했다. 이 책에서 그들은 '공감과 책임의 교실을 만드는 아홉 가지 학급 운영 솔루션'을 자세하게 설명하면서 평화로운 학급 운영을 돕는다. 그들은 우리 사회가 학생에게 문제가 생기면 꼬리표를 붙이고 징계를 내리는 대신 학생의 행동을 이해하기 위해 노력해야 함을 강조한다.

'네가 특별한 만큼 타인도 특별하다'라는 가르침을 강조하는 '얀테의 법칙'은 덴마크를 포함한 북유럽에서 오랫동안 전수되고 있다. 얀테의 법칙 안에는 학교폭력을 예방할 수 있는 기본정신이자 성숙한 시민이 갖춰야 할 타자 중심적 사고가 잘 녹아있다. 또 사람이 사람답게 살 수 있고 자기 삶의 멋진 주인공으로 당당히 살아가는 것을 배울 수 있는 교과서 같은 메시지가 들어 있다. 내가 학교폭력예방교육을 진행하면서 학생들과 나눴을 때 특히 고등학생들에게 가장 인기가 많은 지침서다. 적지 않은 학생이 얀테의 법칙 열 가지 메시지를 메모하고 암기하는 것을 목격했다.

8장에서는 얀테의 법칙을 이미 잘 알고 삶에서 실천하고 있는 우리 아이들의 이야기를 고등학생 또래상담사들과의 토론 그리고 중학교 2학년 학생들과의 토론자료에 담았다. 나는 8장을 통해 무개념이라고 오해받는 우리 아이들이 얼마나 멋진 사고를 하며 살고 있는지 밝혔다.

또래 상담사들과의 대화

○○고등학교 위클래스에 속해 있는 '또래상담사'를 대상으로 하는 수업이 있던 날이었다. 위클래스 선생님은 이 학교의 경우 또래상담사들이 학교폭력 근절을 위한 노력이 남다르고 학교에 큰 도움이 되고 있다며 이론 전달식 수업이 아닌 토론식의 수업을 진행해 달라고 요청했다. 나는 헌신을 각오한 멋진 학생 상담사들과의 수업을 기대하며 수업 준비에 최선을 다했다. 강의안을 구성하는 중 몇 년 전에 방영했던 여러 가지 토론 거리가 담겨 있는 한 프로그램이 떠올랐다.[26]

26. SBS스페셜(2013.1.13.~2013.1.27.). 제목: 학교의 눈물

한때 '일진'이었고 촬영 당시 만 16세였던 '책임이의 삶'이 담긴 내용을 보고 자유롭게 토론하는 방식의 수업을 설계했다. 수업의 질을 높일 수 있는 질문들과 토론주제도 준비했다. 수업 당일, 아이들에게 우리 수업의 큰 그림을 소개한 뒤 세부 내용은 아이들의 요구에 맞춰 즉석에서 수정·보완했다. 우리가 함께 완성한 수업 설계는 영상을 여러 번 보면서 다각도에서 분석하고 토론하는 방식이었다.

첫 번째는 전체의 흐름을 파악하기 위해 영상을 끝까지 다 보고 스스로 느낀 것을 기록하고, 두 번째 관람 후에는 2인이 1조가 되어 분석하고, 세 번째 관람 후에는 4인이 1조가 되어 토론하고, 네 번째는 전체가 자유롭게 토론하고, 마지막으로는 토론을 통해 새롭게 알게 된 것이나 본인의 생각이 달라진 것을 자유롭게 나누는 방식이었다.

나는 학생들의 날카롭고 예리한 분석에 놀라움을 감추지 못했다. 그들은 먼저, 중학교 1학년 때부터 2학년 때까지 괴롭힘을 당했던 피해 학생들이 얼마나 고통스러웠을지 그 고통에 대해 나눴다. 12명 피해 학생들과 가족들 그리고 그것을 오랫동안 목격해 왔을 다수 학생이 입은 마음의 상처에 대해서 그리고 공포스러웠을 학교 분위기와 나도 언제 당할지 모른다는 막연한 두려움 등을 꼬집었다. 특히 피해 학생의 단짝 친구들의 경우, 도와줬다가 자신도 똑같이 당할까 봐 무서워서 도와주지 못했을 테고 그때마다 느꼈을 죄책감과 무력감이 엄청났을 것 같다고 했다.

가족관계에 대해서도 분석했다. 책임이의 아버지가 아들이 엇나가지 않도록 모범을 보이기 위해 술·담배를 하지 않으면서 옳은 삶을 살려고 노력했던 부분을 칭찬했다. 하지만 아버지가 아들과 감정을 나누거나 아들이 친구들과 어떻게 지내는가에는 관심이 부족했다는 쓴소리도 했다. 그와 더불어 청소년들이 가족에게 본인의 모습을 얼마나 잘 감출 수 있는지도 나눴다. 그 이유로 어른들은 일을 크게 부풀리기 때문이라고 했다. 또 무슨 일이 벌어질 때 자녀가 원하는 방식이 아닌(자신들의 의견은 무시하고) 보호자가 원하는 방식으로만 일을 처리하기 때문에 결국 친구를 잃거나 사람들 앞에서 망신당하는 등 더 큰 피해가 생기기 때문이라고 했다.

한편으로는 자녀에게 무슨 일이 생겼을 때 아무리 잘 감추더라도 보호자가 조금만 더 신경 쓰고 진심으로 살핀다면 무슨 일이 생겼다는 걸 충분히 알아차릴 수 있었을 것이라고 했다. 자녀에게 자기만의 세계가 형성되면서 부모-자녀 관계가 소원해질 수 있지만 어른인 보호자가 먼저 다가와 주며 소통의 끈을 놓지 않기를 바란다는 모순되지만 솔직한 속내도 드러냈다.

그리고 책임이가 친구를 괴롭히면서 동시에 선생님들에게는 잘 보였던 것 같다며 사람이 자신에게 이익이 되는 집단 앞에서는 얼마나 쉽게 가면을 쓸 수 있는지를 잡아냈다. 게다가 선생님의 무관심으로 가해 학생의 모범생 연기가 가능했을 것이라고 분석했다. 어떻게 12명의 제자가 괴롭힘을 당하는데 선생님이 몰랐겠냐며 그건 말이 안 된다고 했다. 선생님이 제자들에게 조금만 더 관심을 주었다면 충분히 알아차릴 수 있었을 것 같다고 했다. 무엇보다 일진이자 가해 학생인 책임이가 학급회장으로 임명되고 학교에서 표창장을 받는 등의 스펙을 쌓아 좋은 학교에 입학한 것에 대해 피해 학생과 목격 학생들 입장에서는 억울함을 느꼈을 것이라고 했다. 또한 가장 공정해야 할 학교에서 불의가 판치는 것에 좌절했을 것이라고 말했다.

주목할 점은 대부분의 또래 상담사들이 책임이의 마지막 인터뷰 내용, 즉 누구나 옆에서 힘이 세다고 띄어주면 자기가 잘났다고 여기며 일진 놀이를 할 것 같다는 말에 동의했다. 학생들은 또래 사이에서 인정받는다는 것이 어떤 의미인지 힘주어 말했다. 여기에 한 남학생이 굉장히 중요한 의견을 보탰다. 청소년들도 당연히 학교폭력이 잘못이라는 것은 알지만 다수의 또래가 자신을 무서워하고 모두 자신에게 복종한다면 책임이처럼 가해자가 되는 것은 순간이라고 했다. 친구들보다 내가 힘이 세고, 위에 있다는 데서 오는 폭력의 쾌감은 중독성이 강해서 빠져나오기 어렵다고 했다. 더구나 자신까지도 깊은 구덩이로 몰아넣을 수 있으니 그런 구덩이에 빠지지 않게 처음부터 조심해야 한다고 말했다.

나는 수업을 마무리하면서 아이들에게 이누이트족의 늑대사냥 이야기를 들려줬다. 이누이트에서는 사냥꾼이 늑대를 사냥하기 전에 먼저 창이나 칼의 날카로운 면을 피에 담갔다가 빼는 행위를 여러 번 반복해서 날카로운 면을 피로 얼린다. 그리고 눈 속에 언 핏덩이가 보이도록 박아놓는다. 후각이 발달한 늑대가 피 냄새를 맡고 다가와 뜨거운 혓바닥으로 그 핏덩이를 핥기 시작한다. 잠시 후 피가 입속에 가득해지고 입속이 얼얼해진 늑대는 무아경에 빠진다. 날카로운 날을 감쌌던 피는 늑대의 입속으로 점점 사라진다. 그리고 늑대의 혓바닥은 감각을 잃게 되어 서서히 드러난 뾰족하고 날카로운 날에 갈기갈기 찢어진다. 늑대는 그때부터의 피가 자기 것인지 모르고 자꾸 핥다가 결국 과다출혈로 죽는다.

자신의 혀가 갈기갈기 찢기며 죽어가는 것도 모르고 피를 핥는 늑대의 모습에서 학교폭력에 둔감한 우리 사회가 보인다. 더 늦기 전에 어른인 우리가 정신 차리고 점점 더 잔인하고 끔찍하게 진화하는 학교폭력에서 우리 아이들을 구해야 한다. 무엇보다 우리 아이들에게 주인공다운 삶에 가장 필요한 '생각하는 힘'을 기를 수 있도록 환경을 열어줘야 한다.

또한 아이들은 어른들을 이해하고 소통하려는 노력 없이 '꼰대가 또 시작이네~'라는 말로 귀를 막고 마음의 문을 닫아버리는 미련함을 멈춰야 한다. 대신 나와 다른 생각과 경험에 귀를 기울이는 지혜를 개발할 필요가 있다. '노인 한 분이 돌아가시면 작은 박물관 하나가 사라진다'라는 인디언 속담도 있지 않은가? 그렇게 아이는 자신과 주변을 탐색하고 부지런히 성숙해야 한다. 해야 할 것은 포기하지 말고 끈기 있게 밀어붙이고 자신의 선택이 옳지 않다면 즉시 멈출 줄 아는 의지를 장착해야 한다.

중학교 2학년 학생들과의 대화

'믿음'이와 '하루'는 중학교 2학년 여학생으로 같은 반이다. 2학년 때 한 반이 되면서, 둘은 서로의 비밀까지 공유할 정도로 친해졌다. 특히 자주 싸우던 부모님이 이혼하면서 힘들었던 하루에게, 믿음이의 위로는 큰 힘이 됐다. 하루는 믿음이에게 부모님 이혼 사실을 비밀로 해달라고 했다. 그러던 중, 하루와 믿음이 사이에 작은 오해가 생겼다. 오해가 오해를 낳으면서 관계는 틀어졌다. 언제부터인지 서로 외면하고 말도 섞지 않았다.

하루가 급식실에 늦게 갔던 그날, 하루는 반 친구들이 자기 부모님의 이혼 얘기하는 것을 듣곤 당황했다. 그 아이들에게 왜 남의 뒷담화를 하냐고 따졌다. 그러면서 이야기의 출처가 믿음이라는 것을 알게 됐다. 충격받은 하루가 믿음이에게 부모님 얘기를 비밀로 해달라고 부탁했는데 왜 다 소문냈냐고 화를 냈다. 그러자 믿음이는 자신이 그랬다는 증거가 있냐며 비아냥거렸다. 둘의 말다툼은 커졌고 속상했던 하루는 믿음이에게 책가방을 던졌다. 믿음이의 얼굴은 책가방에 맞아 상처가 났고 살짝 긁힌 얼굴에서 피가 흘렀다. 하루는 학교폭력 가해자로 신고 됐다.

하루는 억울하다고 말했다. 자신이 화를 못 참고 책가방을 던진 것은 잘못이지만 믿음이가 자신과 약속한 비밀을 지켰더라면 이런 일은 일어나지 않았을 것이라고 했다. 자신이 벌 받는 것처럼 믿음이도 벌을 받아야 공평하다고 주장했다. 나는 같은 또래의 중학교 2학년 학생들과 수업 중에 위의 사례로 자유토론을 했다. 한 학생이 손을 들었다. 그 후 자연스럽게 자유로운 공방이 이어졌다.

> "저는 하루가 왜 억울하다고 말하는지 모르겠어요. 자기가 믿음이의 얼굴에 상처를 냈잖아요. 그건 분명 학교폭력이잖아요. 그래서 벌을 받는 건데 왜 억울하다는 거죠?"

"저는 반대입니다. 하루는 믿음이를 믿고 자신의 비밀을 털어놓은 건데 싸 웠다고 친구의 비밀을 소문낸 것이 잘못 아닌가요? 믿음이가 먼저 하루에 게 폭력을 한 게 맞습니다."

"저도 같은 생각입니다. 믿음이가 하루의 비밀을 소문냈으니 믿음이도 벌을 받아야 공평한 게 맞죠. 저는 하루가 왜 억울하다고 하는지 이해됩니다."

"아니, 믿음이가 무슨 폭력을 했다는 거죠? 말싸움은 했지만 믿음이는 가 만히 있었고 하루가 책가방을 던져서 믿음이의 얼굴에 상처가 났잖아요. 그 러니까 믿음이가 더 억울한 거죠."

"몸을 다치게 한 것만 폭력인가요? 부모님이 이혼한 것이 친구들 사이에 알 려지면서 하루가 먼저 상처 입었잖아요."

"그래도 믿음이는 하루가 던진 가방에 맞고도 하루를 때리지는 않았잖아 요. 그럼 믿음이가 더 착한 것 아닌가요?"

"여러분 잠시 멈춰봅시다. 우리 먼저 학교폭력예방교육의 기본인 '학교폭력 의 개념과 유형'에 대해 배운 후에 다시 대화합시다."

나는 학생들의 열띤 토론을 잠시 멈췄다. 학생들이 학교폭력에서 가장 기본 적인 내용을 인지하지 못하는 것 같아서 그 부분을 자세하게 다뤘다. 그 후 다시 토론에 들어갔다. 이제부터는 역지사지도 연습할 겸 자신이 하루와 믿 음이가 되어 방금 배운 내용을 기억하면서 발언하면 좋겠다고 부탁했다.

학생들은 하루가 한 폭력은 몸을 다치게 한 '신체폭력'에 해당하고 정확한 증거와 증인이 있다는 것을 확인했다. 하루가 믿음이에게 가방을 던질 때는 계획적이고 고의적이며 반복적인 폭력이 아니었으며 둘 사이에는 힘의 불 균형도 없었다고 말했다. 믿음이의 경우는 정확한 증거는 없지만 하루의 비 밀을 발설한 것이 믿음이라고 말한 증인이 있다는 것을 확인했다. 그리고 믿음이가 여러 사람 앞에서 하루가 비밀에 부치고 싶은 부모님의 이혼 얘기를 했으므로 고의적으로 하루의 명예를 훼손한 것이고 이것은 바로 마음의 상처를 입힌 정신적 피해를 준 '언어폭력'이라는 것도 알게 됐다.

그때 한 여학생이 마음의 상처는 어쩌면 몸이 다친 것보다 더 힘들 수 있는데 이유는 그 상처가 마음속에 있어서 눈에 보이지 않으니 아프다는 것을 인정받지 못하고 믿었던 친구에 대한 배신감 때문이라고 했다. 어떤 학생도 만약 자신이 하루라면 그 일이 트라우마가 되어서 앞으로는 친구를 사귀고 속마음을 표현하는 것이 힘들 것 같다고 했다. 또 다른 학생은 자신도 하루의 입장이라면 더이상 사람 자체를 믿지 못할 것 같다고 말했다. 토론의 내용은 자연스럽게 두 아이를 어떻게 도와주면 좋겠는지에 대한 고민으로 이어졌다.

아이들은 내가 생각지도 못했던 방식으로 해결책을 내놓았다. 그들이 말한 의견은 두 가지였다. 첫 번째 해결책은, 회복적 생활교육 중 관계 회복을 위해서 써클[27]을 하는 것이다. 그렇게 안전한 분위기에서 둘 사이에 시작된 오해에 대해 서로의 마음을 솔직하고 자세하게 알아보는 걸 제안했다. 데니스 라인스에 의하면 서클은 빈약한 의사소통과 심술궂은 행위로 상처 주는 무지함 때문에 생기는 오해와 과도한 반응을 잘 해결할 수 있다.[28] 아이들도 이미 회복적 생활교육을 공부한 적이 있어서 그 효과를 알고 있으니 이 방법을 제안했던 것이다.

아이들이 제안한 두 번째 해결책은 두 아이가 함께 유치원에 가서 아기들을 돌보는 봉사활동을 하는 것이었다. 그렇게 함께 시간을 보내고 자연스럽게 대화할 기회를 가지면서 서로가 다시 친해질 기회를 주면 좋겠다고 했다. 나는 성숙한 해결책을 제안한 학생들에게 칭찬을 아끼지 않았다. 그리고 수업을 마치면서 학급회장에게 오늘 수업에 대한 소감을 부탁했다. 회장은 빼곡하게 메모한 공책을 들곤 소감을 말하기 시작했다.

---

27. 동그랗게 앉아서 모두 평등한 입장에서 자신의 이야기를 솔직하게 하고, 타인의 의견을 존중하고 공감하는 자세로 경청하는 대화하는 방식.

28. 데니스 라인스(Dennis Lines), 정희성 외 옮김, 『쉽고 간결한 학교상담』, (한울, 2019.) 209.

"저는 그동안 학교폭력예방교육을 계속 들었기 때문에 다 안다고 생각했어요. 그래서 선생님이 기본적인 것을 공부하고 다시 토론하자고 하셨을 때, 솔직히 다 아는 걸 왜 또 배우냐라고 생각하면서 짜증이 났습니다. 그런데 선생님께서 자신을 하루와 믿음이에게 대입해서 생각하고 발언해달라고 부탁했잖아요. 저는 그때부터 우리 반 애들의 생각과 의견이 달라지는 것을 느꼈어요. 그건 저도 마찬가지였고요.

우리가 배우는 도덕책에 '마하트마 간디'라는 사람이 나오거든요. 그분은 폭력 속에서 비폭력운동을 실천했습니다. 오늘 수업을 들으면서 저는 그분이 떠올랐어요. 학교폭력이라는 말은 우리에게 너무 익숙합니다. 뉴스를 보면 학교폭력에 대한 잔인한 내용도 많고요. 그런데 우리 주변에는 그렇게 심각한 학교폭력이 일어나지 않잖아요. 그래서 그동안은 학교폭력에 대해 진지하게 생각하지 않았던 것 같아요. 그런데 오늘 우리가 토론했던 내용은 우리랑 같은 학년의 학생에게 벌어진 얘기고 그런 비슷한 일은 우리 주변에서도 많이 일어납니다. 학교폭력은 처음부터 크고 잔인한 것이 아니라 아주 작은 일에서 시작됩니다. 그래서 평상시에 마하트마 간디가 강조한 것처럼 비폭력으로 폭력을 없애야 합니다.

저는 오늘 수업을 통해 교과서에서 배우는 것이 우리의 일상과 밀접한 관계가 있다는 걸 진심으로 깨달았어요. 그리고 학교폭력을 없애기 위해서 선생님께서 강조하셨던 '친구에게 대접받고 싶은 대로 내가 먼저 친구에게 대접하자'를 저부터 실천하겠다고 결심했습니다. 이상입니다."

'중2병'이라는 용어가 있다. 인터넷에 중2병을 검색하면 무수히 많은 글이

나온다. 슬프게도, 대부분이 사춘기인 중학교 2학년 전 · 후 아이들의 허세적인 자아도취성을 비난하고 비하하는 글들이다. 이 용어를 처음 들었을 때 누구는 웃으며 대수롭지 않게 받아들였을 수 있다. 어떤 사람은 공감하며 인정했을 수도 있다. 하지만 어떤 사람들은 언어가 주는 힘을 잘 알기에 저 용어를 통해 우리 아이들에게 씌워질 부정적 프레임이 염려되어 눈살을 찌푸렸을 수도 있다.

중2병이 갖는 부정적 이미지와는 다르게 내가 만난 아이들 특히 사춘기인 많은 아이가 성숙하고 고상했다. 누군가가 우리 아이들을 함부로 취급하고 천박한 용어 속에 가둔다 해도 나를 포함한 독자는 소중하고 아름다운 우리 아이들을 그들과 같이 취급해서는 안 된다. 우리 아이들은 중2병 같은 저급한 용어로 불릴 게 아니라 고상하게 대접받을 자격이 충분하다. 나는 많은 것을 느끼고, 배우고, 공부하며, 적용하여 발표해 준 아이들에게 진심으로 감사의 인사를 했다. 수업을 마친 후 멋지게 소감을 발표해 준 그 아이에게 다가가서 말했다.

> "회장님, 아까 회장님이 나눠 준 소감이 제게 큰 힘이 되었어요. 혹시 아까 회장님이 보고 읽으셨던 그 메모한 것을 사진 찍어서 간직하고 싶은데 허락해 줄 수 있을까요?"

그러자 아이는 쑥스러워하면서 허락했다. 그 아이의 공책에는 발표 때 언급하지 않은 다음과 같은 글도 있었다.

> "무살생과 비폭력은 가장 위대한 사랑이다. 그것은 최상의 법칙이다. 이것만이 인류를 구하는 유일한 길이다. 비폭력을 믿는 사람은 살아 있는 신을 믿는 사람이다." -마하트마 간디-

마음의 키가 한 뼘 더 자란 것 같아요   9장

9장에서는 우리나라의 학교폭력 근절을 위한 표준화 프로그램인 〈어울림 프로그램〉을 살펴보려고 한다. 〈어울림 프로그램〉은 학생 · 교사 · 학부모의 학교폭력 인식개선을 돕기 위해 다양한 주제를 충분한 활동을 통해 공부하고 익힌다. 〈어울림 프로그램〉에서 지향하는 대화 방식은 '비폭력 대화'다. '비폭력 대화(NonViolent Communication : NVC)'는 미국의 임상심리학 박사 마셜 로젠버그(Marshall B. Rosenberg)에 의해 최초로 제창됐다. 그는 성장기부터 두 가지 근본적인 질문에 대한 답을 찾고자 했다. 첫째는, 사람은 서로를 돌보고 돕는 것을 좋아한다면서 왜 사랑하는 사람들과의 관계에서조차 폭력을 행사하고 고통을 만들어내는가? 둘째는, 반면에 어떤 사람들은 어떻게 해서 어렵고 폭력적인 상황에서도 연민을 유지할 수 있을까? 그는 이 두 가지 질문에 대한 답을 찾아가면서 비폭력 대화를 발전시켰다. 어울림 프로그램은 비폭력 대화의 정신처럼 사람의 마음과 감정에 집중한다.

눈을 마주 보며 사랑의 메시지 보내기

"강사님, 감사합니다."

연수 장소인 시청각실에 들어온 미술 선생님은 나를 보자마자 감사하다는 인사부터 했다. 영문을 모르는 내가 기분 좋게 웃으면서 여쭸다.

"예? 갑자기요? 무엇이 감사할까요?"

"미술 선생님 오늘 대박이셨어요. 종일 저 얘기만 하고 다녀요."

이미 시청각실에 와 있던 체육 선생님이 말했다.

"무슨 일이신데요? 궁금합니다. 어서 얘기해 주세요."

"저 어제 강사님에게 배웠던 것 오늘 아침에 우리 반에서 적용했거든요. 정말 좋았어요."

"어떤 일이 있었는데요?"

"음~ 우리 반에 진짜 심각한 애가 있거든요. 그 애가 오늘 아침에도 기분 나쁘다고 갑자기 에어컨을 주먹으로 치더라고요. 다른 때 같았으면 큰 소리로 그 애 이름부터 부르고 야단쳤을 거예요. 그런데 그 짧은 순간 어제 배운 '눈 쳐다보며 마음으로 사랑의 메시지 보내기'가 생각난 거예요. 그래서 그 아이에게 천천히 다가가서 가만히 아이의 양손을 붙잡고 눈을 쳐다봤어요. 그리고 마음속으로 '○○아! 사랑해!' '나의 제자가 되어줘서 정말 고마워!' '너는 정말 멋진 아이야.' '네가 이런 행동을 하는 데는 다 이유가 있겠지? 내게 말해봐. 다 들어줄게.' 이런 메시지를 보냈거든요. 신기하게도 그 애가 제 손을 뿌리치지 않고 '아~ 왜 그러세요.'라고 말하는 거예요. 원래 그 애는 누가 다가가기만 해도 소리 지르고 욕부터 하지 그렇게 말하는 애가 아니거든요. 그 애의 반응에 제가 더 용기를 내서 눈을 바라보고 사랑의 메시지를 계속 보냈어요.

그런데 몇 분 정도 흐르니까 그 아이의 눈빛이 흔들리더니 눈물이 흐르는 거예요. 그 모습을 보니 제 가슴이 막 찢어지는 것처럼 아프더라고요. 그래서 저도 모르게 그 아이를 살짝 안아줬거든요. 그랬더니 그 아이가 제 품에 안겨서 더 크게 우는 거예요. 한참을 그렇게 있다가 데리고 나와서 상담실에서 얘기했는데 정말 색다른 경험이었어요. 음~ 그 상황이랑 그 느낌 모두 좋았어요. 그 아이랑 친해진 것 같고 뭐라고 말로 표현할 수는 없지만 정말 좋았어요. 이제야 진짜 선생님이 된 것 같은 느낌? 아~ 진짜 처음 느낀 감정인데 음~ 굳이 말로 표현하자면 제 마음의 키가 한 뼘 더 자란 것 같은? 그런 느낌이에요."

"미술 선생님의 저 에피소드가 오늘 우리 학교에 아주 큰 이슈였습니다."

옆에 있던 수학 선생님까지 말을 보탰다. 이 행복한 나눔은 한 중학교에서 3일 동안 〈어울림 프로그램〉 교사 연수를 진행하던 중에 생긴 일이다. 나는 우리 수업에서 함께 공부한 것을 적용해 준 미술 선생님에게 내가 더 감사하다고 인사했다.

〈어울림 프로그램〉은 2012년 〈학교폭력 근절 종합대책〉의 근본 대책 5과제인 교육 전반에 걸친 인성교육 실천에 따라 개발된 우리나라의 학교폭력예방교육 표준화 프로그램이다. 내 개인적 경험에 의하면 현장에서 교육적 효과가 가장 높은 훌륭한 프로그램이다.

〈어울림 프로그램〉이 추진 된 배경은 크게 두 가지로 살펴볼 수 있다. 첫째는 학교폭력을 효과적으로 예방하기 위해서 발달 단계상 아동·청소년기에 취약한 공감 및 소통 능력 등의 발달지원이 필요하다는 욕구를 충족시켜주기 위해서다. 그리하여 학생을 학교폭력의 '방관자'가 아닌 '적극적 방어자'로 육성하여 학교폭력 문제를 자율적으로 해결하려는 문화를 조성하고자 하는 고민 때문이었다. 둘째는 단위 학교 중심의 맞춤형 학교폭력 예방프로그램의 내실화를 위해서 학생들의 사회성·정서함양·학교폭력에 대한 인식과 대응 역량 제고를 위한 체계적인 예방교육이 강화될 필요가 있다고 느껴서다. 그리하여 분야별·대상별 표준 프로그램을 개발하되 학교별 특성을 고려하고 교육과정 연계 등을 선택할 수 있도록 모듈형 개발 및 보급의 필요성 때문이었다.

〈어울림 프로그램〉은 2013년 하반기에 전국의 300개 학교에서 시범 운영했다. 또한 2017년까지 초.중.고등학교에 적용 및 기반을 목표로 2015년까지 단계적으로 확대 보급했다. 처음 〈어울림 프로그램〉이 개발될 당시에는 '공감 · 자기존중감 · 갈등해결 · 감정조절 · 의사소통 · 학교폭력의 인식 및 대처'라는 여섯 개의 영역에서 학생들의 개인별 역량을 발전시킬 수 있도록 구성했다. 시범 운영 당시에는 '어울림 카운슬러'로 양성된 전문가들이 단위 학교의 학급에서 진행했다. 2018년부터는 교육과정에 어울리도록 단위 학교에서 진행하고 있다.

〈어울림 프로그램〉은 계속 발전하고 있다. 현재는 기존 6개의 학교폭력 예방 역량에 인터넷 윤리의식 및 활용역량과 자기조절 역량이 더해져서 8대 역량으로 확대됐다.

동기부여 전문가인 조엘 웰던(Joel Weldon)은 자신의 홈페이지를 통해 '모죽[29]'에 대한 흥미로운 사실을 들려준다. 모죽은 한국과 중국 그리고 일본에서 자생하는 대나무다. 모죽은 아무리 좋은 환경에 심어 씨를 뿌리고 물을 주고, 거름을 주고, 잡초를 뽑아주어도 아무런 변화가 없다. 그러다가 5년이 지나 주 성장기가 되면 하루에 약 70cm 정도씩 자라서 6주 만에 30m까지 자란다. 다시 말해서 변화가 없어 보이는 5년 동안 땅 아래로 수 킬로미터에 달하는 뿌리를 내려두어 마침내 성장할 시기가 되었을 때 그 뿌리들이 영양분을 확 빨아들이며 하늘 높이 쑥쑥 자라는 것이다.

모죽이 5년 동안 뿌리내리는 데 온 에너지를 쏟듯, 우리 아이들도 성장하려면 충분한 시간과 적절한 지원이 필요하다. 또한 모죽이 뿌리를 내리느라 위로는 성장이 없는 것처럼, 학창 시절의 아이들은 뿌리내리기에 집중해야지, 열매를 맺을 때가 아니다. 최고의 과외 선생님으로 바꿔줬는데, 고액 과외를 붙였는데, 상위 0.1%만 배울 수 있는 학원에 등록시켜줬는데 등 인풋(input)은 있는데 왜 아웃풋(output)이 없느냐고 닦달하면 안 된다. 또한 지적인 것에만 영양분을 쏟아 부어서도 안 된다.

나는 우리 아이들이 모죽과 같이 든든하게 뿌리내리는 성장기일 때 눈에 보이는 열매가 없다고 성화하는 어른이 아니고 싶다. 대신 아이들이 마음껏 뿌리내릴 수 있게 곁에서 충분히 함께하는 어른이고 싶다. 아이들이 열매 맺는 시기인 주 성장기가 되어 비상할 때가 되었을 때 나를 밟고 일어서도 휘청거리지 않는 단단한 어른이고 싶다. 혹시 아이들의 뿌리내리기가 무슨 이유에서건 멈춰 있다면 다그치지 않고 기다려주는 어른이고 싶다.

29.　https://www.youtube.com/watch?v=2nFDmrLGgYM 에 접속하면 모죽에 대한 영상을 볼 수 있다.

뿌리는 자기 앞을 그 무엇이 막고 있다면 돌아서라도 뻗어간다. 어느 뿌리든 살아만 있으면 언젠간 충분히 뻗어나갈 걸 나는 안다. 우리 아이들도 마찬가지다. 어떤 역경이나 고난이 닥쳐오더라도 충분하면서도 적당한 돌봄과 올바른 가르침과 배움에서 성장한 우리 아이들은 포기하지 않고 도전할 힘이 충분하다. 그렇기에 우리는 아이들이 조화롭게 숙성할 기회를 주고 든든히 기다려줘야 한다. 또한 아이의 현재에 초점을 맞춰 섣부르게 아이의 미래를 예단하거나 속단해선 안 된다. 아이들이 미래다. 아이들이 곧 희망이다. 10장에서는 교육의 중요성은 아무리 강조해도 부족하지 않다는 것을 피력하며 보호자 그리고 우리 아이들을 실질적으로 도와줄 수 있는 기관을 소개할 것이다.

너무 창피하네요.

자신의 여자 친구를 험담했다는 이유로 친구를 흠씬 두들겨 패던 중 누군가의 신고로 재판까지 받게 된 후회와 만난 건 그 아이가 법원에서 받은 수강명령 40시간을 이수하러 왔을 때다. 후회는 억울하다고 씩씩거리던 첫날과 다르게 매시간 태도가 달라졌다. 특히 미래를 조망하는 마지막 날 마지막 시간 후회의 깊은 생각에 잠긴 모습은 인상적이었다. 후회는 모든 교육을 마친 후 내게 다가왔다. 그리고 잠시 얘기할 수 있는지 물었다. 우리는 가까운 패스트푸드점으로 자리를 옮겨 대화를 나눴다.

고등학교 2학년인 후회에 의하면 그 아이는 어릴 때부터 싸움 대장이었다. 후회의 아버지는 이름만 대면 알아주는 회사의 간부다. 엄마는 유명한 대학교의 교수다. 경제적으로 부족한 것 없이 풍요롭게 자란 외아들 후회는 항상 외로웠다. 가족보다는 친구들과 보내는 시간이 많았다고 했다. 후회는 자신은 다 좋은데 '욱'하는 성질이 문제라고 했다. 그 성질 때문에 자꾸 폭력을 하게 된다고 말했다.

후회는 어릴 적부터 자기 마음대로 하는 것이 익숙했다. 초등학교 고학년인 사춘기가 되면서는 친구들과 깔깔깔 웃으며 잘 지내다가도 자신의 기분이 조금이라도 언짢아지면 바로 욕과 주먹이 나갔다. 선생님에게도 예의 없이 굴었다. 모르는 사람과도 시비가 자주 붙었다. 그때마다 부모님이 후회를 대신해서 모든 것을 해결했다.

그런데 이제는 달라졌다. 여느 때처럼 욱하는 마음에 친구를 때렸는데 현장에서 경찰관에게 체포됐고 유치장에 갇혔다. 재판이 진행됐고 수강명령 40시간이 결정된 그날 후회는 큰 충격을 받았다고 했다. 자신이 저지른 폭력에 대해 자기가 책임지는 당연한 이치가 그 아이에게는 왜 충격이었을까? 많은 폭력을 저질렀지만 한 번도 자신이 저지른 범죄 앞에 직접 서본 경험이 없어서 그랬을 것이다.

"선생님, 우리 부모님은 제가 못된 짓을 했을 때마다 왜 혼내지 않았을까요? 왜 나쁜 짓이니 하지 말라고 가르쳐주지 않았을까요? 부모님이 원망스러워요."

"후회 학생, 정말 부모님이 안 가르쳐주셨을까요? 일반적으로 부모님은 사랑하는 자녀에게 어릴 때부터 폭력은 절대 안 된다는 것을 가르쳐 줍니다. 자신에게도, 남에게도요."

"우리 부모님은 안 가르쳐줬는데요?"

"글쎄요. 선생님은 오늘 전까지 후회 학생의 삶을 알 수 없어서 그 부분에 대해 뭐라고 말할 수는 없어요. 하지만 대부분의 보호자는 모든 폭력과 위험 속에서 자녀를 지킵니다. 폭력을 하지도, 당하지도 않도록이요. 오죽하면 자녀를 유치원에 보낼 때, 보호자가 가장 많이 하는 말이 '친구랑 싸우지 말고, 선생님 말씀 잘 들어'라는 말이겠어요. 후회 학생은 그런 말 들어본 적 있어요?"

"그런 말은 질리게 들었죠."

"그것 봐요. 후회 학생의 부모님께서는 후회 학생에게 폭력 하지 말라는 가르침을 꾸준히 주고 계셨네요."

"그렇지만 제가 애들을 팼을 때나 사람들과 싸우고 왔을 때, 저는 단 한 번도 혼난 적이 없어요. 부모님이 다 합의하시고 다 알아서 해결해 주셨어요. 근데 갑자기 재판까지 받으니까 완전 멘붕이었어요."

"후회 학생이 어떻게 느낄지 모르겠지만 솔직하게 말할게요. 선생님은 후회 학생이 말한 것, 다시 말해서, 사람들에게 나쁜 짓을 했을 때 부모님이 혼내지 않았고, 잘못된 것이라고 가르쳐주지 않았다는 그 말이 핑계처럼 들려요. 부모님께서 가르쳐주지 않고, 혼내지 않으셨어도 폭력이 잘못된 것이고 범죄라는 건 후회 학생도 이미 알고 있었잖아요. 그리고 후회 학생이 폭력을 하는 이유는 바로 자신의 욱하는 성질 때문이라고 이미 말해줬고요. 제 말이 어떻게 들려요?"

후회는 고개를 숙이고 엄지손톱을 만지작거리며 한참을 침묵하다가 나를 쳐다보았다. 그러더니 다시 내 너머의 뭔가를 응시했다. 약 5분 정도가 지난 후 내가 물었다.

"제가 후회 학생의 이야기가 핑계같이 들린다고 말해서 기분 나쁜가요?"

"아니요. 선생님이 하신 말씀이 다 맞아요. 너무 창피하네요."

"혹시 왜 창피하다고 느꼈는지 말해 줄 수 있어요?"

"사실, 법원에서 수강명령 받아서 처음 수업하러 온 날, 진짜 짜증 났어요."

"저도 느꼈어요. 후회 학생이 말과 행동 그리고 온몸으로 짜증 난다는 티를 팍팍 냈으니까요."

후회가 희미하게 미소 짓더니 말을 이었다.

"근데 수업하면서 선생님이 계속 강조하고 연습시키셨던 '생각'이라는 것을 하게 되더라고요. 어릴 적부터 우리 부모님은 저에게 스스로 당당하고 자신 감 있게 살라고 했어요. 근대 저는 그 말을 제 마음대로 살라는 말로 오해하 면서 살았다는 것이 깨달아졌어요. 그리고 부모님이 맨날 바빠서 저를 신경 안 쓰고 있다고 생각했는데 오해였다는 것도 알게 되었고요. 제가 사고 칠 때마다 부모님은 그 일을 해결하면서 정신 못 차리는 저 때문에 진짜 힘드 셨을 거라는 생각도 하고, 한편으로는 그때마다 저를 더 엄하게 혼냈다면 내가 이렇게 자랐을까? 라는 생각도 하면서 부모님을 원망한 것도 맞아요. 웃기지요. 잘못은 제가 했으면서 부모님만 탓하다니… 그리고 가장 후회되 고 창피한 건 제가 그동안 괴롭힌 친구들과 사람들에게 죄송하다는 사과 한 마디조차 안 한 거예요."

후회하고 있는 것과 창피하다고 느끼는 것이 그동안 괴롭힌 사람들에게 사과하지 않은 것이라는 말을 들었을 때 나는 정말 기뻤다. 그 아이의 양심이 다시 살아 숨쉬기 시작했기 때문이다. 물론 그 아이의 눈빛도 달라지고 있었다. 그날 우리는 후회의 머리에 당장 떠오르는 그동안의 피해자들과 그들에게 어떻게 할지에 대해 심도 있게 대화했다. 물론 나는 후회에게 회복적 생활교육에서 지향하는 자신이 한 것에 자신이 책임지는 방법을 제안했다. 그리고 우리는 후회가 수강명령을 마무리하면서 계획했던 욱하는 성질 죽이기 프로젝트가 성공할 수 있도록 더 실질적이고 더 자세한 내용까지 넣어서 수정했다. 후회는 그 작업에 '욱 날리기'라고 이름도 붙였다. 먼저 욱하는 성질이 올라올 수 있을 다양한 상황과 그때 어떤 감정이 느껴지길래 욱하고 화가 치미는 것인지 원인을 탐색해보고 욱하는 대신 I-message를 넣어서 말로 표현하는 대본도 작성하고 연습했다. 나는 '어릴 때부터 왜 그렇게 '욱'했는지 이해하기 위해 심리검사를 받아보는 것도 좋은 방법'이라고 제안했다. 그리고 마지막으로 이렇게 말했다.

"후회야, 슬프지만 너의 욱하는 성질이 너와 오랫동안 함께였기 때문에 당분간은 너의 피부 조직처럼 너랑 딱 붙어서 떼어 내고 싶어도 안 떨어질 거야. 다시 말해서 욱하는 것을 고치고 싶어도 쉽게 고쳐지진 않을거란 뜻이야. 그런데 나는 네가 포기하지 않으면 좋겠어. 우리 피부도 시간이 지나면서 필요 없는 각질은 스스로 떨어버리잖아. 그것처럼 욱하는 성질이 올라올 때마다 화났다는 것을 스스로 인지하고 화나는 감정을 말로 표현하다 보면 언젠가 욱하고 성질내던 습관은 흔적도 없이 사라질 수 있을 거야. 너와 함께했던 모든 시간을 통해 느낀 건데 너는 충분히 성공할 수 있을 거야. 선생님도 생각날 때마다 기도할게."

"선생님, 그렇게 말해줘서 고맙습니다. 욱하는 성질 꼭 고칠게요. 그리고 이제는 허투루 살지 않을게요."

후회의 두 눈은 글썽이는 눈물로 반짝였다. 그렇게 후회의 눈에 '번뜩이(29쪽 참고)'가 가득했다. 누구의 강요가 아닌 스스로 그런 것을 느낄 때 아이들은 그 전과 다른 삶을 선택할 가능성이 확 올라간다. 물론 그 각오와 다짐이 유지되고 성공할 수 있도록 옆에서 지지하고 응원해 줄 든든한 어른이 필요하다. 나는 후회에게 대화가 필요하면 언제든지 전문가의 도움 받을 것을 제안했다. 그리고 청소년을 위한 상담 번호인 1388(요금은 수신자 부담)로 연락해서 필요할 때마다 도움 받을 것도 안내하면서 대화를 마쳤다.

후회는 집으로 가려면 우리가 대화하던 페스프푸드점 앞에서 버스를 타면 된다고 하더니 내가 전철 타러 가는 방향을 묻자 전철역이 있는 곳을 알려

줄 겸 거기까지 함께 가주겠다고 했다. 키가 큰 후회는 키 작은 나와 보폭을 맞추면서 자신이 더 크고 건강하니 차도 쪽에서 걸어야 한다며 나를 보호해 줬다. 배려해 주는 마음이 예뻤다. 내가 '욱하는 성질만 빼면 다 좋다더니 그 말이 맞는 것 같다'라고 말하자 후회가 쑥스럽다는 듯이 오른손을 올려 자기 머리를 툭툭 털었다. 겉모습은 다 자란 성인 같아 보여도 돌봄과 배움이 절실히 필요한 그 아이의 환한 미소가 보기 좋았다.

오랜 세월 잘못들인 나쁜 습관이 변화될 수 있을까? 그렇다. 그 근거로 나는 아이들과 함께 지내면서 자신의 그릇된 삶을 반성하고 변화를 다짐하고 실천하면서 성공한 아이들을 끊임없이 보았기 때문이다. 그래서 나는 후회도 충분히 변할 것이라고 믿는다.

우리의 고민

우리 민족의 시조인 고조선의 단군신화에는 곰과 호랑이의 이야기가 나온다. 이 이야기를 우리 아이들의 삶과 대조해보자. 사람은 누구나 타인과 더불어 사는 공동체 생활을 해야 한다. 우리나라의 경우 돌봄과 배움이 전적으로 필요한 갓 태어난 아기가 사회구성원으로 사는 데 필요한 것을 배우는 기간은 기본 19년이다. 즉, 우리 아이들이 사회성을 기르기 위해서는 미취학 7년, 초등 6년, 중등 3년, 고등 3년인 총 19년을 가정과 학교에서 배우며 견뎌야 한다. 그 긴 세월 우리 아이들은 돌봄은 물론 독립된 인격체로서 먹고 사는 데 필요한 기술뿐 아니라 사람답게 사는 데 필요한 기본적인 가르침을 받는다.

데니스 라인스에 의하면 아이가 비교적 아무 탈 없이 아동·청소년기를 통과하도록 지지하는 데 있어 양육의 질은 매우 중요하다.[30] 양육의 질의 기본이 되는 돌봄과 배움에서 가장 중요한 건 무엇일까? '때'이다. 즉, 모든 것은

---

30. 데니스 라인스(Dennis Lines), 정희성 외 옮김, 『쉽고 간결한 학교상담』, (한울, 2019.) 109.

때가 있다는 것이다. 아이가 그 시기를 놓치거나 필요충분조건이 결핍된다면 어떻게 될까? 혹은 과잉된다면 어떻게 될까?

다시 단군신화로 돌아가 보자. 곰과 호랑이가 사람이 되기 위해서 쓴 쑥과 매운 마늘만 먹으며 캄캄한 동굴에서 백일을 견뎌야 한다는 것은 처음부터 불가능한 것이 아니었을까? 처음부터 쉬운 방법을 제시하거나 가능한 상황을 열어줬으면 어땠을까? 그런데 이게 무슨 일인가? 곰이 그 모진 고난과 역경을 견디고 인내한 끝에 자신이 그렇게 원하던 사람이 됐다.

모두가 불가능하다고 말할 때 누군가는 가능성에 도전하고 그 가능성을 성취한다. 물론 충분히 칭찬할 만하다. 하지만 그렇다고 해서 목적을 이룬 곰만을 인정해야 할까? 뛰쳐나간 호랑이를 잡다가 너는 왜 곰처럼 견디지 못하고 뛰쳐나갔느냐고 윽박질러야 하나? 어려움을 다 견디고 사람이 된 곰의 방식을, 곰과 완전히 다른 성향의 호랑이에게 강요하고 사람이 될 때까지 강제해야 할까? 이는 굉장히 무섭고 폭력적인 질문이다. 그런데 과연 우리 사회는 이 질문에서 자유로울 수 있을까?

돌봄과 배울 권리가 있는 성장 과정의 우리 아이들에게 필요를 채워주는 것은 우리 어른들이 마땅히 해야 할 도리다. 이는 아이들도 알고 어른들도 알고 있다. 하지만 아는 것과 행함은 다르다. 머리로는 알지만 지금 당장은 먹고살기 바빠서, 내 자녀가 기죽지 않도록 원하는 것을 다 해주려면, 사람들 앞에서 성공했다는 인정을 받기 위해서는(물질만능주의를 기준으로), 우리 가족이 지금보다 더 안락하고 편안한 환경에서 살기 위해서라는 등의 셀 수도 없이 많은 이유를 갖다 붙이면서 돈버는 일에 집중하느라 어른의 도리를 미뤘던 분이 있다면 더이상 미루면 안 된다.

단군신화에서도 불가능한 일에 최선을 다해 성공한 곰은 곰대로, 뛰쳐나간 호랑이는 호랑이 그대로를 인정했듯이 우리 아이들도 각각의 발달적이고 개인적인 특성과 차이를 인정하고 존중해야 한다. 그렇다면 모든 아이가 모두 귀한 사람이 될 수 있도록 도울 방법은 무엇일까? 데니스 라인스는 대부분의 보호자가 사용하는 양육방식이 자기 부모의 양육방식을 약간 수정한 것이라고 말한다.[31] 하지만 현대를 살아가는 우리 아이들이 견뎌야 할 동굴은 지금까지 인류가 견뎌 온 동굴과 환경 자체가 달라졌다. 그래서 부모의 양육방식을 약간 수정한 것만으로는 안 된다.

우리 아이들은 태어난 순간 어른들이 만들어 놓은 온라인과 오프라인 두 세상에서 살게 됐다. 즉, 우리는 인류가 살아본 적 없는 세상에서 아이들을 키우게 되었고 아이들은 인류가 경험하지 못한 세상에서 살게 된 것이다.

어떤 아이들은 과하게 일찍부터 그 작은 손에 최신식 컴퓨터가 쥐어지며 인터넷·스마트 기기를 통해 세상을 배운다. 분명히 처음 선택은 보호자의 결정이었음에도 아이가 인터넷·스마트기기에 의존하면서 보호자 말의 권위가 힘을 잃게 되면 그때부터 가정의 불화는 시작된다. 다시 말해서, 아이들이 인터넷·스마트 기기를 더 좋아하고 과몰입되어 보호자의 말을 듣지 않는 순간 그 가정은 전쟁터가 된다.

오늘날 인터넷·스마트기기에 익숙한 아이들은 타인과 관계 맺는 방식도 어른들이 쌓아온 방식과 다르다. 아이들은 자신이 조작하는 대로 거부하지 않고 바로 반응하고 즉각적인 만족을 충족해 주는 스마트기기와 맺는 '일방적 방식'에 익숙하다. 상상할 수조차 없이 섬뜩한 사실은 우리 아이들이 인터넷 접속만 가능하다면 24시간 365일 검증되지 않은 불특정 다수에게 어마어마한 영향을 무작위로 받을 수 있다는 것이다. 실제로 인터넷에서 만난 익명성 속에 숨어 있는 누군가의 말 한마디가 온전히 자신의 편인 가족의 말을 이길 수도 있다(20장 참고).

오늘날은 많은 것이 편리하고 빠르게 충족되는 사회다. 그렇기에 아이들은 자신이 원하는 것을 얻기 위한 인내와 끈기의 경험이 부족할 수 있다. 충동

---

31. 데니스 라인스(Dennis Lines), 정희성 외 옮김, 『쉽고 간결한 학교상담』, (한울, 2019.), 130.

을 조절하는 능력을 키울 기회도 부족할 수 있다. 그러므로 자신과 같은 '자유 의지'가 있는 친구와 상호작용하기 위해 에너지를 써야 하는 '쌍방적 관계 맺는 방식'을 어렵고 버겁게 느낄 수 있다. 즉, 친구의 얼굴을 보면서 기분을 살피고, 대화하며, 양보가 필요할 때 양보하면서 좋은 관계를 맺고 그 관계를 유지하기 위해 배려와 존중하는 것이 힘들 수도 있다. 특히 갈등 상황이 벌어졌을 때는 더욱 그렇다. 그래서 대면하지 않은 채 관계를 맺고 관계를 정리하기도 한다. 다시 말해서 상대방의 마음이 어떨지 살피거나 생각하지 않고 스마트기기를 활용해서 일방적으로 문자나 카톡을 보내거나 손쉬운 방법인 잠수타기를 선택하기도 한다.

따라서 지금까지 인류가 살아온 방식으로는 우리 아이들의 삶을 성공적으로 도울 수 없다. 엘리스 밀러는 어린 시절에 진정한 사랑을 생생하게 경험한 아이들은 새로운 의사소통의 기회를 부여하는 인터넷, TV, 여행 등을 충분히 활용할 것이며 그렇게 자란 아이들은 인터넷의 시대에서 더욱 성숙한 인간이 될 수 있을 것이라고 피력한다.[32] 나는 그녀의 주장에 충분히 동의한다. 고로 지금은 본질로 돌아갈 때다. 사람을 사람답게 만드는 본질은 사랑이다. 진정한 사랑을 주고받는 것이 우리 삶의 기반이 되어야 한다. 이를 위해 어른은 아이들이 품격 있는 사람으로 잘 성장하도록 어떻게 도와야 할지를 적극적으로 고민하고 다짐하며 그 다짐을 당장부터 실천해야 한다.

아이는 돌봄과 배움 속에 담긴 사랑을 통해 전인적인 사람으로 잘 성장해야 한다. 사람다운 사람으로 잘 살기 위해서 자주적으로 사고하고 양심을 개발하며 타인과 더불어 긍지 있게 살아야 한다. 귀한 아이들 곁에서 본인에게 맡겨진 책임과 헌신을 다하는 모든 보호자와 모든 선생님을 가장 존경하는 나는 그분들을 항상 응원한다. 잠시 수강명령을 받은 자녀를 둔 부모교육에 참석했던 한 아버지와 나눴던 대화를 이곳에 옮긴다.

---

32. 엘리스 밀러(Alice Miller), 신흥민 옮김, 『사랑의 매는 없다』, (양철북: 2005.), 210.

"강사님, 솔직히 저는 이 교육에 참석하라고 했을 때 진짜 창피했어요. 제가 아들을 잘못 키운 게 증명된 것 같았거든요."

"그렇군요. 저는 아버님이 하도 인상을 쓰고 계셔서 화가 난 줄로 생각했어요."

"물론 화도 났지요. 애가 하고 싶다는 대로 다 해줬는데, 도대체 뭐가 부족하다고 이런 짓을 벌였는지 이해도 안 갔고요. 그런데 오늘 교육을 들으면서 물질적인 것만을 채워주면서 '이 정도면 되겠지'라고 생각했던 안일한 저 자신을 반성하게 되더라고요."

"그동안 아이를 위해 최선을 다했다고 생각했는데 그게 아니라고 느끼셨군요. 특히 어떤 부분에서 반성하게 된 걸까요? 구체적으로 얘기해 주실 수 있으세요?"

"오늘 주제 그거죠. 뭐. 제 습관이요. 그동안 아이의 마음은 헤아리지 않고, 주고받는 대화 대신 일방적으로 명령하는 말투를 사용했던 거요. 이젠 바꿔야죠."

"그래서 아까 발표 시간에 오늘부터는 가족들의 마음을 헤아리고 입장을 바꿔서 생각하고, 가족들과 '협동하는 대화법(13장 참조)'을 사용하겠다고 발표했군요."

"예. 솔직히 처음 시작할 때만 해도, 겨우 하루 교육받고 뭐가 달라지겠나 싶었어요. 평생 이런 말투로 살아왔는데 뭐 어쩌라고 이런 생각도 했고요. 그런데 아내와 같이 활동에 하나하나 참여하면서, 연애 때 감정도 올라오고, 우리 아들에 대한 관점과 생각도 바뀌게 되더라고요. 특히 이번 사건으로 아들에게 너무 실망했었어요. 그래서 계속 화만 냈거든요. 그렇게 제 감정에만 집중했었는데, 교육을 들으면서 점점 아들이 이해되더라고요. 그리고 우리 아들이랑 아내가 너무 소중하게 느껴지면서 우리 가정을 더 잘 지켜야겠다는 마음이 들더라고요."

"아버님, 이 짧은 시간에 그런 것을 다 느끼셨다니 정말 훌륭합니다. 오늘 아버님이 느끼신 것처럼 가족분들도 아버님을 소중하게 여기고 있을 거예요. 아버님께서는 오늘 이곳에서 배운 걸 당장 실천하겠다고 하셨지만, 어쩌면 집안 분위기가 오늘부터 확 좋아지지 않을 수 있어요. 아드님도 부모님의 변화에 잘 따라 주지 않을 수도 있고요. 특히 우리 아이들은 성장하는 시기라서 표현하는 것이 서툴고 거칠 수 있어요. 그리고 아버님이 그동안 명령조로 말씀하셨던 걸 아드님도 배웠을 테고요. 그렇지만 오늘 결심한 것을 포기하지 않고, 꾸준히 실천하신다면 분명히 좋아질 거예요. 아버님! 절대 포기하지 마세요."

"그럼요. 그래야지요. 강사님! 그동안은 아이와 갈등이 있을 때마다 억박지르거나 기 싸움하기 싫어서 애 엄마한테 미루고 피하기만 했는데 이젠 어떻게 하면 될지 감이 좀 잡혔어요. 우리 아들에게 더 잘해 줄 수 있겠다는 자신감도 생겼고요. 다시 힘낼 수 있는 용기를 주셔서 감사합니다. 왜 판사님이 특별교육을 들으라고 했는지 이해가 됩니다."

"아버님께서 이런 좋은 피드백을 주셔서 제가 더 감사하지요. 지금 저에게 아버님의 마음을 솔직하게 말씀해주신 것처럼, 가족들에게도 아버님이 느끼는 감정을 있는 그대로 표현하는 것을 계속해 주세요. 어쩌면 아버님이 아드님을 사랑하는 마음이 컸기 때문에, 아드님이 잘못한 것을 알았을 때 속상한 마음이 더 컸을 수 있어요. 그래서…."

"맞아요. 그게 그렇더라고요. 그래서 막 화도 더 났고요."

"그러게요. 아버님의 말씀처럼 사랑하는 마음이 클수록 잘못된 것을 알았을 때 그 속상한 마음이 더 큰 화로 표현될 수 있어요. 그리고 어떤 사람은 화가 날 때 마음에도 없는 막말을 하기도 하고요."

"맞아요. 제가 그랬잖아요."

"그랬군요. 그런데 아버님! 어떤 아이는 부모님이 왜 그런 말을 하는지, 왜 화를 내는지 알아채고 이해할 수 있습니다. 하지만 대부분의 아이는 자기 귀에 들린 말이 부모님의 진심이라고 믿고, 그 말 자체로 상처를 입을 수 있습니다. 그래서….”

“아휴~ 참. 애 키우는 게 쉽지 않네요. 사는 것도 쉽지 않고요.”

“맞아요. 아이들 키우는 건 정말 쉽지 않습니다. 그런데요. 아버님! 저는 아이 한 명을 잘 키우는 것과, 좋은 세상을 만드는 것이 같다고 생각하는 사람이에요. 아버님과 어머님의 이런 노력 덕분에, 분명히 아드님은 잘 성장해서 본인도 행복하고 우리가 사는 이 세상도 행복하고 멋지게 이끌 거예요.”

“허허. 감사합니다. 강사님! 강사님이 그렇게 말씀해 주시니까 용기가 더 나네요. 고맙습니다.”

나는 그날 교육에서 배운 것, 즉 마음에서 느껴지는 감정을 솔직하게 있는 그대로 표현해 준 아버지와의 대화를 통해 탈폭력 세상이 한 걸음 더 가까이 왔다고 확신하며 더 큰 희망을 갖게 됐다.

도움 받고 싶을 때

학교폭력예방교육에 관한 자세한 내용은 학교폭력 종합정보 홈페이지 '도란도란(www.dorandoran.go.kr)'에서 도움 받을 수 있다. 학교폭력 근절을 위한 주요 지원체계로는 다음과 같다.

▣ 117 학교폭력신고센터

2012년부터 개시된 117은 학교폭력 신고 및 상담센터 전담으로 한다. 긴급 상황 시 경찰출동과 긴급구조 등의 도움을 받을 수 있다. 전화는 국번 없이 117, 문자는 #0117, 인터넷은 안전 Dream, 또는 검색어 117로 신고할 수 있으며, 직접 117센터에 방문하여 상담 및 신고할 수 있다.

▣ 112 경찰청

학교폭력 및 사이버폭력 등 긴급 상황 발생 시 긴급범죄를 신고한다. 특별히 사이버범죄의 경우는 ecrm.cyber.kr를 통해 도움 받을 수 있다.

▣ 학교전담경찰관

학교 담당 학교전담경찰관에게 문자 또는 전화로 신고하여 도움 받을 수 있다.

▣ 청소년상담복지센터(CYS-Net): 1388

학업 중단, 학교 부적응, 가족관계 등 어려움을 겪고 있는 청소년의 건강한 성장을 위해 전문적인 상담복지서비스를 제공하며, 위기 청소년에게 적합한 맞춤형 서비스 제공한다.

▣ 1388 청소년사이버상담센터: 1388

1년 365일 24시간 언제든지 청소년이 도움 받을 수 있는 곳. 청소년사이버상담

센터는 청소년의 위기(학업 및 진로, 친구관계, 가족 문제, 학교폭력, 성폭력 및 성매매 등의 문제, 가출 고민 등) 상담, 신고를 돕고 있다. 사이버 아웃리치와 카카오톡 및 문자 메시지 상담도 가능하다.

■ 푸른나무재단: 1588-9128

학교폭력 관련하여 특성화되어 있는 NGO인 푸른나무재단은 전화 및 사이버 상담, 학교폭력 피해 학생 및 가족 대상 통합을 지원한다. 학교폭력SOS지원단에서는 화해, 분쟁조정 지원, 사안처리 진행 자문 및 컨설팅을 지원한다.

■ 청소년꿈키움센터

이곳은 법무부의 청소년비행예방센터로 학교폭력 가해 학생 및 보호자 특별교육, 찾아가는 학교폭력예방교육 등을 운영 중이다.

■ 대한법률구조공단: 132

학교폭력에 대한 도움이 필요한 법률상담, 변호사 또는 공익법무관에 의한 소송 대리 및 형사변호 등의 법률적 지원을 제공하고 있다.

■ 정신건강복지센터 1577-0199/ 129

이곳에서 청소년은 통합적인 정신질환의 예방 및 치료를 도움 받을 수 있다. 특히 최근 유행처럼 급증하는 '자살 의도가 없는 자해(nonsuicidal self injruy)' 예방도 지원한다.

■ 한국생명의 전화: 1588-9191

24시간 자살 예방 상담 및 생명존중 교육을 지원한다.

■ 자살예방상담전화: 1393

　24시간 자살 예방 상담 및 위기관리를 지원한다.

■ 가족센터: 1577-9337

　가족상담, 애도 상담, 자녀 양육방식 차이 상담 및 교육을 지원한다.

■ 상다미쌤(카카오톡 채널)

　학교폭력 관련 고민이 있는 청소년, 보호자, 선생님 대상 비대면 상담 및 필요한
　곳으로 연계를 돕는다.

■ 한국청소년쉼터협의회: 02-403-9171

　각 지역에 설치된 가출청소년 대상 쉼터로 상담 및 생활지도를 지원한다.

■ 청소년지원센터 꿈드림: 1388

　학교 밖 청소년을 대상으로 상담 및 교육을 지원한다.

■ 아동보호전문기관: 02-558-1391

　아동학대 신고접수 및 조사, 상담 치료 및 교육을 지원한다.

■ 스마트쉼센터: 1599-0075

　스마트폰 인터넷 과몰입에 대한 상담 및 교육을 지원한다.

■ 해바라기 센터

　성폭력 및 가정폭력 피해자를 위한 상담 및 필요를 지원한다.

■ 여성긴급전화: 1366

　여성폭력 피해자 긴급구조와 보호 및 상담을 지원한다.

■ 위 프로젝트(한국청소년정책연구원 위(Wee)프로젝트 연구·지원센터)

 위기학생 지원 핵심 정책인 '위(Wee) 프로젝트'는 학교, 교육청, 지역사회가 연계하여 학생의 건강하고 즐거운 학교생활을 지원하는 다중의 학생 종합 안전망으로 위기 학생을 돕는 학교안전통합시스템이다. 『위(Wee) 프로젝트』의 1차 안전망은 단위 학교의 상담실인 '위클래스(Wee클래스)' 이다. 위클래스에서는 학교 부적응 학생을 조기에 발견하고 학교 적응력 향상을 지원한다. 2차 안전망은 시 · 군 · 구 교육지원청에 설치된 '위센터(Wee센터)'이다. 여기서는 전문가의 지속적인 관리가 필요한 학생을 위한 진단-상담-치유 등 맞춤형 서비스를 지원한다. 3차 안전망은 '위스쿨(Wee스쿨)'로 시 · 도 교육청에 설치된다. 장기적으로 치유가 필요한 고위험 학생을 위한 위탁 교육 서비스를 제공한다. 기타 관련 기관에는 <가정형 위(Wee)센터>, <병원형 위(Wee)센터>, 학교폭력 피해 학생 전담 지원기관, 학교폭력 가해 학생 특별 교육기관 등이 있다.

제 2 부

위탁기관에서
피어나는 회복

서로의 손을 잡고,
회복의 길을
함께 걸어갑니다.

학교폭력 근절을 위한
위탁기관 현장으로 떠나는 여행

학교에서 위기에 처한 아이를 발견하여 <가정형 Wee센터>에 입소를 의뢰하면 센터는 아이를 안전 및 생존을 위협하는 환경에서 신속히 벗어날 수 있도록 긴급입소로 돕는다. 그리고 2주 동안 '초기적응기간'을 마친 후 <입소 여부 판정회의>를 통해 학생의 입소를 결정한다. 입소를 결정하는 회의에서는 아이와 보호자의 동의와 호소 문제, 재적 학교의 담임과 교장 선생님의 추천서의 내용을 참고한다. 위탁 기간은 3개월이며 연장도 가능하다.

입소가 결정된 아이는 월요일부터 금요일까지 센터에서 숙식하며, 돌봄 · 상담 · 학습 · 사회복지 등 통합서비스를 받는다. 그동안 보호자는 부모상담 · 부모교육 · 부모코칭을 받는다. 이처럼 자녀와 보호자의 관계 개선을 통해 위기 문제를 신속히 해결함으로써 가정을 회복시켜 '원가정 복귀'를 돕고 학교 적응력을 높여 '재적 학교로 복귀'시킨다. 물론 모든 서비스는 무료고 해당 가정의 금전적 부담은 전혀 없다.

센터는 아동학대와 가정폭력으로 인한 외상이 학교폭력과 교권 침해로 표현된 슬픈 서사를 가진 아이들의 입소가 주를 이룬다. 다양한 요인으로 고위험에 처한 아이들과 함께 생활하는 나는 사춘기 청소년의 심리적 곪음으로 인한 폭력의 씨앗을 '핵', 어린이의 심리적 곪음으로 인한 폭력의 씨앗을 '수류탄'이라고 이름 붙였다. 엘리스 밀러는 이를 '시한폭탄'이라고 명명하며 일찍부터 폭력에 길이 든 사람들의 몸속에는 시한폭탄이 있어 폭발할 순간만을 기다리고 있다고 경고한 바 있다.[33]

'핵'이 터지면 그 피해의 규모와 범위가 상당하고 복구에도 많은 시간과 사회적 비용이 든다. 핵에 비해 수류탄은 제거하기 쉽고 터졌을 경우 수습 비용도 훨씬 적게 드는 것처럼 아이의 심리적 곪음은 어릴수록 치료 효과가 좋다. 물론 사회적 비용도

---

33. 엘리스 밀러(Alice Miller), 신흥민 옮김, 『사랑의 매는 없다』, (양철북: 2005), 36.

덜 든다.

센터의 선생님들은 문제행동이 다른 사람으로 향하는 외현화 증상의 아이도, 문제행동을 자신의 내부로 향하게 하는 내면화 증상의 아이도 모두 놓치지 않으려 최선을 다한다. 센터에 오는 아이들의 온몸에 박혀있는 수류탄을 제거하는 데 가장 강력한 도구는 진정한 사랑이다. 사랑은 아이들의 외상을 치유하는 데 충분히 효과적이다. 나는 센터 선생님들의 자신을 내어주는 '진정한 사랑'과 '전문가적 개입'을 통해 수많은 아이가 안전함 속에서 행복을 만끽하는 것을 보았다.

여기서 말하는 진정한 사랑이란 돌봄과 배움이 필요한 아이의 마음의 신발을 신고 최선을 다해 희생과 헌신 그리고 수고를 각오하며 '네 이웃을 네 몸과 같이 사랑하라'를 실천하는 숭고함을 뜻한다. 전문가적 개입이란 선생님 각자가 직업적 · 종교적인 사명과 자신이 전공한 분야에서의 최고의 이론과 실천의 균형 있는 조화를 장착하고 발전시키기 위해 늘 고민하고 연구하고 적용하는 치료자의 언행을 의미한다.

나는 메마르고 쩍쩍 갈라진 아이들의 마음에 진정한 사랑이 촉촉이 스며들자 아이가 자기 삶을 스스로 고민하고 길을 찾는 진지한 모습을 수도 없이 보았다. 꿈을 찾고 꿈을 이루기 위해 훨훨 날아오르는 힘이 생겨 비상하는 것도 보았다.

제2부는 학교폭력 극복을 위한 위탁기관 현장인 <초등 가정형 Wee센터>의 일상을 보여준다. 유치할 정도로 자세하게 풀어낸 글은 학부모 연수와 교사 연수 외 다양한 계기로 만났던 이들의 요청으로 탄생했다.

보호자들은 자녀랑 사이가 좋을 때는 소통이 가능하지만, 부정적 사건이 발생했을 때는 자녀에게 어떻게 다가가고 어떻게 대화하며 풀어야 할지 감이 안 잡힌다고 했다. 분명히 아이가 잘못했는데 자기가 폭발하고 더 난리를 치니 어떻게 훈육해야 할지 모르겠다고 말했다. 아이의 폭발이 계속될 때는 어떻게 해야 하는지도 물었다. 실생활에서 도움받을 수 있는 아이와의 직접적인 소통과정을 자세하게 알고 싶다는 요청도 있었다. 그들의 부탁에는 아이를 돕고 싶은 마음이 간절했기에 나는 센터에서 개입했던 일상을 공유하기로 결심했다.

물론 센터에서의 개입이 정답은 아니다. 어떤 독자는 내가 사용하는 '단호한 사랑법'을 보면서 '한 아이가 천하보다 귀하다면서 너무 거칠게 대하는 것 아닌가?'라고 비난할 수 있다. 그러나 이 책으로 인해 한 명의 아이라도 안전하고 행복한 세상에서 살 수 있게 된다면, 단 한 명의 어른이라도 아이와의 소통에 도움 받을 수 있다면 여한이 없겠다는 마음으로 용기를 냈다.

제2부에서의 여행을 통해 독자는 먼저 아동학대와 학교폭력과의 긴밀한 관계에 대해, 다음으로는 심리·정서적 증상 등이 학교폭력을 야기하는 슬픈 구조에 대해, 마지막으로 폭력 근절을 위한 전문가들의 분전역투(奮戰力鬪)와 만나게 될 것이다. 이 책에서는 <초등 가정형Wee센터>의 입소 학생 중 가정적 요인으로 인한 학교폭력 가해자가 된 사례들 위주로 구성했다.

2부를 여행하면서 이 아픈 이야기를 읽을 독자에게 진심으로 부탁하고 싶은 것이 있다. 가장 사랑받고 사랑해야 할 가족에 의한 폭력에서 기적처럼 살아난 아이가 자기 삶을 살아내기 위해 얼마나 몸부림치는지, 동시에 자신이 받은 거친 경험을 또래 친구에게 어떻게 확장하는지 발견하길 바란다. 또한 현장 전문가들의 개입에서 연약하고 부족한 부분이 발견된다면, 비난 대신 자신이 도울 방법이 있을지 고민하며 행동하는 실천가가 되기를 간청한다.

* 초등가정형Wee센터는? *

<가정형 Wee센터>는 돌봄 · 상담 · 학습 · 사회복지 통합서비스를 통해 학생의 적응 환경을 개선하여 가정 및 학교 복귀를 지원하는 위탁기관이자, 학교폭력예방법에 근거해서 학교폭력 등에 관한 상담 · 치유프로그램 등을 운영하는 전문기관의 역할을 하고 있다. 이곳에서 사회복지사 · 상담사 · 교사 · 조리사가 상주하며 입소 학생들을 섬긴다. <초등 가정형Wee센터>에는 세 가지 위기에 처한 초등학생이 입소한다.

첫째는 가정적 위기에 처한 아이다. 이 아이는 아동학대 · 방임 · 가정폭력 · 가정 내 성폭력 · 경제적 어려움 · 가정해체 · 혼합가정 등의 역기능 문제에 노출되어 있다.

둘째는 학교적 위기에 처한 아이다. 이 아이는 기초학습 부진 · 학교폭력의 가해 · 피해 · 등교거부 · 교권침해 · 교칙위반 · 의사소통 문제 · 사회성 부족 등으로 인한 교우관계의 어려움을 호소한다.

셋째는 개인적 위기에 처한 아이다. 이 아이는 우울 · 불안 · ADHD · ODD · IED · 투렛증후군 · 행동장애 · 은둔형 · 품행장애 등의 정신과적 문제와 스마트미디어 과몰입, 각종 사회적 비행 노출, 나태한 생활 태도 등이 이 아이를 옥죄고 있다. (병원형Wee센터가 있지만, 현실적으로는 가정형Wee센터에 입소하는 경우가 많음.)

입소한 아이의 '학습권'은 센터에서 운영하는 <꿈아학교: 꿈꾸는 아이들의 학교>에서 보장한다. 센터에 입소하는 아이들은 외상 및 결핍으로 삶의 기반이 무너졌다. 그래서 효과적으로 학습할 수 없었다. 어떤 아이는 신체적·정서적 괴로움으로 결석했기에 배울 기회가 없었다. 어떤 아이는 등교는 했으나 불안과 두려움에 갇혀 배울 수 없었다. 의도치 않은 감정폭발로 자신과의 싸움에서 벗어나지 못하는 아이도 배울 수 없었던 것은 마찬가지다.

아이가 배우지 못하면 자존감이 저하되고 또래 사이에서 수치심을 느낄 수 있다. 매일 6시간 가량 지내는 학교에서 선생님의 가르침을 이해할 수 없는 아이에게 하루에도 40분씩 여러 번 반복되는 수업은 공포 그 자체며 지루함의 끝판이다. 아이는 부족하고 결핍된 자신을 들킬까 싶어서 매 순간 걱정과 불안에 휩싸인다. 불안은 아이를 삼켜버려 머릿속을 암흑과 같이 캄캄하게 만든다. 수동적인 아이는 선생님과 친구에게 긴장을 들키고 싶지 않아서 눈치를 보고 입을 닫는다. 그러는 와중에 주변에서 함부로 대하는 학교폭력의 피해 학생이 되기도 한다.

큰 몸놀림이나 괴성으로 자신을 부풀리며 주변을 정신없게 만드는 공격적인 아이도 있다. 이 아이는 어느 틈에 학교폭력의 가해 학생이 되기도 한다. 그러는 와중에 이 아이들은 공부 못하는 아이, 찌질이, 늘 지적받는 아이, 학교 부적응자 등 문제아 취급을 받는다. 그렇게 친구 없이 고립되어 외로움에 던져진 아이들은 어느샌가 반복해서 듣고 있는 부정적 피드백에 자신을 맞추기도 한다.

센터의 선생님들은 3개월 후면 학교와 가정으로 돌아갈 아이들에게 현실적으로 필요한 것을 지혜롭게 제공한다. 아이들은 무조건 잘 먹고, 잘 자고, 잘 누고, 잘 놀아야 한다. 그래서 <UN아동권리협약>에서 말하는 생존권 · 보호권 · 발달권 · 참여권을 보장하려 노력하고 특히 학생들의 입소 사유가 '학교폭력'과 '교권 침해'인 경우 이를 소거하기 위해 최선을 다한다. 아이들의 역동을 주의 깊게 관찰하여 수시로 발생할 수 있는 갈등도 예방한다. 혹시 갈등이 발생했을 때 아이들이 요청하면 신속하게 개입하여 폭력으로 발전하지 않도록 돕는다. 잦은 폭발에도 즉각적으로 대처하여 자신이 무시당하지 않고 선생님이 자신을 도와주려 애쓰고 있음을 인식하도록 돕는다.

선생님들이 가장 공들이는 부분은 아이들 모두가 스스로 생각하기에 자신이 가장 특별한 사랑을 받고 있다고 느낄 수 있도록 표현하는 것이다. 센터 선생님들이 자신에게 특별한 사랑을 준다고 자각하면서 마음이 여유로워진 아이들은 친구에게 친절하고 선생님에게도 부드러운 학생이 된다. 학교폭력과 교권 침해라는 무서운 입소 사유로 만났지만, 선생님들의 사랑 덕분에 아이들에게 대물림되고 있던 폭력이 끊어지는 기적이 일어난다. 덕분에 우리 사회는 탈폭력 세상에 한 걸음 더 다가가고 그만큼 많은 사람이 행복해질 수 있다.

복수를 꿈꾸는 아이들 11장

스테판 프라이어(Stephen Prior)가 저서에 인용한 바를 따르면, 아동학대를 경험한 아이는 학대자가 자신을 파괴하길 원하거나 진짜로 자신을 죽이고 싶어 하는 것을 정확하게 인지한다. 그리고 아이는 반복되는 폭력에 자신은 그렇게 당해도 된다는 왜곡된 인지가 생기며 자존감이 떨어지고 학대자의 그런 관점이 타당하다고 믿게 된다. 이런 아이를 향한 학대자의 파괴적인 적대감은 그가 '영혼의 살인자'라는 걸 명백하게 확인시켜 준다.[34] 그의 주장을 뒷받침하는 사례는 우리 센터에 차고도 넘친다.

과연 어느 누가 학대받은 아이의 생명이 붙어 있다고 그 아이를 살아있다고 확신할 수 있을까? 독자는 제2부로 떠나는 여행에서 학대받은 아이들이 학대자인 가족에게 복수하기 위해서 학교폭력을 이용하는 충격적인 장면과 회우할 것이다. 그 아이들과 만날 때 '아무리 그렇다고 어떻게 가족에게 복수할 생각을 하니?'가 아닌 '많이 힘들었지? 너무너무 무서웠겠다. 이리와. 내가 안아줄게.'의 따뜻한 마음과 관점으로 다가가길 바란다.

조직명 BS

아침 회의에서 이빨강 선생님이 심각한 표정으로 입을 열었다. 내용인즉슨, 아이들이 폭력조직을 만들었다는 것이다. 진정이가 희빈이에게 커터 칼이 있으면 빌려달라고 했다. 희빈이가 커터 칼이 왜 필요하냐고 묻자 7월 28일에 다른 학교의 조직과 싸우러 가는데 자기는 무기인 커터 칼이 없어서 그렇다는 것이다.

이를 알게 된 나는 8월 학교폭력예방교육을 다음 날로 앞당겼다. 교육의 주

---

34. 스테판 프라이어(Stephen Prior), 『심각한 외상과 대상관계』, (한국심리치료연구소, 2016.), 89.

제를 '일진 문화, 학생 폭력조직의 실태'로 잡았다. 이런 일은 한 번에 뿌리 뽑지 않으면 더 위험할 수 있기에 나는 수업 설계에 많은 공을 들였다. 자료로 선택한 것은 폭력조직에 가담한 중학교 남학생이 친구의 급소를 때려서 사망케 한 사건으로 교정시설에서 인터뷰하는 영상이었다. 영상시청 후 자유토론을 하기로 했는데 영상을 보던 중간에 진정이가 갑자기 손을 들었다.

"소장님, 센터에도 조직이 있어요."
"우리 센터에도 폭력조직이 있다고요?"
"네."
"혹시 우리 센터에 있는 폭력조직에 대해 더 자세히 말해 줄 수 있을까요?"
"소장님 그거 제가 만들었어요. 제가 다 말씀드릴게요."

이번에는 귀중이가 말했다. 그와 동시에 아이들은 자기들도 아까 본 영상 속 사람처럼 감옥에 갈 뻔했다면서 이구동성으로 센터 내 폭력조직에 대해 말했다. 조직의 이름은 '복수'의 이니셜을 따서 'BS'라고 지었다. BS는 자신을 학대한 가족에게 복수할 마음이 있는 아이들 7명으로 구성됐다. 조직원 중 가장 어린아이는 1학년이었다. 센터의 아이들 말고도 귀중이가 다니는 학교의 친구들까지 조직에 가담했다. BS의 계획은 초등학생인 자기들이 당장은 힘이 없어서 가족에게 복수할 수 없으니 SNS에서 만난 다른 학교 조직과 싸우면서 점점 싸움의 기술과 힘을 키운 후 최종적으로는 가족에게 복수하는 것이다.
귀중이가 만든 'BS의 모든 것'이라는 공책에는 BS의 조직도, 아이들이 작성한 조직 가입서, 전체 조직원들의 복수가 모두 끝날 때까지 배신하지 않겠다는 서약서, 다른 조직과는 어떻게 싸우고 싸울 때 각자가 가지고 다닐 무기까지 다 적혀 있었다. 만약 탈퇴 시 받을 벌칙 내용과 탈퇴서 양식까지 핑장히 구체적이었다. 폭력조직이 얼마나 위험한지 깨닫게 된 아이들은 BS를 없애자고 했다. 귀중이가 BS의 해체식을 정식으로 할 수 있게 허락해달라고 건의했다. 나는 흔쾌히 허락했다.

귀중이의 주도로 아이들은 스스로 만든 모든 서류를 파쇄기에 갈아 없애며 해체식을 했다. 그리고 다시는 이런 일을 하지 않겠다고 다짐도 했다. 나는 귀중이와 따로 얘기한 후 귀중이의 담임 선생님에게 전화로 BS에 대해 전했다. 선생님은 귀중이가 등교하면 7월 28일에 싸우려 했던 조직과, 같은 반에 있는 BS 조직원들에 대해 알아보고 학교에서도 조치하겠다고 했다. 그렇게 BS 사건은 잘 마무리됐다.

BS의 보스, 귀중이

초등학교 입학 전, 부모의 이혼 후 엄마와 살게 된 귀중이는 우울증을 앓던 엄마에게 심하게 학대당했다. 엄마는 건강상의 이유로 가사 일과 아이 돌보는 일을 등한시했다. 아이는 굶는 날이 잦았다. 입이 거친 엄마는 늘 신경질적으로 소리 질렀고 욕을 달고 살았다. 기분 나쁜 날에는 손에 들리는 아무거나 무기 삼아 아이의 온몸을 사정없이 팼다. 계속되는 폭력으로 겁에 질린 아이가 초등학교에 입학하면서 늦은 저녁까지 길거리를 배회하는 날이 많아졌다. 반복된 학대로 엄마는 여러 번 신고됐으나 귀중이는 보호받지 못했고 학대는 계속됐다.

귀중이는 1학년 때부터 친구들과 마찰이 있었다. 워낙 체격이 크다 보니 귀중이가 움직일 때마다 작은 부딪힘에도 급우들은 귀중이가 때렸다고 선생님께 일렀다. 처음엔 때리지 않았다고 말했으나 그런 일이 반복되자 어느 날부터는 억울하지만 아무 말 하지 않고 참았다. 대신 자신이 움직임을 조절하는 방식을 선택했다.

친구들의 불만은 줄었다. 하지만 귀중이에 대한 평판은 이미 '학교폭력 하는 아이'였다. 귀중이는 위클래스에서 상담하면서 '죽고 싶다' '힘들다' '학교에 오기 싫다. 집에도 들어가기 싫다'라는 표현을 자주 했다.

6학년 때도 아동학대가 재신고 됐다. 엄마는 '네가 잘하면 내가 너를 체벌하겠냐, 다 너를 위해서 한 것인데 은혜도 모르는 나쁜 년'이라는 모진 말을 시작으로 귀중이를 때렸다. 결국 귀중이는 집을 나왔고 학교의 의뢰를 통해 센터에 입소한 것이다. 센터에 입소하자 귀중이는 전과 달라진 환경에 만족했다. 맞지 않으니 살 것 같다고 했다. 귀중이는 학습 능력이 뛰어나고 배우고자 하는 열정도 강했다. 공동체 생활 규칙도 잘 따르려 노력했다. 전학 간 학교에서 학업 수행 능력이 향상되면서 금방 상위권에 들었다. 학교가 좋아진 귀중이는 자신의 많은 결핍을 학업으로 채웠고 노력한 만큼 결과도 좋았다. 덕분에 자기 효능감과 자기 존중감도 높아졌다. 센터에서는 엄마에게 받은 상처치유에 집중했다. 특히 그림을 좋아하는 귀중이를 위해 미술치료로 아픈 마음을 어루만졌다.

그러나 엄마와의 섣부른 화해를 종용하지는 않았다. 대신 아이가 원하는 대로 아빠에게 연락을 시도했다. 아빠는 한걸음에 달려왔다. 부녀는 그동안 만나지 못하고 지낸 세월 탓에 소원해진 관계를 개선하고 친해지는 시간을 꾸준히 가졌다. 모든 것이 푸릇푸릇했던 봄에 입소한 귀중이는 모든 것이 차가워지는 겨울에 퇴소하면서 아빠와 함께 센터를 떠났다.

"소장님, 그 아이 왜 안 보여요?"
"누구요, 할머니?"

"그 있잖아. 예쁘고 키도 크고 똑똑한 애. 작년에 6학년이었으니까 이제 중학교 1학년이 됐겠네."

"아! 귀중이요? 할머니가 귀중이를 어떻게 알아요?"

"저 화분, 그 애가 준 거야."

센터 앞에 살고 계신 할머니는 창가에 놓인 화분을 가리키며 말했다.

"애가 아주 예뻐. 선생님들이 애를 잘 키웠어. 학교 갔다 오면 나한테 와서 꼭 인사하고, 맛있는 것도 주고 그랬어. 그런데 어느 날 저 화분을 가지고 오더니 '할머니, 이거 제가 키우던 건데 할머니 드릴게요. 저 보고 싶을 때 이거 보세요.' 그러더라고. 이 늙은이가 맨날 혼자 앉아 있으니까 불쌍해서 그런지 그 애가 살갑게 대해줬거든."

"어머, 그랬군요. 할머니랑 귀중이가 서로에게 따뜻한 친구였네요. 그런데 귀중이는 아빠랑 살게 돼서 서울로 갔어요."

"그럼 이제 안 와?"

"얼마 전에 놀러 왔었는데 아쉽네요. 혹시 다음에 또 오면 제가 기억해 두었다가 꼭 할머니 뵙고 가라고 전해 줄게요."

"아휴, 고마워요. 꼭 전해줘요."

나는 할머니와의 대화로 귀중이의 따뜻한 마음을 더 잘 알게 됐다. 처음부터 선생님들의 사랑을 쪽쪽 받아먹던 귀중이는 감사할 줄 알고 그 마음을 잘 표현했다. 그렇게 자신이 받은 사랑을 이웃에게 전하던 귀중이가 BS의 우두머리라고 누가 믿을 수 있을까?

그 후에

귀중이는 가끔 센터에 놀러 온다. 아직 엄마를 용서하지 않았지만 아빠와 사는 것이 만족스러워 이제는 별로 신경 쓰지 않는다고 했다. 서울에 가서도 여전히 공부를 잘한다면서 친구들도 많이 생겼다고 기쁜 소식을 전했다.

감당할 수 없는 삼손

삼손이는 삼 형제 중 막내다. 삼손이가 초등학교에 입학하기 전에 부모님이 이혼했고 엄마가 삼 형제를 키우게 됐다. 6학년인 삼손이는 1학년 2학기에 'ADHD[35]와 IED[36]'를 진단받았고 약물치료 중이었다. 삼손이를 학대한 가족은 중·고생 형들이었다. 반사회적인 행위와 사회규범에 어긋나는 비행이 만성화된 형들 때문에 엄마는 경찰서의 문턱이 닳도록 쫓아다녔다.

두 형은 술에 취했을 때 때리고 안 취해도 때렸다. 예측하지 못하는 상황에서 발생하는 폭력에 삼손이의 불안과 두려움은 점점 커졌다. 거대한 불안은 삼손이를 삼켜버렸고 그 불안은 학교폭력으로 표출됐다.

센터가 자주 도움받는 112 경찰출동도 삼손이의 폭발로 시작됐다. 센터에 경찰이 처음 출동했던 날 토닥토닥 잠을 재울 때까지도 편안했던 삼손이는 옆방의 나무가 화장실 불을 켠 걸로 짜증을 내더니 갑자기 화장실에서 나오는 나무의 목을 졸랐다. 다른 방에서 딴 아이를 재우던 김보라 선생님이 뛰어가서 삼손이를 말렸으나 삼손이가 선생님을 힘으로 밀쳤다. 선생님은 내동댕이쳐지면서 문틀에 허리를 부딪쳤다. 아픈 몸을 이끌고 삼손이를 막으려 안간힘을 썼다. 그러자 삼손이는 고래고래 소리 지르고 이것저것

---

35. Attention Deficit Hyperactivity Disorder: 주의력 결핍 및 과잉 행동 장애
36. Intermittent Explosive Disorder: 간헐적 폭발 장애

던지며 폭발했다.

소란한 소리에 사무실에서 일하던 나와 실장님이 생활실로 뛰어 올라갔다. 김보라 선생님은 폭발한 삼손이를 말리고 나무는 겁에 질려 울고 있었다. 실장님이 나무를 안아서 보호했고 나는 김보라 선생님과 함께 폭발한 삼손이를 제지했다. 그러나 우리 둘로는 삼손이를 막을 수 없었다. 하는 수 없이 112에 신고했다. 출동한 경찰관은 감당이 안 되자 다른 팀까지 불렀다. 다행히 네 명 경찰의 도움으로 삼손이의 폭발이 멈췄다. 그렇게 자주 폭발했던 삼손이는 센터에서 지내는 것을 좋아하면서도 언젠가는 집으로 돌아가야 한다는 사실로 슬퍼했다. 그런 삼손이에게 BS 제안은 귀가 솔깃해질 정도로 매력적이었을 것이다.

그 후에

학교 씨름부 코치님의 권유로 삼손이는 씨름을 시작했다. 씨름부에 적응하면서 참가한 첫 교육감배 대회에서 2등을 했다. 스스로 뭔가를 성취한 첫 경험이었다. 또래 관계의 어려움과 욱하는 충동성 그리고 공격성은 지속된 약물치료와 씨름부의 합숙훈련과 맞물리면서 점점 나아졌다. 형들이 아버지에게 가면서 가정폭력도 정리됐다. 우리는 씨름 특기생으로 중학교에 입학한 삼손이를 응원했고 삼손이는 자랑스러운 졸업생이 되어 가끔 센터에 놀러 온다.

잠을 거부하는 진정이

진정이가 세 살 때 부모님은 이혼했다. 두 분의 양육 거부로 진정이는 위탁가정에서 4년 동안 살았다. 위탁가정에서 지내는 동안 진정이는 그곳의 형과 친구에게 지속적으로 맞았다. 진정이는 불안과 두려움에 시달렸다. 진정이가 일곱 살이 되던 해에 위탁가정에서의 학대가 발견됐고 진정이는 큰아빠의 집으로 보내졌다. 그러나 그곳에서도 폭력은 계속되었다. 큰아빠의 집에는 큰아빠와 큰엄마가 살았고, 때때로 아빠와 새엄마도 방문했다. 네 명의 가족은 진정이라는 작은 아이를 학대했다.

초등학교 4학년이 되던 해 2월의 어느 밤, 진정이는 아빠에게 심하게 얻어맞은 후 쫓겨났다. 11시가 넘은 늦은 시간에 길거리를 돌아다니던 진정이를 발견한 경찰은 진정이를 집에 데려다줬다. 또 시작된 네 명 어른의 폭력에 진정이는 큰댁에서 뛰쳐나와 교회로 갔다. 그리고 교회에서 2개월가량 돌봄을 받다가 우리 센터에 입소했다. 진정이에게도 자신을 학대한 가족에 대한 복수를 도와준다는 BS 가입 제안은 아주 솔깃했을 것이다.

어느 날 아이들 잠자리를 봐주고 있는데, 진정이가 자장가를 불러달라고 했다. 진정이가 제목을 말하면 나는 그 노래를 불렀다. 열 곡이나 불렀는데도 진정이는 잠들지 않았다. 잠시 후 책을 읽어달라고 했다. 읽다가 보니 진정이는 졸려서 감기는 눈을 안 감으려고 노력하고 있었다.

"진정아, 졸려서 눈이 감기는데, 왜 안 자려고 해? 이젠 자자."

"소장님, 저 잠자면 안 돼요."

"잠잘 시간에 왜 잠을 자면 안 돼?"

"잠자면 또 그 꿈 꾼단 말이에요."

"그 꿈? 무슨 꿈인데? 혹시 소장님에게 그 꿈 얘기해 줄 수 있어?"

"그게 꿈이 아니라 실제 있었던 일이에요."

"실제 있었던 일이 진정이가 잘 때마다 떠오른다는 거야?"

"네. 소장님, 제가 큰아빠네 집에서 왜 가출했는지 아세요?"

"글쎄, 잘 몰라."

"제가 얘기해드릴까요?"

"진정이가 얘기하고 싶으면 얘기해줘. 소장님이 집중해서 들을게."

"있잖아요. 저 여기 오기 전에요, 큰아빠랑 큰엄마랑 아빠랑 새엄마랑 다 화나서 저를 막 때리고 밟았어요. 제가 울면서 그만 때리라고 말했는데 계속 때려서 도망 나온 거예요. 그때 너무 무서웠는데 잘 때마다 그게 자꾸 생각나요."

"그랬었구나. 매일 밤 잠자리에 들 때마다 우리 진정이 정말 힘들었겠다. 소장님은 그것도 모르고 계속 자라고 해서 미안해."

"제가 말을 안 해줬으니까 모르지요."

"진정이를 위해서 소장님이 어떻게 해 줄까?"

"기도해 주세요. 이제는 그 꿈 안 꾸게 해달라고요."

"알겠어. 그리고 또 무엇을 더 해 줄까?"

"내일도 기도해 주세요. 맨날 기도해 주세요."

"그래. 소장님이 오늘도 기도하고 내일도 기도하고 가능하면 끔찍하고 무서웠던 그날 밤 일이 떠오르지 않을 때까지 계속 기도해 줄게."

따스한 돌봄 속에서 포동포동해진 진정이는 4학년을 마치면서 우리 센터에서 퇴소하고 그룹홈으로 보내졌다.

▌그 후에

그룹홈에 입소한 진정이는 그곳에서도 사랑받으며 잘 자랐다. 어느덧 중학교 3학년이 된 진정이가 센터에 놀러 왔다. 진정이는 요리사라는 꿈이 생겼다고 했다. 그래서 조리특성화 고등학교에 입학할 것을 목표하고 요즈음 한식 조리사 자격증과 제과제빵기능사 자격증을 취득하려고 학원에 다니는데 너무 재미있다고 했다. 아빠도 용서했고 이제는 자주 만나고 있다며 고등학생이 되면 그룹홈에서 퇴소하고 아빠와 함께 살기로 했다는 기쁜 소식도 전해줬다.

인신매매에서 구해진 은혜와 이슬이

은혜는 아주 예쁘게 생긴 외모에 무척 똑똑한 여자아이다. 은혜가 1학년 때 3학년 오빠인 이슬와 함께 입소했다. 아빠는 남매와 엄마에게 무지막지한 가정폭력을 행사했다. 어느 날, 마약중독자인 아빠는 귀하고 예쁜 딸을 외국에 팔 계획을 세웠다. 그 사실을 알게 된 엄마가 아이들을 데리고 목숨 건 탈출을 했고 우리와 한 가족이 됐다. 하지만 은혜의 아빠는 가족 찾는 걸 포기하지 않았다. 택배기사로까지 위장해서 가족을 찾아다닌다는 소식에 선생님들은 매일 아침, 저녁으로 남매의 수업이 끝나는 시간에 맞춰 등·하교를 도왔다.

선생님들이 바쁜 날에는 엄마가 픽업했다. 아무것도 모를 것 같았던 1학년 은혜의 기억 속 아빠는 추운 겨울에 자신과 사랑하는 엄마 그리고 오빠를 화장실 욕조에 담가두고 찬물을 뿌리면서 얼어 죽으라고 소리치던 잔인한 사람이었다. 사랑하는 가족이 숨어 살 수밖에 없는 현실을 만든 사람이었다. 마약에 취해 맨날 때리며 욕설을 내뱉었던 아빠를 자신이 직접 벌 줄 수 있다니 그 어린 은혜에게도 BS는 너무 멋있게 보였다. 은혜와 오빠는 그 제안을 듣자 바로 BS에 가입했다.

BS 해체 후, 은혜와 오빠는 별 탈 없이 무럭무럭 잘 자랐다. 은혜는 여전히 예쁘고 공부도 잘하며 친구들에게 인기가 많았다. 은혜가 4학년이 되면서 운동부 코치님이 관심을 가졌다. 코치님의 제안으로 테스트를 본 은혜는 합격하여 바로 입단했다. 엄마와 센터 선생님들은 은혜가 국가대표가 되어 세계무대를 향해 나아간다면 전 국민이 은혜의 가족을 아빠로부터 지켜줄 거라는 희망이 생겼다.

은혜는 힘들어도 참으며 국가대표 운동선수가 되겠다는 꿈을 목표로 매일 열심히 훈련했다. 엄마와 센터에서는 적극적으로 뒷바라지했다. 학교에서도 두각을 나타내는 은혜에게 집중적으로 투자했다. 6학년 때도 반장이 된 은혜는 공부를 굉장히 잘했고 운동도 잘했다. 여러 중학교에서 특기생 입학 요청도 늘었다. 개인전은 물론 단체전에서도 은혜의 뛰어난 기량은 눈이 부셨다.

6학년을 졸업한 은혜는 운동 특기생으로 중학교에 입학하며 센터에서 퇴소하게 됐다. 함께 지낸 세월이 길었던 은혜를 보낼 섭섭함에 선생님들은 슬펐다. 1학년이었던 은혜가 6학년이 되는 동안 정이 많이 들었기 때문이다. 〈퇴소 파티〉가 있던 날은 아이들도 울고 선생님들도 울고 주차장의 길냥이까지 모두가 너무 울어서 과장하자면 센터가 눈물로 떠내려갈 정도였다.

그 후에

운동 특기생으로 중학교에 입학한 은혜는 학업과 운동 두 마리 토끼를 다 잘 잡았다. 매 대회에 참가하면 항상 메달을 받았다. 은혜와 엄마는 시합이 있을 때마다 시합이 끝나면 제일 먼저 센터부터 들려서 소식을 전해주고 선생님들은 행복한 마음으로 축하했다. 그리고 2024년 봄, 은혜는 드디어 청소년 국가대표 상비군에 발탁되었고 자신의 꿈으로 한 걸음 더 가까워졌다.

아픔을 좋아하는 춤으로 승화한 시월이

중학교 2학년 형이 있는 4학년 남학생인 시월이의 엄마는 시월이가 초등학교에 입학하기 전에 집을 나갔다. 엄마는 가출하기 전까지 형제를 심하게 학대했다. 건축일 하는 아빠는 집에 들어오는 날이 적었다. 오래간만에 집에 왔을 때도 엄마가 아이들을 때린다는 것을 알면서 모르는 척했다. 엄마가 떠난 후 가끔 들어오는 아빠와 형제만 살게 됐고 아이들은 계속 방치됐다.

시월이는 도벽과 거짓말이 심각했다. 학교에서는 친구나 선생님의 것을 자주 훔쳤고, 이를 들키면 증거와 증인이 있어도 훔치지 않았다고 일단 우겼다. 그런 일이 반복되다 보니 급우들과 자주 다퉜다. 슈퍼나 편의점에서는 먹을 것을 훔쳤다. 형제를 돌봐줄 어른이 없으니 먹을 것이 없어서 늘 허기졌기 때문이었다. 계절에 맞지 않는 옷을 입거나, 같은 옷을 여러 날 입어서 냄새가 난다고 친구들이 코를 틀어막을 때마다 사춘기가 시작된 시월이는 창피했다.

물어물어 센터를 알게 된 친할머니에 의해 시월이는 우리 센터에, 형은 〈중·고등 남자가정형Wee센터〉에 입소했다. 센터는 보호자들에게 최대한 자주 센터에 방문해서 자녀와 함께 시간을 보내도록 독려한다. 그래서 퇴근 시간이면 보호자들과 함께하는 아이들의 행복한 웃음소리가 센터에 가득하다. 이 모습은 시월이를 더 속상하게 했다. 아버지의 직업이 바뀌었고 집도 이사해서 센터와 가까워졌으나 아버지는 데이트는 물론이고 부모의 의무사항인 상담조차 오지 않았다. 그런 상황에서 BS의 제안은 아주 솔깃했다.

매일 자신을 때리고 욕하며 소리 지르던 엄마와, 학대를 알면서도 방관하던 아빠에게 자신이 겪었던 고통을 똑같이 되돌려줄 수 있다는 말에 시월이는 바로 BS에 가입했다. 선생님들은 아버지의 공백을 메우기 위해 더 많이 사랑했다. 안전하고 행복한 일상을 통해 시월이는 서서히 안정을 찾았고 예쁜 마음은 빛을 발하기 시작했다. 반면에 속상하고 불안하고 두렵고 힘든 마음은 자신이 좋아하는 춤으로 승화하면서 훨훨 날았다.

그 후에

시월이는 6학년까지 잘 지내다가 <중고등 남자 가정형Wee센터>에 입소했다. 3월 중학교 입학식이 있던 날, 시월이는 그곳의 소장님과 중학교 교복을 입고 센터에 방문했다. 소장님은 시월이가 얼마나 따뜻하고 배려심이 많은지 모른다며 칭찬했다. 시월이는 그렇게 무럭무럭 잘 자라서 고등학교에 입학했다. 여전히 우리 센터에 자주 놀러 오는데 나는 시월이를 볼 때마다 훤칠해지는 키와 커지는 예쁜 마음에 놀라면서도 감동한다.

속세와 잠시 헤어진 평강이

부모가 모두 외국인인 가정에서 태어난 평강이는 4학년 남학생이다. 평강이가 18개월 때 어머니는 돌아가셨고 아버지는 본국으로 떠났다. 평강이는 외가댁에서 살게 됐다. 외할머니 말에 의하면 평강이는 아주 어렸을 때부터 자주 흥분했고 한 번 흥분하면 그 흥분이 가라앉을 때까지 오래 걸렸다. 성질을 내고 거절을 받아들이지 못했다. 유치원에서 친구를 자주 때렸고 초등학교에 입학하면서 더 심해졌다.

아무것도 아닌데 친구에게 소리 지르고 간섭하고 성질을 냈다. 아무 때나 시비 걸고 자기 행동에 제지받는 경우엔 바닥에 누워 발버둥치며 땡깡부렸다. 평강이가 흥분하면 오전 내내 큰 소리로 울어서 급우들이 아무것도 못 하고 귀를 막고 있어야 했다. 선생님이 달래면 더 큰 소리로 반항하면서 물건을 던져서 선생님도 아이들도 자주 맞았다. 어떤 날엔 갑자기 친구에게 달려들어 목을 졸랐다. 못하게 손을 풀면 책상을 발로 차거나 의자를 밀쳤다. 교감 선생님과 교장 선생님이 임장해도 소용없었다.

평강이는 2학년 때 병원에서 'ADHD, 데라투렛 증후군, 활동성 및 주의력 장애, 상세 불명의 우울병 에피소드'를 진단받았고 약물치료를 시작했다. 그럼에도 학교폭력과 교권 침해가 계속되자 입소 의뢰를 한 것이다.

평강이는 자기를 키워 준 이모를 친엄마로 알고 자랐다. 그러나 2학년 2학기 때 (이곳에는 밝힐 수 없는) 아빠와 엄마 사이에 있었던 일과, 그동안 엄마로 알고 있었던 사람이 사실 이모라는 것을 알게 되면서 혼란스러워했다. 아픔이 너무 많은 평강이를 우리 센터에서의 치료만으로 감당하기 힘들어서 정신과 입원 치료를 겸하면서 키웠다. 입원 치료와 센터 복귀를 반복하면서 조금씩 나아지던 평강이도 BS에 가입했다. 평강이는 BS 해체식을 하면서 선생님들에게 들키기 전에 아빠에게 복수했더라면 좋았을 것이라고 말하며 아쉬워했다.

그 후에

할머니는 평강이를 정말 사랑했다. 칠십에 가까운 할머니는 건설업에 종사했는데 온몸에 파스를 붙이고 다닐 정도로 힘들게 일했다. 그런데도 평강이의 일로 연락드리면 득달같이 달려왔다. 장기적인 약물치료에도 평강이의 문제행동이 더 심각해지자 할머니는 친척들과 상의하여 지방에 자리한 대안학교로 전학을 결정했고 평강이는 그렇게 속세를 떠났다.

파트너십

센터에서는 아이들이 돌아갈 가정 또한 매우 귀하게 여겨 가정의 연약한 부분과 결핍을 진단하고 채우려 노력한다. 아이의 문제행동이 소거되고 삶이 회복되더라도 가족의 변화가 없으면 모든 노력이 흩어지는 가라지처럼 무용지물이 되기 때문이다.

아이가 입소해 있는 동안 보호자는 부모상담, 부모교육, 부모코칭을 통해 자녀와 본인을 이해하고 자녀의 발달 단계에 맞는 양육

방식을 공부하고 연습한다. 이는 자녀가 센터에 입소해 있는 동안 보호자가 꼭 지켜야 하는 의무사항이다. 센터는 이 의무체계를 통해 아이가 가정에서 공급받을 수 있는 최고의 돌봄이자 대상관계에서 주로 사용하는 기법인 안아주기(holding)가 가능한 보호자로의 변화를 돕는다.

또한 지역사회 자원 연계를 통해 가정의 부족하고 결핍된 부분이 채워질 수 있도록 기본적인 도움을 제공한다. 아이가 입소 기간을 잘 마친 후 회복된 가정으로 복귀하고 학교 적응력이 향상되어 학교로 복귀한 후에도 기본 3개월의 사후관리를 통해 입소 사유가 재발하지 않도록 예방에 힘쓴다. 특히 가정폭력과 아동학대가 있었던 경우에는 퇴소 후 학대 재발 방지를 위해 아동보호전문기관·구청 등과 연계 작업을 통해 꾸준히 관리한다.

2019년 우리 정부는 '아이는 양육의 대상이 아니라, 현재의 행복을 누려야 할 권리의 주체이다.'라는 내용의 〈포용국가 아동정책〉을 발표했다. 이에 따른 아동학대 가정에 대한 관리에 관한 변화 중 하나로 〈구청〉에서는 아동학대의 여부를 진단하고, 〈아동보호전문기관〉은 심층 사례관리에 집중하여 가족기능 회복 및 재학대 방지기능을 강화하도록 지원한다. 하지만 아쉽게도 위기 아동을 조기 발견하고 돕기 위해서 아동학대를 발견하여 신고했을 때, '아동학대에 해당하지 않는다, 부모나 자녀가 원하지 않는데 강제로 분리할 수 없다.'라는 등의 미흡한 행정 처리로 아이가 아동학대 환경으로 되돌아가는 경우가 적지 않다. 이 부분은 제2부에서 아이들의 목소리를 통해 충분히 검증될 것이다.

　　　　제2부를 여행하면서 가장 많이 발견하게 될 아픔은 바로 'ADHD'다. ADHD는 약물치료 효과가 비교적 빨리 나타나지만, 그것으로 모든 문제가 해결되는 것은 아니다. 특히 ADHD와 공존 질환이 있는 아이의 경우 치료에 많은 시간과 노력이 필요하기에 장기적인 목표를 갖고 치료해야 한다. 독자는 제2부 여행을 통해 ADHD가 학교폭력과 어떤 면에서 밀접한 관련이 생기는지 사례를 통해 확인하게 될 것이다.

TV 출연이 벼슬

"소장님~ 우리 ○○고등학교에 가서 놀아도 돼요?"

나는 귀여운 아이들의 앙증맞은 부탁에 신나게 놀고 오라고 허락했다. 운동장이 없는 센터는 체육수업이나 바깥 활동을 센터 1층 주차장 아니면 센터와 가까운 곳에 있는 ○○고등학교 운동장을 이용한다. 봉사자 선생님 2명과 아이들이 학교에 들어가려고 하자 수위 선생님은 고등학생들이 수업 중이라 운동장 개방이 오후 5시부터라는 설명과 함께 출입을 막았다. 봉사자 선생님이 아이들에게 지금은 4시 25분이니 센터에 갔다가 다시 오자고 말했다. 그런데 갑자기 유월이가 연세 지긋하신 수위 선생님에게 소리 질렀다.

"야, 이 새●야!, 너 내가 누군 줄 알고 까불어? 어? 어디서 나대냐고? 야! 니가 뭔데 감히 나한테 못 들어간다고 지●이야? 너 지금 나한테 도전하냐? 어? 씨●아?"

깜짝 놀란 봉사자 선생님들이 수위 선생님에게 사과한 후 센터에 전화해서 상황을 전해줬다. 얼른 아이들을 데리고 센터로 돌아오라고 말한 뒤 나와 최하양 선생님은 현관에서 아이들과 봉사자 선생님들을 기다렸다. 아이들은 도착하자마자 유월이가 어른에게 욕을 했다고 앞다투며 말했다. 그 말은 듣던 유월이가 이제는 아이들에게 소리 질렀다.

"야! 이 씨●것들아. 너네 왜 거짓말해. 내가 언제 욕했어? 어? 언제 욕했냐고?"

봉사자 선생님들이 어처구니없다는 표정을 지으며 애들 말이 사실이라고 하자 유월이는 짜증 난다고 소리 지르면서 달아났다. 그 뒤를 발 빠른 최하양 선생님이 따라갔으나 놓쳤다. 나는 유월이의 엄마에게 전화로 상황을 설명한 후 유월이를 찾기 위해 경찰에 신고하고 도움받겠다고 말했다. 우리가 유월이를 찾으러 다니는 동안 봉사자 선생님들이 남은 아이들을 데리고 주차장에서 놀아주기로 했다.

달아났던 유월이는 센터 주차장까지 몰래 다가와서 봉사자 선생님들과 아이들이 벗어놓은 겉옷을 훔쳐서 도망가던 중 들켰다. 다행히 최하양 선생님이 유월이를 붙잡았다. 유월이는 최하양 선생님의 품에서 벗어나려고 선생님을 주먹과 발로 찼다. 소리를 지르며 들어본 적 없는 욕을 해댔다. 유월이의 저항이 너무 심해서 나도 같이 유월이의 몸통을 붙잡자 유월이가 주먹으로 내 얼굴을 가격했다. 너무 아파서 눈물이 핑 돌았다. 이번에는 발로 찼다. 허벅지에 뻐근함이 몰려왔다. 그래도 우리 두 사람이 놓지 않자 유월이는 바닥에 벌러덩 드러누웠다. 나는 유월이의 머리가 콘크리트 바닥에 부딪히지 않게 하려고 먼저 내 발등을 머리 쪽에 댔다. 그리고 얼른 겉옷을 벗어 머리를 받쳐 주면서 말했다.

"유월아, 너 그러다가 머리 다쳐. 여기다 대."

"뭐라고? 이●아? 뒈지라고? 야! 이 쌍●아! 너 지금 초딩한테 뒈지라고 했냐? 이●이 아동학대 하네."

"유월아, 너 머리 다칠까 봐 옷 위에 머리를 대라는 말이잖아."

"지●하고 자빠졌네. 너 방금 나한테 뒈지라고 한 거잖아. 경찰 오면 다 말할 거야. 초딩한테 뒈지라고 했다고. 다 늙은 할망구 같은 년이 소장이라니 웃기고 있네. 돋보기 없으면 눈도 안 보이는 할망구 주제에. 야! 너 텔레비전에는 나와봤어? 텔레비전에도 못 나온 게 어디서 지랄이야. 너는 돈이 그렇게 좋냐? 다 늙어서 돈 벌려고 이러고 있게?"

"유월아. 막말 그만해."

최하양 선생님이 유월이에게 단호하게 말했다. 그러자 유월이가 이제는 최하양 선생님을 공격했다.

"야, 이 새●야. 너도 남자냐? 남자 새●가 왜 이렇게 힘이 없어? 어? 초딩 하나도 못 막고. 이 새● 완전 맹탕이네. 야! 니가 어른이냐? 이렇게 힘이 없으면서?"

"유월아, 너 아플까 봐 최하양 선생님이 약하게 잡고 계신 거잖아."

"미친●, 웃기지 마. 이 새●가 힘이 없으니까 그런 거잖아. 이것들이 서로 쉴드 쳐주고 있네. 미●것들."

벌써 도착했던 경찰관은 유월이의 막말을 들으며 혀를 내둘렀다. 그러나 경찰분도 딱히 도와줄 방법이 없다며 안타까워했다. 그러던 중 엄마에게 연락받은 이모가 도착했다. 이모를 보자 유월이는 언제 그랬냐는 듯 환하게 웃으며 이모에게 안겼다. 이모에게 집에 가자고 애교부리며 말하는 이 아이가 아까 그 아이 맞나 싶은 정도로 갑자기 변한 모습에 당황했다. 이모는 연신 사과하면서 일단은 유월이를 데리고 집으로 가겠다고 했다. 경찰분은 아이의 상태가 선생님은 물론 같이 생활하는 또래 어린이들에게 위험해서 걱정했는데 집으로 데려간다니 다행이라고 했다.

사실 유월이는 한 달 전에 입소 상담을 왔었다. 그러나 당시에는 본인이 완강히 거부해서 입소하지 않았다. 그런데 사건이 일어난 그날 아침에 유월이가 갑자기 입소한다고 말했다. 엄마는 유월이의 마음이 바뀌기 전에 센터에 전화도 하지 않고 데려온 것이다. 유월이는 꿈아학교에서 수업을 잘 받았다. 수업 중에 폭발한 다른 학생을 위로하면서 차분히 기다려주기도 했다. 수업을 마친 후 자유 놀이 시간에도 보드게임을 하면서 규칙을 잘 지키며 행복하게 놀았다. 그러나 바깥 놀이를 하러 나갔다가 욕구가 좌절되자 결국 폭발하고 만 것이다.

유월이의 부모님은 유월이가 어릴 때 이혼했다. 부부의 다툼이 반복될 때 많은 경우의 아이들이 이혼을 예상하고 두려워한다. 유월이도 마찬가지였고 유월이가 느낀 불안한 예감은 어김없는 사실이 됐다. 아빠가 사라지자 유월이는 엄마에게 집착했다. 어느 날부터 집착은 폭력과 폭발로 확장됐다. 그래서 엄마의 몸은 늘 멍투성이였다. 유월이는 ADHD와 IED를 진단받고 약물 치료 중이었다.

사실 유월이는 3학년 가을에 베테랑 육아 전문가들이 모여 부모에게 육아법을 코칭하는 프로그램을 통해 잘 치료됐다. 그러나 4개월 만에 학교폭력과 교권 침해가 재발했다. 4학년이 되자 수위가 더욱 높아진 학교폭력으로 유월이의 전학이 결정됐다. 그러자 전학을 가도 같은 문제가 발생할 것을 예상한 엄마는 유월이를 위해서 센터의 도움을 받고 싶어 했다. 하지만 입소 첫날, 끓어오르는 충동에 진 유월이는 자신의 감추고 싶은 모습이 자신도 모르게 밝혀지자 수치심에 지고 말았다.

센터 선생님들은 평소 입소한 아이들에게 사랑한다고 한 번 더 말하고 한 번 더 안아주며 한 번 더 다독여준다. 일관성 있고 지속되는 선생님들의 사랑은 아이들의 머리끝부터 발끝까지 모든 세포와 뼈마디에 그리고 온몸에 촉촉이 스며든다. 그러면서 열 번 폭발하던 아이들이 다섯 번 폭발하는 아이로 변한다. 다섯 번 폭발마저 멈춰질 때가 온다. 그렇게 마음속에 있는 욕구를 폭력적으로 표현하던 아이들이 건강하게 말로 표현하는 평화로운 아이가 된다. 그러나 유월이의 경우처럼 도울 기회를 잃게 될 때 선생님들은 두고두고 아쉬워한다. 그러면서도 더 좋은 곳에서 더 좋은 어른 만나기를 기원하며, 아이의 행복을 위해 기도한다.

도벽과 불신에 시달리던 '해맑음'　　　13장

　　IED는 ADHD와 공존하면서 우리 아이들을 몹시 고약하게 괴롭히는 행동장애의 일종이다. 센터에서는 아이가 분노를 느꼈을 때 격하게 화를 내거나, 폭력으로 자신의 감정을 표출하고, 무의식적 또는 의식적인 충동으로 공격성을 보이며, 막말과 지나친 욕설, 타인과 자신에게 상해를 입히고, 물건을 던지고, 시설물을 부수며, 주변을 소용돌이로 몰아가는 위와 같은 언행을 보일 때 '폭발한다'고 표현한다. 이는 도상금 박사의 '충동적인 공격적 행동 폭발[37]'에서 힌트를 얻었다.

제2부를 여행하면서 독자는 아이들의 폭발과 반복적으로 만나고 있다. 나는 독자가 폭발을 발견할 때마다 같은 양상이라고 여기며, '또 시작이네.'라고 의미 없는 사건으로 치부해버리지 않기를 바란다. 폭발하는 아이와 함께하는 선생님들의 개입이 소모적이라고 생각하며 하찮게 여기지 않길 바란다. 아이들의 폭발에는 다 이유가 있다. 어떤 폭발은 '변화를 위한 시발'이라는 성공의 열쇠가 될 때도 있다. 그래서 센터의 선생님들은 아이들의 모든 폭발에 항상 진심이다.

분노에 갇힌 아이

누나와 여동생 사이의 맑음이는 1학년 남자아이다. 엄마는 유독 맑음이를 때렸다. 지속적인 학대로 불안해진 맑음이에게 야뇨증(유뇨증)이 생겼다. 엄마는 자신의 학대로 생긴 맑음이의 야뇨증에 대해 반성하기는커녕 지저분하고 냄새난다며 맑음이를 쫓아내기까지 했다. 작고 연약한 아이를 밟고 때리고 화장실에 가두는 날도 늘었다. 맑음이는 무지막지한 고통으로 말까지

37.　도상금 외 공저, 『충동통제장애』, (학지사,2016), 69.

더듬었다. 김유숙에 의하면 아이는 불안을 느끼거나 억압과 무시를 받으면 무의식의 창고에 그것을 가두고 쌓아 두는데, 그것이 이름 모를 괴물이 되어 아이 자신을 더 위협한다.[38] 맑음이의 마음에 차곡차곡 쌓인 이름 모를 괴물은 맑음이를 삼켰다.

아빠도 유년 시절에 많이 맞았다고 했다. 특히 잘못된 행동은 맞으면서 고쳤다고 했다. 그래서인지 아빠는 체벌에 허용적이었다. 맑음이가 유치원에서 문제행동을 했을 때 아빠는 '덜 맞아서 그렇다. 죽도록 맞으면 고친다.'라고 말했다.

맑음이가 초등학교에 입학하던 해 부부는 이혼했다. 맑음이는 입학한 첫날부터 소변 문제로 학교생활을 힘들어했다. 쉬는 시간이 10분인데 20분 넘게 화장실에서 나오지 못하면서 불안은 더욱 커졌다. 낯선 환경인 학교에서 맑음이는 폭력적이었고 안하무인이었으며 억지가 심했다. 자신이 원하는 대로 하지 못하면 선생님에게 욕하고 반말하며 대들고 무시하는 등 반항했다. 다수에게 학교폭력을 저질렀는데 특히 금품 갈취가 심했다. 돈이나 학용품을 빼앗고 자신의 싼 지우개와 친구의 비싼 드론을 강제로 바꾸는 등 학교폭력이 심각해지면서 우리 센터에 입소했다.

맑음이에게 감정은 '분노'만 있다고 착각할 정도로 늘 예민하고 까칠하고 화가 나 있었다. 폭발! 폭발! 폭발! 항상 짜증 내고 화내고 소리 지르고 물건 던지고 욕하며 폭발했다. 아이들이 폭발하면 센터 선생님들은 '폭발 해결하기 4단계'로 아이들을 돕는다.

1단계는 '제압하기'다. 대부분 폭발의 경우, 아이는 자신과 타인에게 해를 가하거나 기물을 파손하다가 다치기 때문에 어른이 '물리적 통제'를 통해 2차 피해를 예방해야 한다. 제압하기는 시간을 재면서 아이의 폭발이 가라앉을 때까지 계속한다. 때때로 아이가 과한 폭발은 하지 않지만, 무언으로 자신의

---

38. 김유숙 외 공저, 『불안장애 아동』, (이너스북, 2012.), 67.

불편한 마음을 표현할 때가 있다. 그럴 때는 아이에게 시간을 충분히 준 후 대화할 준비가 되면 정중하게 요청하도록 지도한다.

2단계는 '담아주기'다. 아이의 폭발이 잦아든 후 협동하는 대화를 통해 아이의 마음을 읽어주면서 왜 폭발했는지 진지하게 아이의 이야기를 들어준다. 이 단계에서 아이는 마음이 시원해지는 경험을 한다.

3단계는 '훈육하기'다. 시원해진 마음 덕분에 아이의 귀에 선생님의 훈육이 들린다. 선생님의 선도와 교육이 담긴 훈육을 통해 아이는 자신을 성찰하고, 폭력을 당한 상대방의 입장에 대해 느껴보는 역지사지를 배운다.

4단계는 '책임지기'다. 훈육을 통해 반성한 아이는 자신이 한 폭력적인 언행에 대해 책임지는 시간을 갖는다. 다시 말해서 진정한 사과와 용서를 구하고 상대가 입은 손해와 아픔의 회복을 위해 노력하며 재발 방지를 약속하고 실천하는 것이다. 특히 4단계는 미숙한 아이들이 가장 어려워하는 부분이기에 아이가 용기를 낼 수 있도록 어른이 직접적으로 도와줄 필요가 있다.

맑음이를 더 잘 돕기 위해 아빠와 상의 후 심리검사를 진행했다. 병원에서는 ADHD와 IED를 진단했고 약물치료를 시작했다. 다행히 복약 전·후 예후가 상이하게 다를 정도로 효과가 있어 문제행동의 강도는 약해졌다.

맑음이는 특히 물건에 대한 집착이 강했다. 마음에 드는 물건이 있으면 강제로 달라고 했다. 훔쳐서라도 자기 것으로 만들었다. 그렇게 모은 물건을 책가방에 넣었다. 맑음이는 깡마른 19kg의 몸무게에 3.5kg에 달하는 가방을 메고 다녔다. 무거운 가방이 맑음이의 성장에 방해가 될 수 있어서 가방 속 내용물을 정리하자고 하면 폭발했다. 맑음이의 가방 속 물건은 항상 강박적으로 자신이 정한 순서대로 정리돼 있었다. 간혹 선생님이 겨우 허락받고 가방 정리를 돕다가 순서대로 정리하지 않으면 짜증을 내고 폭발했다. 그리고는 갑자기 힘이 쭉 빠져 침대에 눕는 등 급하게 우울해졌다.

타인에게는 관심이 전혀 없지만, 가족 사랑이 남달랐던 맑음이는 아빠를 깊이 동경했다. 아버지는 실장님과의 부모상담을 통해 강압적인 양육 태도가 자녀들에게 끼치는 부정적 영향을 깨닫게 되자 양육 태도를 즉각 바꾸겠다고 결심하고 정말 그렇게 했다. 부드럽고 친절하게 변한 아빠는 매일 퇴근길에 들러서 맑음이와 데이트했다.

맑음이는 유독 김파랑 선생님이 재워주는 것을 좋아했는데 잠자리에 누워서 선생님과 속삭이는 밤에 맑음이는 뾰족함도 덜하고 평화로웠다. 그렇게 여느 아이처럼 맑음이도 서서히 변해갔다. 아이의 입에서 분노, 화, 짜증처럼 무서운 감정 말고도 '예뻐요' '좋아요' '행복해요' '기뻐요' 등의 새로운 감정이 흘러나왔다.

끊이지 않는 도벽

시간이 지나면서 맑음이의 여러 가지 문제가 소거됐지만 도벽 문제는 여전했다. 센터에서, 놀이치료실에서, 학교에서는 물론이고 현장학습을 간 곳에서도 닥치는 대로 훔쳤다. 도상금 박사에 의하면 도벽증 또한 충동 통제 장애 가운데 하나다.[39] 맑음이는 물건을 보고 갖고 싶다는 생각만 했는데 그 물건이 어느 틈에 자기 가방에 있다고 말했다. 이는 충동성이 높은 ADHD를 앓는 맑음이에게 충동장애인 도벽증이 공존함에 따른 결과다. 그렇다면 도벽증을 앓고 있는 맑음이를 어떻게 도와야 할까?

어느 날 맑음이의 가방에서 못 보던 고가의 핸드폰이 나왔다. 맑음이는 학교 친구의 것을 빌려서 게임을 하다가 모르고 가져왔다고 말했다. 다음 날은 친구의 고급 장난감 자동차를 가져왔다. 모두 말없이 가져오거나 빌렸다가 돌려주지 않은 것이다. 더 큰 문제는 맑음이의 도벽증이나 금품갈취에 심각성을 못 느끼고 애들은 자라면서 그럴 수도 있다는 듯한 아버지의 태도였다. 그럴수록 맑음이의 금품갈취와 도벽은 점점 심해졌다. 선생님들과 회의한

---

39. 도상금 외 공저, 『충동통제장애』, (학지사, 2016), 119-120

후, 보호자와 함께하는 훈육을 결정했다. 학교폭력에 대한 이해와 훈육을 위한 설득을 위해 퇴근하고 온 아버지와 먼저 대화를 시작했다. 나는 아버지에게 이제 제대로 된 훈육이 필요하다고 말했으며, 이번에는 아버지가 직접 훈육해 주기를 부탁했다.

그러자 여전히 아버지는 그게 그렇게 큰 문제였냐고 되물었다. 친구의 물건을 말없이 가져오거나 강제로 빼앗으면 금품갈취로 학교폭력인 범죄라고 말하자 아버지가 놀랐다. 도둑질이 범죄라는 것은 당연한 사실인데, 아버지가 놀라서 내가 더 놀랍다고 말하자, 아버지는 애들이 친구의 물건을 만질 수도 있다고 생각했으며, 그것을 범죄라고는 여기지 못해 놀란 것이라고 답했다.

나는 학교폭력예방교육 자료를 가지고 와서 간단하면서도 명료한 내용으로 교육을 진행했다. 교육이 끝난 후 훈육해야 할 시간이 다가오자 아버지는 본인이 분노를 느끼면 책상을 치거나 문 그리고 서랍장을 세게 닫는 등 폭력적인 행동을 한다고 했다. 그래서 혹시 맑음이랑 얘기할 때 분노가 올라와서 폭력적으로 행동할까 봐 걱정된다고 말했다. 나는 아버지에게 거의 1년 동안 실장님을 통해 훈육 코칭을 받아서 아주 잘할 테니 걱정하지 말라고 지지했다.

그리고 아버지가 훈육할 때 옆에 있으면서 흥분하지 않도록 돕겠다고 했다. 센터에서의 훈육과 가정에서의 훈육이 다르면 아이가 혼란스러우니 말씀하신 것처럼 분노를 표출하지 않도록 노력할 것을 당부했다. 걱정과 다르게 아버지는 부드럽지만 단호하게 잘 훈육했다. 맑음이는 훔친 물건에 대해 스스로 자백하고 센터 친구 것은 당장 돌려주고 학교 친구의 것은 내일 돌려주겠다고 말했다.

맑음이의 변화와 자신의 훈육이 효과적이었다는 것에 아버지는 기쁨의 눈물을 흘렸다. 또한 그동안 센터에서 공부한 부모상담, 부모코칭, 부모교육이 전혀 헛되지 않았다면서 매우 좋아했다. 아빠가 변하는 만큼 맑음이는 더 행복해졌다.

맑음이가 센터에서 지낸 지 1년 6개월이 될 즈음 막내 여동생을 돌보는 데 지친 누나(4학년)의 양육 스트레스를 줄여주기 위해 누나의 센터 입소도 결정됐다. 새벽 4시에 일어나서 일터로 나가는 아버지는 세 자녀 중에 두 명의 아이가 센터에서 지내니 생활이 훨씬 여유로워졌다. 아버지는 마음과 삶이 여유로워질수록 자녀들을 향한 사랑이 더 커진다고 말했다.

성장

어느날, 맑음이가 책을 다 학교에 두고 온 것이 또 확인됐다. 선생님들이 줌 수업을 위해서 학교에 가서 책을 가져오자고 말하자 맑음이는 안 가겠다고 버텼다. 그리곤 303호에 있는 빈방으로 들어갔다. 맑음이를 따라 들어간 김 파랑 선생님이 책을 가지러 가자고 여러 번 말해도 무시하면서 팔뚝에 낙서 만 해댔다. 그 얘기를 전해 들은 내가 방에 들어가자 맑음이는 알면서도 못 본척했다. 그리곤 혼날 것 같으니까 더 못되고 더 과장된 행동을 했다. 나는 '단호한 사랑법'을 사용하기로 마음먹었다.

"맑음아, 네 몸에 낙서하는 것 그만하자."

맑음이는 못 들은 척하며 계속 팔뚝에 낙서했다.

"해맑음. 그만!"

맑음이는 나를 쳐다보더니 다시 고개를 돌리며 낙서를 계속했다.

"해맑음. 그만!"

내가 더욱 낮고 단호한 목소리로 말하자, 맑음이는 잠깐 나를 쳐다보면서 비웃는 듯한 표정을 짓곤 계속 낙서했다. 나는 맑음이의 맞은편에 가서 앉은 후 말했다.

"해맑음, 가방 들고 소장님 따라오세요. 가방 속에 있는 것 소각장으로 태우러 갈 거니까."

내 말을 들은 맑음이가 놀라면서 눈빛이 달라지더니 흥분해서 말했다.

"제 가방을 태우면, 제가 이 센터도 불태워버릴 거예요!"
"맑음아, 가방 속에 있는 것을 태우면, 왜 센터를 불태운다는 거야?"
"소장님이 내 거를 태우니까 저도 소장님 거를 태워야지요. 이 센터는 소장님 거잖아요."

그러면서 맑음이는 필통을 내게 집어던지고 주먹으로 나를 때리면서 폭발했다.

"이 씨●. 내가 못 할 줄 알아? 내가 다 죽여 버릴 거야. 나 여기 싫어. 니들이 뭔데 나를 여기다 가둬놔? 어? 내가 뭘 잘못했는데? 어? 내가 뭘 잘못했는데 여기 갇혀 사는 거냐고? 내가 가만둘 줄 알아? 다 죽여 버릴 거야."

나는 맑음이의 양손 팔목을 부드럽지만 강하게 잡았다. 그리고 눈을 바라보면서 낮은 목소리로 이름을 불렀다.

"맑음아! 맑음아!"

나의 반복되는 조용하면서도 단호한 목소리에 맑음이가 쳐다봤다.

"우리 맑음이 왜 이렇게 소리 지르는 거야? 그리고 소장님을 왜 때려?"
"소장님이 내 가방에 있는 것을 불태운다고 그러니까요."

맑음이가 흥분해 울면서 말했다.

"맑음이가 울면서 말해서 못 알아듣겠어. 천천히 다시 얘기해 줄래?"
"소장님이 내 가방에 있는 것을 불태운다고 했잖아요."

맑음이가 훌쩍이며 말했다.

"아~ 소장님이 맑음이 가방 속에 있는 것 태우러 가자고 해서 우리 맑음이
화가 났구나!"
"네."
"맑음아, 아침에 맑음이가 소장님께 이 가방 속에 뭐가 들어 있다고 얘기
해줬지?"
"쓸데없는 거요."

맑음이가 아직도 흥분한 상태로 소리 지르면서 대답했다.

"그래. 맑음이가 가방 속에 쓸데없는 것이 들어 있다고 해서 소장님이 그
쓸데없는 것을 다 꺼내서 태우러 가자고 한 거야. 그래야 가방에 공간이

생겨서 쓸데있는 책을 담을 수 있으니까."

"쓸데없는 것도 재활용할 수 있어요."

"맑음이의 가방 속에 있는 것이 쓸데없는 거지만, 재활용할 수 있다는 거야?"

"네!"

"아~ 쓸데없는 것 중에 재활용할 것도 있구나. 아까는 맑음이가 그런 말은 안 해줘서 소장님은 몰랐지. 가방 속에 있는 건 다 쓸데없는 것이라고 말해줘서 쓰레기인 줄 알았어."

울음을 멈춘 맑음이가 아무 말 없이 나를 쳐다봤다.

"맑음이 쓰레기 치우는 소각장에 가 봤어?"

"아니요."

"소장님은 아주 예전에 가 봤는데, 쓰레기 중에서 쓸데있는 재활용품을 구분한 뒤에 남은 쓸데없는 것은 태우더라."

"제 가방 속에 있는 것은 다른 사람들한테는 쓸데없는 건데, 저한테는 소중한 거예요."

"아~ 책가방 속에 있는 게 다른 사람에게는 쓸데없는 것인데, 맑음이에게는 소중한 것이었구나. 혹시 왜 소중한 거야?"

"저것으로 재활용품 만들기를 해요."

"쓸데없지만 소중한 것들로 재활용품 만들기를 하면 맑음이 기분이 어때?"

"좋아져요."

"그렇구나. 맑음아, 가방 속에 있는 것에 대해 자세하게 말해줘서 고마워. 덕분에 소장님도 네 가방 속 물건에 대해 잘 알게 됐어. 이제는 소장님이

맑음이에게 가방 속에 있는 것 태우러 가자고 했을 때 맑음이가 왜 놀랐는
지 이해됐어."

우리가 대화하는 동안 맑음이의 흥분이 가라앉고 편안한 눈빛이 됐다. 폭발
했던 아이에게서 이런 눈빛이 보인다는 것은 그 아이가 이제는 들을 마음과
귀가 준비되었다는 뜻이다.

"맑음아, 지금부터 소장님이 정말 중요한 질문을 할 거야. 잘 듣고 대답해
주면 좋겠어. 혹시 맑음이는 맑음이가 더 소중해? 아니면 책가방이 더 소
중해?"

"저요."

"그렇지. 맑음이가 잘 알고 있어서 소장님의 기분이 참 좋다. 맑음이가 책
가방과 그 속의 물건들을 아무리 소중하게 생각해도 맑음이보다 더 소중
하진 않아. 맞아?"

"네."

"우리 맑음이는 맑음이가 소중한 사람인 것을 어떻게 알아?"

"센터에서 배웠어요. 선생님들이 맨날 저 소중하다고 얘기해줬어요."

"그래, 맑음이는 세상에 있는 모든 것 중에 가장 소중해. 잘 알고 있어서
고마워. 그런데 소중한 맑음이가 더 멋진 사람이 되도록 도움을 주는 공부
는 어떨까? 공부도 소중할까?"

"네."

"그렇지. 공부를 열심히 하면 열심히 공부한 만큼 맑음이가 똑똑해지고,
공부하면서 좋은 것을 배운 만큼 맑음이의 마음이 더 따뜻하고 훌륭한
사람이 되지. 그런 공부를 할 때는 뭐가 필요할까?"

"책이요."

"그런데 지금은 그 책이 어디에 있어?"

"학교에요."

"그렇지. 소장님이 맑음이랑 얘기하다 보니까, 맑음이는 더욱 똑똑하고 훌륭한 어린이가 되기 위해서 공부해야 하고, 공부할 때는 책이 필요하다는 것을 이미 잘 알고 있네. 어때? 소장님 말이 맞아?"

"네."

"자, 그럼 두 번째로 아주 중요한 질문을 할 거야. 이번에도 잘 생각해보고 대답해줘. 맑음이가 마음이 편안할 때나, 마음대로 잘 될 때는 좋은 말도 잘하고, 주변 사람도 잘 챙겨주잖아. 예를 들어서, 어제 소장님이 계단에서 넘어졌을 때 '소장님 괜찮으세요?'라고 말하면서 부축해 준 것처럼 말이야. 그런데 가끔 맑음이 마음에 안 들거나, 무슨 일 때문에 맑음이가 기분 나쁘면 자기 마음대로만 하고, 고집 피우고, 못되게 말하고, 자신이랑 주변 사람들을 힘들게 할 때가 있는 것 같아. 맑음이 생각에는 어때?"

"네. 맞아요."

"아~ 소장님이 느낀 것이 맞구나. 맑음이가 생각하기에는 왜 그러는 거야?"

"모르겠어요."

"맑음이는 앞으로도 계속 기분 나쁘면 자기 마음대로만 하고, 고집 피우고, 못되게 말하는 것 계속하고 싶어?"

"아니요. 안 하고 싶어요."

"맑음이도 그렇게 하고 싶지 않은데 마음대로 잘 안 되는 거야?"

"네."

"그렇구나. 참, 맑음아! 아빠 어제 코로나 백신 예방접종 하셨는데 알고 있어?"

"네."

"코로나 백신을 맞으면 열이 나고, 몸이 아프고, 힘들 수 있어서 정부에서는 주사 맞은 후에 집에서 이틀 동안 쉬면서 더 아프지 않게 조심하라고 하거든. 그런데 오늘 맑음이의 아빠는 집에서 쉬셔?"

"아니요. 일 나갔어요."

"맞아. 아까 실장님이 아빠랑 통화할 적에 소장님이 옆에 있었는데, 주사 맞고 힘든데 왜 집에서 안 쉬고 일하는지 실장님이 여쭤보니까 소중한 가족들을 먹여 살리려면 열심히 돈 벌어야 해서 힘들지만 일하고 있다고 하시더라고. 이 말 들으니까 어때?"

"…"

"맑음아, 아빠가 힘들지만 맑음이와 누나, 그리고 동생에게 맛있는 것이랑 옷도 사 주고, 집세도 내기 위해서 열심히 일하시는 것처럼, 맑음이도 더 멋진 어린이가 되기 위해서 고집 안 부리고, 못된 말 안 하고, 떼쓰지 않는 것 더 노력하면 어떨까?"

"좋아요."

"맑음아~ 소장님 말이 길고, 어려웠을 텐데 잘 들어줘서 고마워. 그리고 잘 생각하면서 대답해줘서 정말 고마워. 아까 맑음이의 가방 속에 있는 쓸데없는 것이지만 맑음이에게는 소중한 것을 소장님은 모르고 태우러 가자고 말하면서 맑음이를 놀라게 해서 미안해. 진심으로 사과할게. 용서해 줄래?"

"네."

"고마워. 앞으로는 그런 말 안 할게."

"네. 그리고요, 소장님! 저도 사과할 거 있어요. 제가 아까 소장님 들어왔을 때, 인사 안 하고 팔에다가 문신하고 소장님이 그만 그리라고 말했는데 무시해서 죄송합니다. 그리고 제가 소장님한테 막 욕하고 소장님을 때려서 죄송합니다. 용서해 주세요. 다음부터는 안 그럴게요."

"그래, 알겠어. 소장님도 맑음이의 진심이 느껴져서 용서할게. 맑음아! 사과해줘서 고마워."

133

"네."

"맑음이, 지금은 기분이 어때?"

"마음이 편해졌어요."

"맑음아, 마지막으로 부탁할 것이 있어. 책가방은 무엇을 담는 것일까?"

"책이요."

"맑음이가 잘 알고 있어서 참 좋다. 그럼 앞으로 책가방에는 책을 가장 먼저 담고, 그다음에 필요한 것인 공책이나 필통 등을 담고, 빈자리가 있으면 그때 쓸데없지만 맑음이에게 소중한 것을 담으면 어때?"

"네. 좋아요."

"그래. 그럼 책 가지러 가는 것은 어떻게 할까?"

"소장님, 저 김분홍 선생님이랑 같이 가고 싶어요."

맑음이는 출장에서 돌아온 김분홍 선생님과 학교에 가서 교과서를 가져왔다. 데니스 라인스에 의하면 무엇이 자기에게 최선인지 아이가 늘 알고 있는 것은 아니다. 반면에 어른은 보통의 경우 아이를 돕기 위해서 무엇을 하려는지 분명한 생각을 한다. 또 아이의 변화를 책임져야 한다고 생각한다. 그러나 그것이 아이의 견해나 관심사와 일치하지 않을 수도 있다. 그러므로 아이와 좋은 관계를 맺고 원활한 소통을 위해서는 '협동하는 대화'가 필요하다.[40]

물론 미성숙한 아이와 특히 신경·정신과적 아픔을 가진 아이와의 협동하는 대화를 위해서는 상당한 인내와 에너지가 필요하다. 그래도 충분히 시도할 만하다. 힘들고 지친다고 절대 어른이 먼저 포기하면 안 된다. 아이가 말도 안되게 공격적인 논쟁을 걸어와도 자신이 해야 할 수고를 외면해서는 안 된다. 책가방 사건 후 맑음이의 책가방 속 내용물은 변했을까? 아니다. 맑음이는

---

40. 데니스 라인스(Dennis Lines), 정희성 외 옮김, 『쉽고 간결한 학교상담』, (한울, 2019.), 49.

그 후에도 책가방에 이것, 저것 다 담고 무거운 가방을 메고 다녔다. 사실 맑음이처럼 물건과 가방에 집착하는 것은 학대받은 아이의 특성 중 하나다. 즉, 그 가방은 아이의 생존키트다. 물리적 폭력과 정신적 학대 그리고 내쫓김을 반복해서 당했던 아이는 과거처럼 언제 또 굶을지, 언제 버림받을지, 언제 맞다가 죽을지 등 매 순간 자신이 언제 어떻게 될지 두렵고 불안하기 때문이다. 맑음이가 다니는 놀이치료실에 그 내용을 공유하고 그 부분을 집중적으로 다뤄달라고 부탁했다.

그러는 중에 맑음이의 강한 요구로 남매의 퇴소가 결정되었고, 실장님과 아버지가 함께 세운 퇴소계획이 완성됐다. 맑음이와 누나는 3년의 긴 세월을 센터에서 지내다가 집과 재적 학교로 돌아갔다. 물론 맑음이의 학교폭력 중 물리적 폭력과 금품갈취(도벽은 제외) 그리고 교권 침해는 거의 소거됐다. 마음이 편안하니 폭발도 거의 발생하지 않았다. 그러나 도벽은 간헐적으로 재발했다. 다행히 퇴소해서도 교육지원청의 지원으로 놀이치료를 계속할 수 있었다. 놀이치료사는 도벽까지 소거될 수 있는 집중 치료계획을 공유해줬고 최선을 다하겠다고 약속했다.

인지능력이 경계선 이하이고, 사회성도 부족하며 자기 마음대로 하는 아이가 공동체 생활을 하면서 다양한 프로그램인 집단교육을 통해 자신과 친구를 이해하고 서로의 장·단점을 발견하는 것은 굉장한 혜택이다. 생활 공동체에서 아이들은 연약한 부분을 보완해 주는 상호의존과 존중을 배움으로써 사회성이 발달하고 심리·정서적으로도 성장한다.

또한 어른과의 사이에서 그리고 또래 관계 모델링을 통해서 바르고 좋은 언행과 선한 마음을 관찰하고 배움으로써 바람직한 행동을 반복해서 연습한다. 그러는 중에 입소 학생들은 어느새 자신이 학교에서 봤던 인기 있는 친구처럼 친절하고 착한 학생으로 변한 본인의 모습을 발견하고 기뻐하며 스스로에 대한 긍지를 갖는다. 마음에 여유가 생긴 학생은 타인과 연대하는 것이 불편하지 않고 주변의 연약한 친구를 돌아볼 정도로 성장한다. 퇴소하여 집으로 그리고 학교로 발걸음을 향하는 맑음이도 그랬다.

올베우스는 학교폭력 가해자의 공격적 성향은 보호자에 의해 형성된 부정적 감정과 태도, 보호자가 아이의 공격적 성향을 묵인하거나, 체벌과 같은 힘으로 아이를 가르치는 양육 태도, 혹은 아이가 가진 기본적 성향 등의 요인에 의해 형성된다는 것을 밝혔다.[41]

센터는 많은 사랑과 돌봄이 담긴 양육에 무게를 두기 때문에 아이들의 과거와 보호자에게 받은 부정적 영향에 대해서는 이해하지만, 그것에 집중하지는 않는다. 다만 어떤 식의 폭력적 특징을 가진 아이라도 충분하면서도 적당한 돌봄 그리고 올바른 가르침과 배움이 전제된 양육환경 속 진정한 사랑을 지원한다면 충분히 치료될 수 있다고 확신하기에 각각의 아이와의 매 순간에 최선을 다한다.

소망이의 서사

소망이는 아주 깡마르고 딴딴한 3학년 남학생이다. 위로 5학년 누나가 있고 엄마와 함께 살고 있다. 소망이는 기분에 따라 행동이 매우 달랐다. 기분이 좋으면 수업 중 큰 소리로 장난기 어린 말을 하거나 급우들의 기분이나 상황에 상관없이 장난을 걸었다. 자신의 기분이 안 좋을 때는 주변에 있는 사람이 누구든지 상관없이 시비 걸고 자주 다퉜다. 마음에 안 드는 일이 있으면 분노를 주체하지 못해 책상을 발로 차고 물건을 부수고 친구를 때렸다. 그러다 보니 소망이 곁에 있던 급우들은 뜬금없이 얻어맞는 일이 잦았다. 또한 자기 마음대로 안 되거나 결과가 마음에 들지 않으면 갑자기 소리 지르면서 폭발했다. 학교 밖으로 재빠르게 뛰쳐나가는 일도 잦았다. 그러다 보니 교감

41. 박효정(2012), 「노르웨이의 학교폭력 실태와 대책, 그리고 한국교육에의 시사점」, 세계교육정책 인포메이션 제1호, 한국교육개발원, 4.

선생님은 학교 전체를 돌보는 일보다 뛰쳐나가는 소망이를 붙잡으러 다니는 날이 더 많았다.

그 때문에 소망이는 학교 주변에서도 매우 유명했다. 학교는 소망이를 〈병원형Wee센터〉에 의뢰했다. 그러나 정원이 차서 입소가 불가했고 자리가 날 때까지 임시로 우리 센터에서 보호하게 됐다. 소망이의 부모는 소망이가 유치원에 다닐 때 완전히 이혼했다. 아빠의 가정폭력이 남매에게도 향하자 엄마가 이혼을 요구했다. 그 말에 아빠는 자살을 시도했다. 가까스로 살아난 아빠는 장애인이 되었다. 엄마는 속상해서 술을 마시기 시작했고 정신을 차리고 보니 소망이가 벌써 여섯 살이었다고 말했다.

부모와 사랑을 주고받으며 안정 애착을 형성해야 할 시기에 소망이의 부모는 자녀들을 학대했고 술에 찌들어 살았다. 엄마는 술을 끊고 정신을 차렸다고 했지만 소망이의 문제행동이 심각할 때면 폭력적으로 변했다. 엄마는 아들을 사랑한다고 말했다. 하지만 역설적으로 아들의 영·혼·육을 죽이는 학대를 계속했다.

이혼 후 엄마 홀로 경제활동을 하면서 두 남매를 키웠다. 하지만 외벌이로 두 아이의 양육은 쉽지 않았다. 특히 소망이가 초등학교에 입학하자 엄마는 학교에 불려 다니면서 정신없이 바빠졌다. 소망이는 입학한 첫날부터 폭발했다. 담임 선생님에게는 물론이고 급우들을 수시로 때리고 입에 담지 못할 욕을 하는 등 사건이 연이어 터지자 학교에서는 엄마에게 소망이의 심리검사와 병원 도움을 권했다.

수시로 폭발하는 소망이의 마음은 어떤 상태였을까? 자꾸 폭발하는 소망이와 급우들과의 관계는 어땠을까? 급우들은 소망이를 어떻게 생각했을까? 소망이의 잦은 폭발 때마다 학급의 분위기는 어땠을까? 24명의 학생을 돌보고 가르쳐야 할 담임 선생님은 폭발하는 소망이를 어떻게 대해야 했을까?

복지와 교육 현장에서 일하다 보면 보호자에게 자녀의 심리검사와 병원 도움을 권유해야 할 때가 있다. 그랬을 때 '우리 애가 정신병자냐' '왜 저능아 대하듯 하느냐'라고 말하면서 따지거나 자신을 '이상한 아이를 낳은 실패자 취급하는가'라는 등의 다양한 이유로 공격하는 보호자가 있다. 아니면 그냥 무시하는 보호자도 있다. 물론 아이를 키우는 같은 입장에서 그런 반응을 보이는 마음은 충분히 이해한다. 그러나 자녀가 아픈 것을 인정하지 못하거나 인정하지 않아서 치료 시기를 놓치게 되면 상상을 초월할 고통으로 모두가 더욱 불행해진다.

결국, 가장 힘든 삶을 살게 될 것은 소중한 우리 아이들이다. 때때로 자녀의 심리·정서적 아픔을 이해 못하거나 이상하게 바라보는 주변인의 시선이 두려워서 치료를 주춤하는 보호자도 있다. 이는 우리 사회가 연약한 사람을 대할 때 보이는 미숙함의 결과다. 그럼에도 자녀를 치료할지 치료하지 않을지는 결국 보호자의 선택이다. 다행히 소망이의 엄마는 학교의 권유에 바로 신경정신과를 방문했다. 소망이는 'ADHD, 투렛증후군, 경도정신지체'를 진단받았다. 약물치료도 시작했다.

그렇다면 약물치료가 시작되면서 소망이의 문제행동은 사라졌을까? 담임 선생님과 엄마 말에 의하면 전보다는 나아졌으나 만족스럽지는 않았다. 또 아쉽게도 소망이에겐 이미 '학교폭력, 도둑, 교권 침해, 교실을 엉망으로 만드는 아이'라는 꼬리표가 달려있었다. 따라서 자녀가 발달 단계에 맞지 않는 언행을 지속해서 보일 때 신속한 치료로 돕는 건 매우 중요하다. 아이의 귀한 이름 앞에 부정적인 주홍 글씨가 새겨지기 전에 말이다.

혼자서는 뒤집지 못하고 먹지도 못하며 온전히 보호자에게 의존해야 하는 아이에게 보호자가 자신의 생명을 위협하는 가해자일 때 아이는 어떤 생각을 할까? 대부분의 아이는 감당 못할 공포의 의식 상태를 해리시켜 그 상황을 회피한다. 동시에 학대의 모든 순간을 온몸에 저장한다. 하지만 아쉽게도 아이라는 특성상 자신의 고통을 정확히 표현할 수 없는 언어적 한계가 있다. 따라서 자신이 할 수 있는 것에 최선을 다한다. 바로 자신을 도와 줄 누군가를 절실하게 찾는 것이다.

소망이가 그랬다. 그러나 소망이는 아무도 자기를 도와주지 않았다고 말했다. 소망이가 어느 정도 성장하여 자신을 표현할 정도가 되자 죽음의 공포 속에 던져졌던 원망과 분노는 먼저 가족에게 향했다. 소망이는 엄마를 정말 좋아하지만 동시에 엄마를 정말 미워했다. 자기 안에서 대립하는 양가감정에 몹시 힘들어했다. 학대받은 소망이는 학대자가 됐다. 엄마와 누나에게 폭력을 가했다. 그리곤 아파하는 엄마와 누나의 다친 곳을 어루만지며 금세 후회했다.

소망이가 우리 센터에 왔을 때 소망이는 그 누구의 이름도 부르지 않았다. 아무와도 친밀한 관계를 맺지 않았다. 엘리스 밀러가 개념화했듯이 소망이는 학대로 인한 고통을 인정받지 못하고 억압당한 채 '감성 둔화 메커니즘' 속에 갇혀 있었다.[42] 그런 까닭에 소망이는 어떤 감정에도 공감하지 못했다. 대신 아침에 눈을 떠서부터 밤에 잠들 때까지 시비, 짜증, 갈등 조장, 분노 촉발, 폭발 등을 반복했다. 기물파손과 자해 및 상해가 심해서 경찰의 출동도 잦았다. 소망이는 센터에 오기 전에 자신이 가장 많이 들은 말이 '너는 도대체 왜 그래?'였다고 말했다. 그 질문에 소망이는 거친 폭력으로 대답했다. 그럴수록 소망이의 삶은 어둡고 답답한 동굴 속에 갇혀 무력해졌고 좌절했으며 무의미한 존재가 됐다.

사랑방 사건

우당탕탕! 물건을 부수며 괴성을 지르는 소망이의 소리에 나는 3층으로 뛰어 올라갔다. 폭발이 또 시작된 것이다. 나는 사랑방 문을 발로 차고 있는 소망이를 뒤에서 안아 양손을 잡고 허리에 대며 함께 바닥에 앉았다. 소망이를

---

42. 엘리스 밀러(Alice Miller), 신홍민 옮김, 『사랑의 매는 없다』, (양철북: 2005.), 131.

무릎 사이에 앉힌 채 턱으로 머리를 눌렀다. 아이의 폭발이 자해나 타해 그리고 기물파손의 경우, 이처럼 어른의 신체를 이용해서 아이의 위험한 몸놀림을 제지하는 물리적 통제인 '제압'을 해야 한다. 이때 어른은 아이에게 제압당하거나 끌려가지 않도록 아이의 몸통 부분부터 재빠르고 단호하게 제지해야 한다.

소망이의 폭발은 그날만 벌써 네 번째다. 3층 급식실 옆에 있는 사랑방은 센터 내에서 학교폭력이 발생했을 때 가해 학생이 자기 행동을 돌아보고 반성하며 다시는 같은 행동을 하지 않겠다고 다짐하는 시간을 갖는 곳이다. 4층에서 내려오던 기쁨이가 열려 있던 현관문을 통해 자연스럽게 사랑방에 있는 소망이를 쳐다봤다. 그러자 소망이가 왜 비웃냐고 소리질렀다. 자기 감정에 불이 붙어 폭발한 소망이는 쌍욕을 하면서 잡히는 것마다 던졌다. 거실에 있던 김초록 선생님이 얼른 뒤에서 소망이를 제지했다. 순간 소망이는 자기 머리를 앞으로 숙였다가 뒤로 제끼며 김초록 선생님의 턱을 쾅! 하고 들이받았다. 김초록 선생님은 참기 힘든 고통을 느끼며 턱을 붙잡고 신음했다. 다행히 턱은 찢어지지 않았다. 사실 소망이처럼 깡마르고 왜소한 아이에게 물리적 통제를 할 때 자칫 빠지는 함정이 바로 '느슨한 제지'다.

그러나 아이가 다칠까 봐 느슨하게 제지했다가는 되려 2차 피해가 발생할 수 있다. 소망이처럼 자기 머리로 제지한 사람의 턱을 가격하여 찢어지거나 고개를 숙여 손을 물기도 하고 뒷발차기로 가격하여 아이도 어른도 더 크게 다칠 수 있다. 간혹 물리적 통제 즉, 제압에 대해 잘 모르는 사람은 '아동 인권'을 들먹이며 '아동학대 했다'라고 쉽게 말한다. 더 나아가 아동학대로 신고한다며 선생님을 곤란한 상황으로 몰 때도 있다. 아동학대가 아니라는 사실이 밝혀지더라도 선생님의 명예는 실추된다. 현장을 알지 못하는 사람이 떠드는 가십과 '아니면 말고'라는 식의 책임 없는 말로 인한 상처는 오롯이 선생님의 몫이고 그로 인한 피해는 아이가 입는다.

따라서 공격행동이 수시로 벌어지는 고위험 현장 전문가가 행하는 제압은 아이의 안전을 위한 필수라는 상식을 모두가 명확하게 인지해야 한다. 소망이는 자기 때문에 선생님이 고통스러워하는 모습에도 아랑곳하지 않았다. 선생님의 품에서 벗어나자 계속 입에 담지 못할 욕설과 괴성을 지르며 책상과 의자를 발로 찼다. 손에 집히는 모든 것을 집어던지더니 결국 문짝까지 발로 차다가 그 소리를 듣고 올라간 내 품에 안기게 된 것이다. 나는 소망이를 무릎에 앉혀 놓은 채 일부러 큰 소리로 말했다.

> "김초록 선생님, 많이 아프시지요? 얼른 병원에 다녀오셔야겠어요. 그리고 김파랑 선생님, 112 경찰서에 전화해서 한 어린이가 위험에 놓여 있으니 도와달라고 말해 주세요."

내 말이 끝남과 동시에 소망이의 폭발이 멈췄다. 그러나 몸의 힘을 풀지는 않았다. 그러더니 다시 욕설을 내뱉고 괴성을 지르며 몸부림쳤다. 한 시간을 넘어 한 시간 사십오 분이 될 때쯤 소망이 몸의 힘이 풀렸다. 센터는 아이들의 변화를 수치로 확인하기 위해서 아이가 폭발하고 진정될 때까지의 시간과 빈도를 늘 기록한다. 물론 폭발하는 상황도 최대한 자세히 기록한다. 이런 기록은 아이의 스트레스 상황과 취약한 부분을 파악하고 분석할 때 큰 도움이 된다.

나는 소망이를 무릎에서 내려놓은 후 마주 보고 앉았다.

> "소망아! 소망이는 지금 왜 짜증 내는 것 같아?"
> "몰라요."
> "소망아, 너 점심 식사 때, 두 숟가락만 먹었잖아. 사람은 배가 고프면 예민해지고 짜증이 많아질 수 있대. 그런데 오늘 점심시간에 소망이가 콜라에

밥을 말아 먹어야 한다며 콜라 달라고 소리치면서 떼를 썼잖아. 콜라 안
줬더니 식사는 겨우 밥만 두 숟갈 먹었고. 소장님 생각에는 소망이가 지금
배가 고프니까 더 짜증을 내는 것 같아. 소장님의 얘기를 들어보니 어때?"

소망이는 침묵하며 나를 한참 쳐다봤다. 소망이는 집에 있을 때도 워낙 입이
짧아 음식을 잘 먹지 않았다. 그리고 인스턴트와 패스트푸드만 좋아해서 식
습관 고치는 것도 중요했다.

"소망아! 소장님이 점심 식사 때도 얘기했지만 음식을 골고루 잘 먹어야
속이 든든하고 배고프지 않아서 짜증 나는 것이 줄어들 수도 있어. 그리고
기쁨이가 계단을 내려오려면 앞을 봐야 안 넘어지지. 그래서 앞을 본 것뿐
인데 소망이가 비웃었다고 말하면서 짜증을 내니까, 그 짜증이 소망이를
더 짜증 나게 하는 것 같아."
"…."
"사랑방 좀 봐. 네가 다 집어 던져서 엉망이네. 네 손도 아프고. 그렇지?"
"네."
"소망아, 소망이의 머리에 턱을 다친 김초록 선생님이 몹시 아프셔서 병원
에 가셔야 하니까 김초록 선생님을 아프게 한 소망이가 선생님을 모시고
병원에 가자."
"네? 제가요? 그냥 선생님들이 같이 가 주세요."
"네가 아프게 했으니 네가 모시고 가야지."
"저는 갈 줄 몰라요. 선생님들이 같이 가 주세요."
"그럼 소망이를 대신해서 선생님들이 김초록 선생님을 병원에 모시고 가면
소망이는 어떻게 해야 할까?"
"'고맙습니다'라고 인사해요."

"소망이의 폭력 때문에 아픈 김초록 선생님께는 어떻게 해야 할까?"

"진정으로 사과해야 해요. 그런데요 소장님! 저도 참으려고 노력해요. 그런데 주먹이 벌써 때리고 있어요."

"주먹이 때리려고 할 때 얼른 선생님들이 가르쳐준 것 하면 될 텐데⋯. 혹시 선생님들께서 화가 나거나 주먹이 때리려고 할 때마다 어떻게 하라고 가르쳐주신 것 기억나?"

"심호흡 열 번 하는 거요."

"이야~ 소망이가 잘 기억하고 있네. 아주 훌륭하다. 그럼 이제는 머리로 잘 알고 있는 것을 행동으로 옮겨야 할 차례네."

"그런데 행동이 잘 안 돼요."

"왜 안 되는 것 같아?"

"마음의 일기가 (자신의 마음을 얘기하는 것임) 자꾸 때리라고 말해요."

"소망아! 소망이가 사랑방에 있는 동안 친구랑 못 놀고 생각하는 시간을 가지라고 한 것이 무슨 뜻이냐면 마음의 일기가 친구를 때리라고 말할 때 마음의 일기에게 그런 말 못하도록 하는 것 연습하는 시간을 갖자는 거야."

소망이가 침묵하면서 나를 쳐다봤다.

"이제 김초록 선생님께 사과드리고 김초록 선생님의 아픈 것 낫게 해드린 후에 소장님이랑 같이 소망이 마음의 일기가 '다른 사람들을 때리라고 말하는 것'을 못하도록 하는 것 연습하자."

"사과하는 거 부끄러워요."

"소망아! 진정한 사과는 부끄러운 것이 아니라 엄청 멋있고 용기 있는 거야. 소장님이 도와줄 테니 함께 가서 사과하자. 어때?"

나는 알겠다며 따라오는 소망이와 함께 김초록 선생님이 계신 거실로 나왔다. 김초록 선생님을 발견하자 소망이가 선생님께 다가가서 말했다.

"김초록 선생님, 제가 턱을 박아서 죄송해요. 용서해 주세요. 이젠 안 박을 게요."
"소망이가 진심으로 미안해하니 용서해 줄게. 대신 소망아! 호~ 해죠!"

김초록 선생님이 환하게 미소 지으며 말했다. 김초록 선생님께 가기 전에는 부끄럽다고 말했던 소망이는 선생님께서 호~ 해달라고 하자 그렇게 했다.

"이야~ 소망이가 호~ 해줘서 다 나았어. 용서해 줄게."
"고맙습니다."
"참, 김파랑 선생님, 아까 우리 센터에 폭력 하는 어린이가 있으니 오셔서 도와달라고 경찰서에 전화해달라고 부탁드린 것은 취소해 주세요."

나의 말에 김파랑 선생님이 알겠다고 대답하자 소망이의 긴장했던 기분이 확 풀리는 것이 느껴졌다. 나는 다소곳해진 소망이를 데리고 소장실로 내려 왔다. 소망이를 의자에 앉혀 놓은 후 마실 물을 가지러 다녀온 나는 깜짝 놀랐다. 소망이가 의자에 앉아서 벽을 보고 오른쪽 주먹으로 자기 가슴을 치면서 스스로에게 말하고 있었다.

"소망아, 참아. 주먹으로 치지 말고 짜증도 내지 말자."
"어? 소망아, 참자. 폭력 하지 말고 짜증도 내지 말자."
"소망아, 폭발하지 말자."
"화가 나면 물건 던지지 말고, 심호흡을 열 번 하자."

진심으로 자신을 통제하려 몸부림치는 소망이가 안타까워 나도 모르게 눈물이 흘렀다. 많이 성장한 소망이에게 감동했다.

> "소망아! 힘들었지? 물 좀 마시자. 마음의 일기에게 주먹으로 치지 말고 짜증도 내지 말자고 얘기하니까 소망이 기분이 어때?"
> "이젠 괜찮아졌어요."
> "소망이의 마음이 괜찮아졌다니 소장님의 기분도 좋아. 마음의 일기에게 얘기한 것이 잘 이루어질 수 있도록 선생님들이 도와 줄 테니까 화가 나거나 짜증이 나면 언제든지 선생님들한테 말해 줄래?"
> "네."

기분이 좋아진 소망이가 웃으면서 대답했다. 우리 센터는 '어린이의 부름에는 무조건, 신속히, 적극적으로 일관된 반응을 하자'라는 원칙이 있다. 또 아이들 사이에서 벌어지는 갈등 속에 한 아이라도 불편한 마음이 있을 때는 그 상황과 관련된 전부가 모여서 모두의 마음이 시원해지도록 해결을 돕는다. 그리고 갈등 상황을 되돌아보며 당시 본인이 느낀 감정을 '느낌 카드'를 활용해서 언어로 표현하도록 연습한다. 그렇게 서로의 감정을 들으며 역지사지를 경험해 본 후 잘못한 것을 깨달았을 때는 정중히 사과하도록 한다. 소망이는 특별한 도움을 받아야 할 아이였기에 다른 아이들보다 그럴 기회가 많았다. 그런 훈련을 통해 자신의 마음이 여름철에 마시는 냉수처럼 시원해지니 폭발의 빈도와 시간이 현저히 줄고 있었다. 소망이는 화가 나려고 할 때 심호흡하라고 가르쳐준 것을 아직 행동까지 연결하지는 못했지만 인식하고 있었다. 그것이 바로 시작이다. 소망이는 화가 나려는 그 순간 자신의 마음을 인식할 수 있었고 폭발하고 싶지 않은 속마음도 표현했다. ADHD 증상이 있는 아이의 경우 끓어오르는 분노를 통제하지 못하고 충동성에 의해 결국 폭발하고 곧 후회한다.

그럼에도 나는 소망이가 꺼지지 않는 분노를 잘 다스리는 과정을 꾸준히 따라오기만 한다면 폭력적이고 공격적인 분노 표출을 제어하게 될 날이 당연히 올 것임을 믿는다.

선생님 새●

평화로운 오후에 교실에서 큰소리가 났다. 나는 얼른 교실로 달려갔다. 소망이가 교실에 있는 책상과 의자를 엎고 가위도 던지려던 찰나였다. 이유를 묻자 '선생님 새●가 시끄럽게 해서'라고 대답했다. 자세히 알아보니 이보라 선생님이 아이들과 보드게임을 하는 중에 소망이가 갑자기 하지 않겠다고 말했다. 그래서 선생님은 소망이를 제외한 다른 아이들과 보드게임을 계속했다. 잠시 후, 보드게임 하는 소리가 시끄럽다면서 소망이가 갑자기 책상과 의자를 엎었다. 그리고 가위를 던지려고 하면서 "야! 이 선생님 새●야!"라고 소리를 지른 것이다. 나는 소망이를 데리고 회의실로 갔다. 먼저 물을 한 잔 마시게 한 후 단호하고 낮은 목소리로 대화를 시작했다.

"소망아, 책상을 밀고 의자를 엎고, 이보라 선생님께 '선생님 새●야!'라고 한 이유를 설명해 주세요. 소장님이 소망이의 마음을 아주 자세하게 들을 거니까."

"있잖아요. 이보라 선생님이 저랑 놀 때는 행복하지 않은데, 형아랑 친구들과 놀 때만 행복하잖아요."

"이보라 선생님이 다른 친구과 놀 때만 행복한 것 같아서 책상을 밀고 의자를 엎고, 가위를 던지려고 한 거야?"

"네."

"소망아, 소망이가 느낀 것이 맞아?"

147

"네?"

"'이보라 선생님, 선생님은 저랑 게임 할 때는 행복하지 않고, 다른 형이나 다른 친구들과 게임할 때만 행복한 것 같은데 맞아요?'라고 여쭤보았어? 아니면 소망이가 그렇게 느낀 거야?"

소망이는 모르겠다고 대답했다. 이보라 선생님께 지금이라도 여쭤보면 알 수 있을 것 같은데 어떠냐고 묻자, 소망이는 맞다고 고개를 끄덕였다. 그러면 지금 이보라 선생님께 확인해보자고 하니 좋다고 했다.

"소망아, 소망이가 질문했는데 혹시 이보라 선생님이 '어, 나는 소망이랑 게임 할 때는 행복하지 않고, 다른 애들이랑 게임 할 때는 행복해'라고 대답하면 어떨 것 같아?"

소망이는 놀라서 눈을 크게 떴다.

"소망아, 소망이 마음의 주인이 소망이인 것처럼, 이보라 선생님의 마음도 선생님의 것이야. 그래서 언제, 누구와 무엇을 할 때 행복한지는 이보라 선생님이 느끼는 것이라서 소망이가 선생님께 소망이와 있을 때만 행복하라고 강요할 수는 없어. 소장님 말이 어떻게 들려?"

"맞아요. 그런데 소장님, 사실은 제가 욕한 이유가 또 있어요."

"무엇인지 말해 줄 수 있어?"

"있잖아요. 형아랑 친구들이 게임 하면서 너무 시끄러워서 내가 열 번, 이십 번, 삼십 번 넘게 조용히 하라고 했거든요. 그런데 저를 무시하고 계속 떠들었어요. 선생님도 제 말을 안 들어줬고요. 그래서 머리가 터져 버릴 것 같아요. 제가 너무 힘들어서 욕한 거예요."

"머리가 터져버릴 것 같이 많이 힘들었구나. 그런데 소망아, 소장님이 갑자기 궁금한 게 생겼어."

"뭐요?"

"혹시 이보라 선생님과 형아랑 친구들이 소망이를 괴롭히려고 일부러 시끄럽게 한 거야? 아니면 게임에 집중하다 보니까 흥분해서 시끄럽게 한 거야?"

소망이가 잠시 생각해보더니 말했다.

"게임에 집중해서요."

"소망아, 먼저 잘 생각해보고 대답해줘서 고마워. 그런데 혹시 소망이도 좋아하는 무엇인가에 집중하거나, 속상하거나 흥분했을 때 막 소리 지른 적 있어?"

소망이는 한참 생각하더니 말했다.

"있어요."

"사실은 선생님들도 소망이가 소리 지를 때, 머리가 터져버릴 정도로 아파. 그렇지만 소중한 소망이를 위해서 참고, 도와주는 것처럼 소망이도 아까 시끄러워졌을 때 '형아랑 친구들아, 나 지금 머리가 터져버릴 것 같아. 조용히 해 줄래?'라고 예의 바르게 부탁했으면 어땠을까?"

소망이는 한참 동안 눈을 깜빡이면서 생각하더니 입을 열었다.

"네. 그것도 맞아요."

"소망아, 소망이가 크게 소리 지르면 모두 머리가 터질 듯 아픈 걸 알게 됐으니까, 앞으로 소망이도 소리 지르지 말고 조용히 말로 표현하는 법을 더 연습해보자."

"네. 알았어요."

"소망이 지금 기분이 어때?"

"나보다 나이 많은 사람한테 욕해서 벌받을까봐 걱정돼요."

"소망아, 욕은 나이가 많은 사람에게만 안 하는 게 아니야. 소망이 자신을 포함해서 누구에게도 하지 말아야 해. 그리고 욕하는 것은 입에서 나오는 말로 상대방의 마음을 때리는 것이라서 상처가 눈에 보이지는 않지만, 이보라 선생님의 마음은 무척 아플 것 같아."

"제가 진심으로 사과하면 돼요."

"소망아, 사과하는 것이 뭐야?"

"미안하다고 진심으로 말한 다음에 앞으로 하지 않는 것이에요."

"그래. 우리 소망이 아주 잘 알고 있네. 소장님이 칭찬할게."

"그런데요, 소장님! 이보라 선생님이 제 사과를 안 받아줄까 봐 걱정돼요."

"아까 소장님이 얘기한 것처럼, 이번에도 소망이가 생각한 것이 맞는지 직접 확인해볼까?"

"네. 그런데 저는 부끄러워요. 소장님이 확인해 주세요."

"소망이가 안 해본 것을 새롭게 해보는 것이 부끄럽구나. 그런데 더 멋있는 소망이가 되려면 확인하는 것도 배워야 해. 이렇게 하면 어떨까? 이번만 소장님이 확인해 주고, 소망이가 옆에서 잘 보고 배워서, 다음번에 또 누군가의 마음이 궁금할 때는 소망이가 직접 해보는 거. 어때?"

"좋아요."

"그럼 소망이가 아까 '이보라 선생님께 욕한 것 때문에 혼날까봐 걱정된다' 라고 말한 건, 이보라 선생님께 욕한 것을 사과드린 후에 다시 얘기하자."

"네."

"오늘 소망이랑 소장님이랑 아주 길게 얘기했는데 소망이가 잘 집중하고, 생각하면서 대화를 잘 해줘서 정말 고마워. 소망이 아주 훌륭해."

"네."

소망이가 특유의 기분 좋을 때 나오는 표정을 지으면서 대답했다.

> "소망아, 이보라 선생님께 가기 전에 오늘 소장님이랑 대화한 내용들과 네가
> 해야 할 것을 정리해볼게. 맞는지 확인해줘."
> "네."
> "첫째, 이보라 선생님이 소망이와 게임 할 때는 행복하지 않고, 형아와 친구
> 들과 게임 할 때만 행복한지 확인할 것. 둘째, 이보라 선생님이 소망이의 사
> 과를 받아줄 마음이 있는지 확인할 것. 셋째, 소망이가 이보라 선생님께 '선
> 생님 새●야!'라고 욕한 것 진심으로 사과하기. 넷째, 가위를 집어던지고 책
> 상을 밀치고 의자를 엎은 것을 반성하고, 게임 하던 친구들과 형아에게 사
> 과하기. 어때?"
> "다 맞아요."

나는 소망이를 데리고 이보라 선생님이 계신 교실로 갔다.

> "이보라 선생님! 잠시 소망이와 저랑 대화하기 위해서 시간을 내줄 수 있을
> 까요?"
> "예. 잠시만요, 얘들아! 너희끼리 잠시 놀고 있어. 선생님 금방 대화하고
> 올게."

이보라 선생님의 허락을 받아서 우리는 상담실로 가서 자리에 앉았다.

> "이보라 선생님, 아까 많이 놀라셨지요? 소망이가 사과드리고 싶다고 해서 이
> 자리를 마련했어요. 사과하기 전에 소망이가 궁금한 게 두 가지가 있대요. 그
> 런데 부끄러워서 저에게 여쭤봐달라고 부탁했어요. 말씀드려도 될까요?"

"예. 말씀해 주세요."

"첫 번째로 궁금한 것부터 여쭤볼게요. 선생님은 혹시 소망이와 게임 할 때는 행복하지 않고, 형이나 친구들과 게임 할 때만 행복한가요?"

"아니요. 저는 소망이와 게임 할 때도, 다른 아이들과 게임 할 때도 모두 행복해요."

이보라 선생님의 대답을 들은 소망이가 고개를 끄덕였다.

"두 번째는 소망이가 선생님께 '선생님 새●야!'라고 욕한 것을 진심으로 사과드리고 싶은데, 선생님이 소망이의 사과를 받아주실지 알고 싶대요."

"소망이가 진심으로 사과하면 받아줄 수도 있어요."

소망이가 진지하게 들으면서 고개를 끄덕였다. 나는 일부러 소망이의 귀에 대고 말했다.

"소망아, 이보라 선생님께서 소망이가 사과하는 걸 받아 줄 마음은 있으신데, 진심으로 사과하는 것을 원하시는 것 같아."

"이보라 선생님, 제가 선생님께 욕하고 나쁘게 말해서 죄송합니다. 이제는 욕하지 않을게요."

"알겠어. 소망이가 진심으로 사과한 것 같아서 용서해 줄게."

"선생님! 용서해 주셔서 고맙습니다."

소망이는 자리에서 벌떡 일어나서 배꼽 인사를 했다. 우리는 상담실을 나와서 소장실로 가서 대화했다.

"소망아, 이보라 선생님께서 사과를 받아주시고, 용서해 주셨고, 선생님이 소망이와 게임 할 때도 행복한 것을 확인했으니 무엇이 남았지?"

"몰라요."

"선생님께 욕한 것 혼날까 봐 걱정했던 것 있잖아."

"아 맞다."

"욕하는 것은 분명히 '언어폭력'이라고 배웠는데, 욕을 했으니 소망이가 걱정한 것처럼 혼나야 하잖아. 그런데 소망이가 이보라 선생님께 진심으로 사과하고 용서받았으니 혼나지 않아도 될 것 같아. 어때?"

"아싸! 좋아요."

소망이가 좋아했다. 나는 소망이에게 이제는 책상을 밀치고 의자를 엎었을 때 곁에 있어서 마음이 다친 형아랑 친구들에게 사과하러 가자고 하니 잘 따라왔다. 우리는 교실로 가서 보드게임을 하고 있던 아이들에게 사과하고 용서하는 시간을 가졌다. 평화로워진 분위기에서 소망이가 다시 보드게임을 하겠다고 하자 이보라 선생님과 아이들도 얼른 오라고 환영했다. 나는 소망이에게 놀면서 마음에 불편함이 생길 때는 선생님들이 알려 준 것처럼 심호흡을 열 번 해보고 그래도 힘들면 얼른 사무실로 와서 선생님들께 도움을 요청하라고 얘기해줬다.

입소 전까지 소망이는 지극히 자신에게만 집중했다. 자기가 하고 싶으면 상황이나 대상과 상관없이 욕하고 때리고 폭발했다. 그러나 안전한 곳에서 자신을 충분히 안아주는 사람들과 함께 먹고 자고 공부하고 놀면서 소망이는 성장했다. 언제든 자신에게 즉각적으로 반응해 주고 아프고 불안한 마음을 다독여주며 따뜻하게 감싸 안아주는 좋은 어른들과의 하루하루가 쌓이면서 소망이도 타인과 건강하게 관계 맺을 수 있을 정도의 내면의 힘이 생겼다.

소망이는 매슬로우(Abraham Maslow)의 인간 욕구 5단계 이론에서처럼 기본적인 '생리적 욕구'와 학대에 의한 '안전의 욕구'가 채워지지 않았을 땐 자기에게만 집중했었다. 그러나 센터의 삶을 통해 2단계 욕구까지 어느 정도 채워지자 3단계 사랑과 소속의 욕구에서 필요한 타인과의 관계에 눈을 돌리기 시작했다. 물론 아직은 자기의 마음을 제대로 표현하기 어려워서 질투의 감정을 서툴게 욕으로 표현했지만 스스로 그것이 잘못됐다는 것을 인지할 정도로 성숙해졌다.

아이들을 키우면서 내가 자주 사용하고 좋아하는 기술 중에는 데니스 라인스가 자신의 저서 『쉽고 간결한 학교상담』(한울. 2019.)에서 인용한 '외부자 증인'이라는 것이 있다. 외부자 증인 기술은 언어를 세련되게 구사하는 것이 미숙한 아이가 어떤 말을 했을 때 어른이 아이의 삶을 공명하고 그 이야기를 강화하며 좋은 의미를 부여해 다시 아이의 귀에 들려주는 것을 말한다. 혹자는 내가 아이들과 있을 때 아이들의 언행에 대한 리엑션이 큰 것을 보면서 '너무 오버한다'라고 말한다. 아이가 잘못했을 때조차도 왜 굳이 좋은 의미를 찾아내려고 하는지 모르겠다고 말한다.

그런데 아이가 본인이 신뢰할 수 있는 외부자가 자기 존재 자체와 자기 삶을 '아무것도 아닌 게 아니라 매우 중요하고 특별하다는 것'임을 인식할 수 있도록 의미를 부여하며 증언해 줄 때 아이의 자기 가치감은 굉장히 상승한다. 또 본인이 좋아하고 인정받고 싶은 사람(특히 가족이나 또래) 앞에서 듣는 외부자의 증언은 아이의 자기 만족감과 자기 존중감에 큰 힘을 부여한다.

자기중심적이고 충동과 공격성을 조절하지 못하는 아이가 '욱'하고 내면에서 차오르는 분노와 화를 말로 표현하도록 훈련하는 것은 쉽지 않다. 그럼에도 나는 아이들을 키우면서 1~2학년의 어린아이나 ADHD 외 다양한 정신과적 진단을 받은 아이도 충분하게 진지하고 긴 대화가 가능하다는 것을 수차례 경험했다. 물론 대화의 상대와 좋은 관계가 잘 형성되고 그 사람이 자신에게 진심이라는 걸 아이가 인지했을 때 가능한 일이다.

전문가들은 ADHD 증상이 있는 아이를 훈육할 때는 '일관성 있게, 지금 그리고 여기에 집중, 짧고 굵게, 반복적으로, 대화한 것을 아이 자신의 언어로 얘기해보도록 연습하기'를 조언한다. 이는 우리 센터도 마찬가지로 적용한다. 그러나 나와 대화할 때는 경우에 따라서 두 가지가 더 포함된다. '생각하면서 대화하기'와 '협동하며 대화하기'가 그것이다. 그런 대화 연습을 통해 아이가 스스로 생각하고 말하면서 본인이 존중과 인정받고 있음을 경험해 심신이 편안해지도록 돕는다.

또 그 시간을 통해 아이에게 '생각하는 힘'을 기를 기회를 제공한다. 생각하면서 말하는 차분한 대화를 통해 아이는 충동적으로 튀어나오려는 언행을 필터링을 거쳐서 한 번 참고 다음에는 두 번 참는다. 나는 그렇게 충동을 자제하는 작은 성공의 경험을 쌓아가면서 큰 변화로 열매 맺는 아이들을 많이 만났다. 또한 큰 문제행동들 속에 숨어 있는 아주 작은 좋은 것을 발견하여 충분한 칭찬과 격려를 했을 때 아이의 자긍심과 자부심이 높아지는 것도 많이 봤다.

내가 잘하고 좋아하는 기술에는 '모델링'이라는 것도 있다. 이는 아이가 배워야 할 바람직한 행동의 모델을 어른이 먼저 행함으로써 아이의 바람직한 행동이 증가하도록 유도하는 치료기법이다. 즉, 아이가 어른의 바람직한 행동을 관찰하고 반복해서 연습하도록 함으로써 후에는 스스로 그 행동을 주도적으로 할 수 있도록 가르치는 것이다. 교육은 말로 하는 것이 아니라 행동으로 보여주는 것이라는 말도 있지 않은가.

모델링을 통해 소망이는 자신이 느낀 것을 확인하고 정중하게 부탁하는 방법을 배우기 시작했다. 사과할 때는 진심이 담겨야 하고 다시는 같은 실수를 하면 안 된다는 지도가 처음에는 안 먹혔다. 하지만 선생님들의 인내와 끈기 있는 가르침을 통해 반복적으로 보고, 듣고, 경험하면서 소망이 스스로 깨닫고 적용했다. 이보라 선생님에게 '선생님 새●야!'라고 욕한 것이 잘못된 것임을 인식하고 그것 때문에 벌 받을까 봐 걱정된다고 언어로 표현한 것도 소망이에게는 놀라울 정도의 새로운 변화였다.

태권무

저녁 식사 후 교실에서 모두 모여서 태권무 연습을 하던 중에 소망이가 갑자기 소리를 버럭 질렀다. 나는 얼른 소망이를 데리고 교실에서 나왔다. 폭발을 예방할 의도도 있지만 다른 아이들의 태권무 연습에 방해되기 때문이었다. 세탁소에 갈 일도 있어서 소망이를 데리고 세탁소로 향했다. 세탁소 사장님은 우리 아이들을 사랑하고 예뻐하시는 칭찬제조기다. 사장님은 평소 우리 아이들에게 줄 사탕을 사서 서랍에 가득 채워두고 나눠주셔서 아이들에게 인기가 좋다.

> "소망아, 왜 이렇게 소리를 질러? 소장님의 머리가 터져버릴 것 같아."
> "있잖아요. 생명이 형아가 친구들한테만 친절하게 가르쳐주고, 저한테는 그냥 가르쳐 주잖아요. 지금 질투가 나서 제 하트가 썩었어요."
> "생명이 형아가 친구들에게만 친절하게 가르쳐줘서 질투 때문에 소망이의 하트가 썩었구나? 어떻게 하면 썩은 하트가 회복될까?"
> "회복되지 않을 거 같아요."
> "그럼 소장님이랑 세탁소에 가면서 소망이 하트가 시원해지게 대화할까? 어쩌면 얘기하다 보면 슬픈 감정이 다 빠져나가서 썩은 하트가 새롭게 회복될 수도 있잖아."
> "좋아요."

소망이가 내 손을 잡았다. 세탁소에 도착하자 사장님이 환한 미소로 반겨줬다.

> "사장님, 안녕하세요. 우리 센터에서 인사를 잘하고 예의 바르고 멋진 어린이 중 한 명과 함께 왔어요. 우리 소망이가 사장님께 인사해도 될까요?"
> "좋지요."

언제나처럼 웃는 얼굴로 사탕을 주시며 사장님이 말했다.

"안녕하세요."
"이야. 네 이름이 뭐니? 인사를 아주 잘하는구나?"
"한소망이에요."
"소망이는 팔다리가 가늘어 키가 무척 클 것 같네. 이다음에 멋진 농구선수가 되겠다."
"어? 아닌데요? 저는 손흥민 선수처럼 훌륭한 축구선수가 될 건데요."
"그래? 너는 축구도 잘하는구나? 말도 이렇게 잘하는 것을 보니 훌륭한 어른이 되겠네."

사장님은 칭찬과 함께 『암행어사 박문수』라는 책도 선물로 주셨다. 우리는 인사한 뒤 세탁소를 나왔다.

"소장님, 제 하트 썩은 게 회복됐어요."
"어머나 소망아, 썩은 하트가 회복되지 않을 것 같았는데 회복됐다니 축하해. 센터에 도착하면 교실에 가서 태권무 연습 마저 하고 간식 먹자."
"네. 그런데 소장님, 오늘 저녁 간식은 뭐예요?"
"글쎄, 소장님도 모르겠어. 조리장님이 뭘 준비하셨을까?"
"아~ 기대된다. 소장님, 저는 커서 손흥민 선수처럼 멋진 축구선수가 될 거예요. 그리고 할아버지가 될 때는 이런 책을 더 좋게 만드는 사람이 될 거예요."

소망이는 기분이 몹시 좋아서 행복한 표정으로 말했다. 센터에 도착하자 문을 열어준 김초록 선생님에게 세탁소 사장님이 책을 선물로 줬다고 자랑했다. 소망이는 태권무 연습하는 곳으로 가서 아까 소리 질러서 죄송하다고 사과드린 후 연습에 합류했고 나는 소장실로 들어갔다. 그런데 잠시 후 소망이가 "소장님!" 하고 신경질적이며 울음 섞인 목소리로 불렀다. 얼른 소장실에서 나가자 소망이가 사무실 문 앞에서 자기 하트가 다시 찢었다면서 울고 있었다. 나는 소망이를 상담실로 데리고 가서 울음이 그칠 때까지 기다렸다. 소망이가 울음을 그치자 내가 말했다.

"소망아, 왜 울었어? 지금 하고 싶은 말 있으면 해봐. 소장님이 진심으로 들어줄게."

소망이는 아무 말 없이 고개를 숙이고 있었다. 소망이에게 마음을 다스린 후에 대화할 준비가 되면 소장실로 오라고 말한 뒤 나오자 약 3분 후에 소망이가 왔다.

"소장님, 저 대화할 준비 됐어요."
"그래. 하고 싶은 얘기 들려줘 봐. 무슨 일이 있었는지 너무 궁금해."
"제가 태권무를 시작했잖아요. 그런데 김분홍 선생님이 저한테 화냈어요."
"더 자세하게 얘기해줘 봐. 소장님이 소망이의 말을 이해하지 못했어."
"그러니까요. 기쁨이가 태권무 추는 것이 웃겨서 제가 웃었거든요. 그런데 김분홍 선생님이 저한테 화를 냈다고요."
"김분홍 선생님께서 소망이에게 어떻게 화를 내셨는데?"
"이렇게요."

소망이는 내 손을 잡으면서 선생님이 자신의 두 손을 잡았다고 말했다.

"소망아, 기쁨이가 태권무 추는 것을 보고 소망이가 웃었을 때 기쁨이의 기분이 어땠을 것 같아?"

"안 좋았을 것 같아요."

"소망이가 웃었는데 기쁨이의 기분이 왜 안 좋았을 것 같아?"

"제가 비웃었으니까요."

"소망이가 그냥 웃은 게 아니라 비웃었구나? 그래서 기쁨이 기분이 안 좋았을 것 같고?"

"네."

"그러면 이 상황을 어떻게 해결하면 좋을까?"

"소장님이 혼내주세요."

"누구를 혼내줄까? 소망이를?"

소망이가 놀라서 나를 쳐다봤다.

"소장님이 소망이가 설명해 준 얘기를 정리해볼게. 맞는지 확인해줘."

"네."

"소장님이랑 세탁소에 다녀와서 소망이가 교실에 들어갔을 때, 기쁨이가 태권무 추는 것을 보면서 소망이가 비웃었고, 그것 때문에 기쁨이의 기분이 안 좋아졌지. 그래서 김분홍 선생님은 기쁨이의 기분을 안 좋아지게 한 소망이의 손을 잡고 말렸어. 맞니?"

"네."

"그럼 이 상황에서 혼날 사람은 기쁨이의 기분이 안 좋아지게 만들도록 비웃은 소망이니까 소장님께 혼날 사람은 소망이 같은데? 어때?"

소망이가 가만히 나를 바라보면서 침묵했다.

"소장님은 소망이가 자신이 한 말과 행동을 잘 생각하고, 생각한 것을 말로 표현하는 어린이라는 것을 잘 알고 있어. 그동안 연습했으니까 잘 생각하고 대답해줘."

"아니에요. 저는 바보고 멍청해요."

"그럼 소망이와 대화하지 말까?"

"저는 친구들을 괴롭히니까 나쁜 사람이라고요."

"정말 그렇게 생각해?"

"네, 저는 바보랑 멍청이랑 나쁜 사람까지 합쳐야 해요."

"왜 그렇게 생각해?"

"엄마랑 살 때부터 그렇게 배웠으니까요."

"소망아, 그렇게 배웠다는 것이 무슨 말인지 더 자세하게 얘기해 줄래?"

"1학년 때랑 2학년 때 계속 친구들을 괴롭혔으니까요. 그래서 사람들이 다 저한테 그렇게 불렀단 말이에요."

"그럼 소망이는 계속 그런 사람으로 살고 싶어?"

"아니요."

"어떤 사람이 되고 싶은데?"

"친구를 안 괴롭히고, 엄마 말도 잘 듣고, 손흥민 선수처럼 훌륭한 사람이 되고 싶어요."

"그럼 지금부터 친구를 안 괴롭히고, 엄마 말씀도 잘 듣는 것을 계속 연습해서 손흥민 선수처럼 훌륭한 사람으로 성장하면 되겠네."

"아니, 그게 아니라 어른이 되어서 변하면 돼요."

소망이가 답답하다는 듯 짜증스럽게 말했다.

"소망아, 손흥민 선수는 어른이 된 후에 훌륭한 사람으로 변한 게 아니야.

어릴 때부터 부모님 말씀을 잘 듣고 친구에게 친절하고 친구를 존중하고 배려하면서 좋은 사람이 되려고 매일 매일 연습하면서 노력했기 때문에 훌륭한 어른으로 자라게 된 거야. 사람은 어른이 된 후에 훌륭한 사람이 되겠다고 마음먹는다고 갑자기 훌륭한 사람으로 변하지 않아."

"진짜요?"

"그럼. 물론이지. 소망아, 잘 들어봐. 만약에 어른이 되어서 훌륭한 사람이 된다고 마음먹고 실제로 그렇게 된다면 세상에 나쁜 어른은 없을 텐데 나쁜 어른이 있는 것은 왜 그런 것 같아?"

내가 묻자 소망이가 가만히 생각에 잠겼다.

"소망아, 어른이 되면 갑자기 다 훌륭해지는 게 아니기 때문에 선생님들, 세탁소 사장님, 그리고 너희 엄마를 포함해서 어른들이 귀한 어린이들에게 어릴 때부터 좋은 사람이 되도록 여러 가지를 가르쳐주는 거야. 물론, 이미 어른이 된 사람도 더 좋은 사람이 되려고 끊임없이 노력해야 하는 거고."

소망이는 내 눈을 바라보면서 진지하게 듣고 있었다.

"소망이 생각에 센터 선생님들과 부모님들은 어린이들에게 좋은 것을 가르쳐주시는 것 같아?"

"네."

"그러면 선생님이나 부모님은 어린이에게 왜 좋은 것을 가르쳐주고 가르쳐준 것이 습관 될 수 있도록 연습시키는 것일까?"

"우리가 좋은 사람으로 변하게 하려고?"

"그렇지. 아주 잘 알고 있네. 소망이도 그동안 매일 잘 연습해서 점점 멋지게 변하고 있잖아."

"아니에요."

"소망아! 소장님이 말하는 것을 잘 듣고 생각해봐. 소망이 센터에 처음 왔
을 때 주먹 쥐고 몸에 힘주면서 짜증 내고, 밥 잘 안 먹고, 친구에게 '씨●
랄 새끼'라고 욕하면서 이단 옆차기로 때리고, 사과하는 것은 창피한 거라
면서 사과하지 않을 거라고 고집부리던 것 기억나?"

"네."

소망이가 창피하다는 듯 무안한 표정을 지었다.

"그런데 요즈음은 욕도 안 하고 밥도 잘 먹고 친구가 소망이 때문에 아파
하면 사과도 잘하잖아. 소장님 말이 어때?"

"네. 맞아요."

"그게 바로 소망이가 점점 더 멋지고 좋은 어린이로 변하고 있다는 뜻이
야."

"아~"

알겠다는 듯이 소망이는 고개를 끄덕였다.

"소망아, 이런 모습으로 매일 조금씩 변하면 소망이가 원하는 것처럼 손흥
민 선수같이 훌륭한 어른으로 성장하게 될 거야."

"네."

"아직도 소장님이 김분홍 선생님을 혼내줘야 해?"

"아니요."

"그럼 소망이가 지금부터 뭘 해야 할까?"

"기쁨이랑 김분홍 선생님께 가서 사과해야 해요."

"사과하러 가는 곳에 소장님이 함께 가줄까?"

"네. 같이 가주세요. 그런데 사과는 저 혼자 할 수 있어요."

"그럼 이젠 사과하러 가자."

"네."

기분이 좋아진 소망이와 나는 교실로 갔다. 김분홍 선생님이 아까 있었던 일을 자세하게 설명해 주며 소망이에게 말했다.

"소망아, 또 단독으로 태권무 출까?"

소망이가 부끄럽다는 듯이 몸을 꼬았다.

"소망아, 김분홍 선생님과 기쁨이에게 하기로 한 것 하자."

"김분홍 선생님, 아까 제가 기쁨이 춤출 때 비웃었는데 선생님이 하지 말라고 손으로 엑스(X) 했는데 제가 선생님께 짜증 내고 계속 비웃어서 죄송합니다."

"그래. 소망이가 무엇을 잘못했는지 잘 알고 있고 진정한 마음으로 사과한 것이 느껴져서 용서해 줄게. 소망아, 앞으로는 어떻게 할 거야?"

"앞으로는 안 하려고 노력할게요. 저의 사과를 받아주셔서 고맙습니다."

"그리고 기쁨아, 아까 네가 태권무 할 때 내가 크게 비웃어서 미안해. 앞으로는 비웃지 않을게."

"괜찮아. 용서해 줄게."

"기쁨아! 용서해줘서 고마워."

기쁨이의 용서에 고맙다고 표현하다니 소망이가 많이 성장한 것이 느껴졌다. 과거 소망이는 급우들에게 무시당하고 어른들에게는 지적받고 혼나는 것이 일상이었다. 소망이는 친구가 자신을 왜 무시하는지 어른들은 자신을 왜 혼내는지 알고 있었을까? 몰랐을까? 알면서도 모르는 척 외면했을까? 이제 소망이의 삶은 사람들과 관계하는 것이 의미 없었던 지난날과 달라졌다. 소망이는 스스로 '긍정적인 자기 개념'을 발견했다. 자신이 한 일에 더 책임감을 느꼈고, 실제로도 책임졌다. 그로 인해 사람들에게 지속해서 인정받는 경험도 했다. 이 모든 시간이 소망이 스스로가 자신에 대한 신뢰감과 자존감을 높이는 시간이었다.

소망이는 자기 자신이 느끼는 감정을 인식하고 그 감정을 폭발이 아닌 말로 표현하는 것을 계속 연습했다. 그러나 사람이 자신의 문제행동에 대해 인식하고 변하기로 다짐했다고 단번에 고쳐지는 것은 아니다. 실수와 실패는 인간의 성장에 꼭 필요하다. 안정된 변화는 몇 해의 시간이 걸리거나 평생이 걸릴 수도 있다. 사람이 성장하는 과정에는 퇴행과 성장이 반복된다. 그렇기에 아이가 퇴행할 때 어른 본인이 자신 안의 해결되지 못한 감정을 아이에게 투사시켜 아이가 죄책감을 느끼도록 조종하고 통제해서는 안 된다. 또 조급함으로 아이를 다그쳐서도 안 된다.

좋은 어른이 어떤 경우에도 포기하지 않고 기다려주고 담아주며 안아주기를 한다면 아이의 분노와 화 등 폭발성 있는 상처는 분명히 빠져나간다. 그런 다음에야 아이의 속에 좋은 게 담길 수 있다. 5개월하고도 보름이 지났을 때 〈병원형Wee센터〉에서 자리가 났다고 학교로 연락이 갔다. 학교와 보호자는 〈병원형Wee센터〉로 이관할 것을 결정했고 소망이는 우리 센터에서 6개월을 잘 마무리하고 퇴소했다. 선생님들은 소망이가 이곳에서 지내는 동안 안전하고 행복하게 마음껏 발 뻗을 만큼 편한 집이 되도록 최선을 다했다. 소망이도 그렇게 느꼈으면 좋겠다.

굶주림에 거칠어진 '왕행복'   15장

　　폭력의 대물림인 아동학대로 인한 학교폭력의 구조를 깸에 있어 앨리스 밀러가 개념화한 '간접 보호자'와 '전문가 증인'은 무조건 필요하다.[43] 아동학대로 인한 학교폭력과 교권 침해로 입소한 아이들은 오롯이 그들의 편을 들어주는 센터 선생님들을 통해 인간에 대한 믿음을 새롭게 정립하고 키우며 사랑과 자비 등 좋은 미덕과 가치들을 배우게 되는데 이때 센터 선생님들의 역할이 바로 그녀가 개념화한 '간접 보호자'다.

앨리스 밀러는 아동학대 경험이 있는 어른에게 간접 보호자 역할을 하는 사람을 '전문가 증인'이라고 칭한다. 센터 입소 학생 중 다수의 보호자 역시 어린시절에 아동학대와 가정폭력의 피해자였다. 이미 어른이 되었지만 어릴 적에 받았던 학대로 인한 외상으로 매우 불안하고 위태로운 보호자들은 전문가 증인인 선생님들을 통해 상처받은 내면 아이와 안전하게 만난다. 그럼으로써 어릴 적 상처가 치유되고 자녀를 잘 키울 힘 있는 보호자로 성장한다. 그렇게 센터의 선생님들은 정신적으로 상처받은 아이들과 보호자의 편에 서서 아픔을 함께 나눈다. 결과적으로 학대로 인한 학대자가 되는 폭력의 대물림은 끊어지고 그 자리에 안전과 행복이 자리 잡는다.

생존자의 서사

뽀얀 피부에 잘 웃는 4학년 남학생 행복이는 2학년 여동생 행운이와 함께 입소했다. 행복이는 입소 당시 '지적장애 3급, ADHD, 기타 정동장애, 상세불명의 행동장애'를 진단받은 상태였다. 입소 전, 매우 산만하고 충동적인 행복이로 인해 담임 선생님은 정상적으로 수업을 진행할 수 없었다. 예를

43.　앨리스 밀러(Alice Miller), 신홍민 옮김, 『사랑의 매는 없다』, (양철북: 2005), 11.

165

들어 갑자기 사물함에 올라가서 뛰어내리고, 교실을 뺑뺑 돌며, 유리 창살에 매달렸다. 놀란 선생님이 떼어 내면 칠판이나 벽에 머리를 박으며 폭발했다. 행복이는 급우들과 선생님을 수시로 때리고 욕설과 막말도 심했다. 그러다 보니 수업은 자주 중단됐고 반 전체가 피해 보는 날이 허다했다.

행복이의 아빠는 고등학교를 졸업하고 휴직 없이 일해 온 일용직 근로자다. 일찍 결혼하고 둘째까지 출산한 엄마는 유흥업소에 다니는 즐거움에 깊이 빠졌고 결국 가출했다. 때문에 세 살 난 행복이와 갓 태어난 행운이는 위탁가정으로 보내졌다. 아이들은 위탁가정에서 2년, 보육원에서 4년가량 살았다. 엄마가 6년 만에 가정으로 돌아오면서 온 가족이 함께 살게 됐다. 그러나 가족의 합가는 어린 남매를 더욱 힘들게 했다. 엄마는 본능에 충실했고 여전히 유흥을 좋아했다. 밤새 클럽에서 놀다 와서 자느라 배고파서 우는 아이들을 방임했다. 때문에 아이들은 학교와 유치원에도 못 갔다. 그즈음 막내가 태어났다. 행운이는 갓 태어난 어린 동생을 돌보는 양육자가 됐다. 아빠는 가족을 먹여 살려야 한다는 책임감에 이른 새벽에 나갔다가 늦은 밤에 들어왔다.

항상 술에 취해서 살던 삼촌은 허구한 날 아이들을 때렸다. 부모님과 삼촌은 수시로 아동학대로 신고 됐으나 매번 잘 돌보라는 경고만 받았고 학대는 계속됐다. 그러던 어느 날, 술주정하며 아이들을 괴롭히던 삼촌은 집 밖으로 도망간 아이들을 쫓아가서까지 때리면서 드디어 현장에서 검거되어 구치소에 수감 됐다. 집안에서 아이들을 패는 사람은 사라졌으나 방임은 계속됐다.

아동보호전문기관에서 보호자에게 아동학대에 관한 교육과 전문적인 상담을 받아야 한다고 안내했다. 그러자 부모는 삼촌이 학대한 것이지 본인들은 때린 적이 없다고 아동학대를 부인하며 억울함을 호소했다. 세상이 변했고 문화가 달라졌음에도 우리 사회의 아동학대에 대한 인식이 여전히 이처럼 낮은 수준에 머물러 있는 것을 어찌해야 할까?

부모의 아동학대 부인과 억울함이 억지라는 건 잠자리를 봐줄 때 아이들의 재잘거림에서 자주 증명됐다. 아이들은 언제 어디서 날아올지 모르는 술병과 주먹에 맞아 부러지고 멍들었다. 바닥에 내동댕이쳐져 깨진 유리에 살이 찢기고 베여 고통이 밀려와도 끽소리 한 번 낼 수 없었다. 입에 담지 못할 욕설이 난무하고 술·담배로 찌든 공간에서 아이들은 매 순간 두려움에 벌벌 떨어야 했다.

특히 굶주림은 견디기 힘든 고통이었다. 오후 늦게 깬 엄마가 해장하려고 시킨 음식은 아이들이 먹지 못할 정도로 맵고 자극적이었으나 그걸로라도 허기를 채워야 했다. 늘 굶주렸기 때문에 음식이 눈앞에 있으면 정신없이 배를 채워야 했던 행복이에게 식사 예절을 배울 기회는 없었다.

돌봄과 배움의 기회가 없는 상태에서 죽음의 고비를 넘으며 형성된 행복이의 식습관은 엉망이었다. 그와 함께 대물림 된 폭력성과 공격성은 행복이라는 한 아이의 캐릭터가 됐다. 자신이 가족에게 당했던 폭력을 재연하면서 행복이는 어느새 모두가 피하고 싫어하며 손가락질하는 부정적인 피드백을 받는 문제아가 됐다. 그러므로 우리는 행복이와 만날 때 학교폭력과 교권 침해라는 무서운 용어에만 집중할 것이 아니라, 아동학대라는 가정에서 선행된 폭력이 학교폭력의 기저에 깔려 있다는 사실을 기억해야 한다. 즉, 무서운 전쟁터에서 기적처럼 살아난 '생존자' 행복이의 서사를 함께 이해해야 한다는 것이다.

뭐라고 씹●끼야!

모든 학생은 센터 입소 시 학교폭력을 하면 '즉각 퇴소'라는 규칙을 안내받는다. 그러나 그 규칙을 그대로 적용한다면 센터에 남아 있을 아이는 없다. 그래서 센터에서는 학교폭력예방교육을 자주 한다. 사건이 있었던 그날도 학교폭력예방교육 수업이 있었다. 퇴근하던 조리장님이 아이들이 좋아하는 주스를 주시며 말했다.

“이빨강 선생님, 어린이들이 좋아하는 주스 여기 있어요. 한 팩씩 주세요.”
“예. 얘들아, 방금 간식 먹었으니까, 주스는 바깥 놀이 후에 마시자.”

옆에서 수업을 도와주신 이빨강 선생님이 말했다. 당장 주스를 마시고 싶은데 바깥 놀이 후에 마시자는 말을 들은 순간 행복이는 옆에 있는 에어컨을 주먹으로 치면서 소리 질렀다.

“주스 줘, 주스 달란 말이야. 빨리 내놔.”
“행복아, 소장님 봐봐.”

내가 주먹으로 에어컨을 마구 치는 행복이의 손을 잡으려는 순간,

“뭐라고 씹●끼야?”(짝!)

너무 아파서 나도 모르게 눈물이 났다. 행복이가 내 뺨을 내리친 것이다. 얼마나 아프고 얼얼한지 눈알이 빠지고 치아가 다 뽑힌 것 같은 느낌이었다. 나는 얼른 정신을 차리고 행복이와 마주 앉으면서 선생님에게 말했다.

“이빨강 선생님, 다른 아이들 데리고 먼저 바깥 놀이하고 계세요. 저는 행복이랑 나중에 나갈게요.”
“왕행복, 지금 뭐 한 거야? 왜 소장님을 때리고 소장님에게 욕해?”
“주스 안 주니까 그렇지. 주스 줘. 주스 줘. 으앙.”
“행복아, 행복이가 화날 때마다 지금처럼 소리 지르거나 욕하고 울면서 얘기하면 못 알아듣는다고 말했잖아.”
“주스 줘. 주스 달라고!”

168

행복이가 한참 울면서 떼쓰는 동안 나는 행복이의 얼굴을 가만히 쳐다보고 있었다. 삼십 분이 넘게 행복이는 귀가 아프도록 소리 지르고 울면서 떼썼다. 그래도 내가 가만히 쳐다보기만 하자 이제는 주먹으로 벽을 쳤다. 나는 얼른 행복이의 양손을 잡고 내 허벅지를 행복이의 허벅지에 올렸다. 그리고 엉덩이 걸음으로 행복이에게 더 가까이 다가가서 몸에 힘을 줘서 행복이가 움직이지 못하도록 끌어 안았다. 행복이는 더 크게 울면서 주스 달라고 외쳤다. 아무리 울고 떼를 써도 내가 아무런 반응을 보이지 않자 행복이의 목소리가 서서히 줄어들면서 폭발이 멈췄다. 에어컨 위에 있는 바늘 시계를 보니 1시간 20분이 지났다. 입소 초기에는 폭발이 일어나면 4시간은 기본이었는데 많이 줄었다.

"행복아, 주스 마시고 싶었어?"

"네. 주스 먹고 싶은데 이빨강 선생님이 안 준다고 하잖아요."

"행복아, 이빨강 선생님이 말씀하실 때 소장님도 옆에 있었잖아. 선생님은 주스를 안 준다고 말하지 않고, 바깥 놀이 후에 마시자고 말씀하셨어. 소장님과 수업 후에 너희들이 간식으로 빵이랑 망고주스를 마셨기 때문에 나중에 주신다고 한 것 같아. 소장님 말씀 들어보니 어때?"

"네, 소장님 말이 맞아요. 바깥에서 놀다 온 다음에 준다고 했어요."

"그렇구나. 우리 행복이도 소장님처럼 들었네. 소장님 생각엔 행복이가 주스를 당장 마시고 싶은데, 이빨강 선생님이 바깥 놀이 후에 마시자고 하니까 화가 난 것 같아. 소장님 말이 맞아?"

"네."

"그럴 때는 '이빨강 선생님, 주스 지금 마시고 싶어요.'라고 말해야 해."

"네."

"소장님은 아까 행복이가 갑자기 화를 내면서 에어컨을 주먹으로 치니까 너무 놀랐어. 행복이 손이 아플까 봐 걱정도 되고. 그래서 행복이의 팔을 잡은 건데 행복이가 소장님 뺨을 때리면서 '뭐라고 씹●끼야?'라고 욕해서 소장님은 뺨도 너무 아프고 마음도 몹시 아파."

"제가 소장님을 때리고 욕해서 죄송합니다. 소장님, 많이 아파요? 제가 호 ~ 해 줄게요."

"오늘은 소장님이 행복이의 사과를 받아주고 용서해 줄 것이지만 앞으로는 절대 욕 하거나 때리지 않아야 해."

"네. 이제는 욕 안 할 거예요. 때리지도 않을 거예요. 소장님 사랑해요."

행복이는 특유의 귀여운 미소를 지으면서 나를 안아줬다. 스트레스 상황이 발생했을 때 선생님들의 차분한 반응을 경험하는 것은 미숙한 우리 아이들에게 주어지는 특권이다. 보슬비가 서서히 스며들어 깡마른 대지를 촉촉이 적시듯이 그 특권이 반복된다면 우리 아이들의 스트레스 상황에 따른 대처 방식도 향상될 수 있다. 하지만 그 사건 후에도 행복이의 스트레스 상황에 따른 대처는 여전히 폭발이었다. 행복이는 폭발할 때마다 자신을 보호하기 위해 제지하는 선생님의 턱을 머리로 박고, 팔을 깨물며, 꼬집고, 때렸다. 때로는 선생님에게 일부러 오줌을 싸기도 했다. 선생님이 계단을 내려가고 있으면 자신을 제지했던 것에 대한 복수라며 뒤에서 밀기도 했다. 그래서 선생님들은 계단을 이용할 때 항상 난간에 등을 대고 주변을 살피며 조심해야 했다. 한 번은 자다가 일어나 다른 학생의 목을 조른 적도 있었다. 어쩔 수 없이 선생님들은 잠자리 지도를 한 후에도 한 시간 간격으로 알람을 맞춰 일어나서 살펴야 했다. 행복이는 아무 때나 이유 없이 다른 아이들을 때리고, 욕하고, 놀리며 시비를 걸었다.

물풀을 침대에 짜놓아서 자려고 누운 아이를 놀라게 하고 친구의 사물함에 소변을 보기도 했다. 행복이가 입소한 후 센터 내 기물파손 피해는 급격히 늘었다. 청소기와 선풍기를 던져서 부수고 생활실의 책상다리를 부수고 빨래 건조대를 휘어버리고 걸레봉을 부수고 벽과 문짝을 너무 자주 그리고 세게 쳐서 이곳저곳에 구멍을 내고 벽이나 가구 등에 흉한 낙서를 하는 등 행복이의 거친 폭력은 끝이 없었다.

데니스 라인스에 의하면 아이는 자신도 모르는 사이에 과거의 학대받던 충격적인 경험과 수시로 만난다. 그는 아이들이 다시 그 순간에 있는 것처럼 느끼는 고통을 '회상 장면(flashback)에 갇힌다'라고 표현한다.[44]

충격적 경험인 회상 장면은 위에서 언급했듯이 수시로 아이들을 찾아왔으나 유독 밤에 더 자주 찾아온다. 그래서 밤이 되면 흐느껴 우는 아이, 악몽으로 소리 지르며 양팔을 저으면서 폭력을 피하는 아이, 무섭다고 엉엉 큰 소리로 우는 아이, 토하거나 오줌을 지리는 아이 등으로 혼란스럽다. 잠자리 지도는 선생님들의 가장 고된 일 중 하나다.

회상 장면에 끊임없이 쫓기던 행복이는 늘 전투 태세로 살 수밖에 없었다. 학대 11년 동안 온몸에 차곡차곡 쌓인 이름 모를 괴물을 다 쏟아내기까지 행복이에게는 얼마나 긴 시간이 필요할까? 행복이는 폭발이 끝나고 훈육이 시작되면 진심으로 미안해하면서 앞으로는 폭발하지 않겠다고 다짐했다. 하지만 마음먹은 것처럼 되지 않으니 가장 힘든 건 행복이 자신일 것이다.

맛있는 코딱지

그날은 매월 진행되는 〈학생 자치회의〉가 있던 날이었다. 회의 안건은 굉장히 중요한 '코딱지 끊기'였고, 아이들의 표정은 비장했다. 평소 아이들은 행복이가 코를 잘 흘리고 흘러내리는 코를 훌쩍 삼키거나 코딱지를 모아서 한꺼번에 먹는 모습을 정말 싫어했다. 그런데 최근 들어서 행복이는 유독 식사 때마다 일부러 코딱지를 튕겨 다른 사람의 음식에 들어가게 하거나 인증을

---

44. 데니스 라인스(Dennis Lines), 정희성 외 옮김, 『쉽고 간결한 학교상담』, (한울, 2019.), 227

타고 흐르는 코를 혓바닥으로 천천히 빨아먹는 모습을 보여줬다. 아이들은 그 모습을 볼 때마다 토할 것 같다고 그만하라고 말했지만 행복이는 아랑곳하지 않고 실실 웃으면서 계속했다.

결국 아이들은 행복이의 코딱지 끊기를 회의 안건으로 내놓았다. 먼저 아이들은 코딱지가 얼마나 더러운지 얘기했다. 그리고 그 더러운 코딱지를 먹는 것은 위험하다며 먹지 말라고 했다. 그러나 행복이는 아이들의 의견에 손으로 귀를 막으면서 막무가내로 싫다고 고집부렸다.

"싫어. 안 들리거든? 몰라. 몰라. 계속 먹을 거거든."

설득을 포기한 아이들이 학생회장에게 행복이가 코딱지를 강제로 끊게 해달라고 요구했다. 분위기는 격앙될 대로 격앙됐다. 학생회장도 같은 마음이었기에 행복이에게 코딱지 끊을 것을 약속해 달라고 강하게 요구했다. 그러나 행복이는 무조건 싫다는 대답만 반복했다. 어느덧 자치회의 시간이 1시간을 훌쩍 넘었다. 〈학생 자치회의〉에서 선생님들은 발언하지 않고 참관만 하는 것이 규칙이다. 그러나 이대로 두면 약이 오른 아이들이 행복이를 공격할 테고 그러면 기분 나빠질 행복이는 폭발할 것이 뻔했다. 내가 입을 열었다.

"여러분, 그리고 회장님, 혹시 제가 한 가지만 제안해도 될까요?"
"네. 말씀하세요."

학생회장이 내게 발언권을 줬다.

"행복이에게 하고 싶은 말인데요, 혹시 행복이가 코딱지를 한 번에 끊는 것이 어렵다면 학생들 앞에서는 끊고, 소장실에 와서 제 앞에서만 먹는 것은 어떨까요?"

"네, 좋아요. 알겠어요. 히히."

내 제안이 끝나자마자 행복이가 웃으면서 대답했다.

"몇 시에 끊을 건가요?"

회장이 물었다.

"9시에요."

"밤 9시요?"

"네."

행복이의 대답에 아이들은 지금 당장 끊으라고 했다.

"어린이들이 점심과 저녁 식사를 해야 하니까, 그전에 끊어 주세요."

내가 말했다.

"2시에 끊을게요."

"안 됩니다. 점심 식사 시작하기 전에 끊어주세요."

학생회장이 말했다.

"알겠어요. 지금 끊을게요."

한참을 생각하던 행복이가 그렇게 대답하자 회의실은 아이들이 내지른 기쁨의 환호성으로 가득 찼고 회의는 평화롭게 마쳤다. 〈학생 자치회의〉 후 행복이가 소장실을 더 자주 찾았다. 소장실에 들어오면 행복이는 꼭 내 책상 앞까지 다가와서 섰다. 그리곤 나를 쳐다보면서 오른손 엄지와 검지로 코딱지를 파서 왼쪽 손바닥에 모았다. 어느 정도 코딱지를 모으면 혓바닥을 길게 내밀어서 손바닥을 핥았다. 그리고 오물오물 코딱지를 씹어 삼키곤 함박미소를 지었다. 어떤 날에는 내가 어떻게 반응할까를 확인하려고 일부러 더 과장할 때도 있었다. 그럼에도 나는 행복이가 소장실을 찾으면 이 세상에서 행복이가 코딱지 먹는 것보다 더 중요한 것은 없다고 생각하면서 진지한 표정으로 행복이에게 집중했다. 하루 이틀, 한 주 두 주가 지나 한 달이 넘으면서 행복이가 소장실을 찾는 횟수가 줄어들었다. 오랜만에 소장실에 온 행복이가 코딱지를 먹고 있길래 나는 물었다.

　　"행복아! 맛있어?"
　　"네."
　　"더 맛있는 것도 많고, 언제든 조리장님께 가면 맛있는 간식을 주시는데 왜 코딱지를 먹는 거야?"
　　"그냥요."
　　"그런데 요즈음은 코딱지 먹으러 소장님 방에 자주 안 오더라. 왜 전처럼 자주 안 와?"

행복이는 나의 질문에는 대답하지 않고 모아둔 코딱지를 천천히 씹어 먹었다.

　　"소장님, 저 또 올게요. 안녕히 계세요."

행복이는 아주 예의 바른 자세로 배꼽 인사를 하고 나갔다. 어느 순간 행복이의 코딱지 먹기는 끊어졌고 센터에서 코딱지 이슈는 사라졌다. 나는 아직도 행복이가 코딱지를 먹었던 정확한 이유를 모른다. 그러나 행복이가 코딱지를 먹을 때 온전히 행복이에게 집중했었다. 작은 사무실 안에 있는 소장실에서 코딱지를 먹던 모습을 본 모든 선생님도 나와 같이 반응했다. 우리는 한결같이 행복이를 사랑했고 그 사랑을 다양한 언행으로 표현했다. 물론 행복이가 선생님들을 힘들게 하던 순간에도 말이다. 그러는 사이 행복이의 마음에는 코딱지보다 더 맛있고 중요한 사랑의 씨앗이 심겼을 것이다. 그렇게 사랑받고 사랑하는 것이 더 맛있어지자 행복이에게 코딱지 먹는 행위는 더 이상 아무런 의미가 없어졌을 것이다. 이미 행복이는 자신이 충분한 관심과 사랑받고 있다는 것을 온몸으로 느끼고 있었을 테니 말이다.

밥 먹을 땐 꼭 수저가 필요한가요?

나는 행복이의 첫 식사를 잊지 못한다. 식사 때 행복이는 음식을 담아온 접시에 얼굴을 가까이 데더니 손으로 긁어서 입에 넣었다. 놀란 조리장님이 얼른 손을 닦아준 뒤 숟가락을 잡도록 한 후 수저로 먹도록 지도했다. 그러나 행복이는 이내 수저를 던지고 손으로 긁어 입에 담았다. 뜨거운 국은 국그릇에 입을 대고 국물을 마신 후 건더기를 손으로 집어 먹었다. 여러 번 지도해도 듣는 둥 마는 둥 했다.

게걸스럽게 먹으면서 주변에 음식을 튀기고 손에 묻은 반찬을 쪽쪽 큰 소리를 내면서 빨아먹었다. 식사 중 코가 흐르자 손등으로 훌쩍 닦아 입으로 핥았다. 그 모습을 본 아이들은 지저분하다고 소리 지르면서 기겁했다. 행복이는 그런 아이들의 반응에 아랑곳하지 않았다.

선생님들이 매끼 식사 예절을 지도했으나 일주일이 지났는데도 나아지지 않았다. 정확히는 조금 나아져 숟가락을 잡았다가도 한 두 숟가락을 떠서 먹곤 바로 숟가락 없이 먹거나 더 배고픈 날에는 양손으로 마구 집어먹었다. 더 적극적인 식사 지도를 위해서 소장과 실장 사이에 행복이의 지정석을 만들었다. 아이들에게는 행복이가 식사 예절 배우는 것이 조금 늦었고, 지금이라도 배우면서 연습하는 중이니 조금만 기다려주자고 누누이 설명했다.

그럼에도 식사 시간이면 모두가 예민해졌고, 즐거운 식사 시간이 불행한 시간으로 변하곤 했다. 입소 전, 행복이는 재적 학교의 전교생이 함께 식사하는 급식실에서 점심을 먹었을 것이다. 그런데 4학년 학생이 이렇게 식사하는 모습을 다른 학생들과 선생님들은 어떻게 받아들였을까? 4학년이 될 때까지 매번 급식 시간에 마주한 사람들의 더러운 것을 보는 듯한 눈빛과 표정, 그리고 상처가 되는 말을 들으며 지냈을 행복이의 마음은 얼마나 힘들었을까? 행복이의 식사하는 모습은 때때로 누군가에게 괴로움을 주었고, 심지어 구토할 정도로 불편함을 느끼게 했을 것이다. 본인이 의도한 것은 아니었겠지만, 그로 인해 행복이는 다수에게 피해를 주고 있는 셈이었다.

우리는 행복이의 식사 예절 지도를 포기하지 않았다. 행복이가 이 최소한의 식사 예절이라도 성공한다면 훨씬 사람다운 삶을 살 수 있을 것이다. 식사 시간은 물론 간단한 간식을 먹을 때도 연습했다. 작은 성공에도 선생님들은 칭찬과 격려를 아끼지 않았다. 역시 들인 시간과 정성은 배신하지 않았고 서서히 행복이의 식사 예절이 나아졌으며 그럴수록 식사 시간도 점점 평화로워졌다.

그러나 어느 월요일 아침, 대박 사건이 터졌다. 행복이가 눈을 뜨자마자 깨우던 이노랑 선생님에게 짜증을 내더니 선생님 얼굴에 침을 뱉었다. 놀란 선생님이 세수하러 화장실에 간 사이 행복이는 방마다 돌아다니며 아이들 얼굴에 침을 뱉었다. 그렇게 식전부터 난리가 났다. 겨우 사태를 가라앉힌 선생님들은 바쁘게 아침 식사를 준비했다. 선생님들이 저학년 아이들의 음식을 담아주는 사이 행복이가 코를 '킁' 하고 풀어서 행운이의 음식에 비볐다. 순식간에 일어난 일이라 선생님들이 말릴 틈도 없었다.

행운이는 '앙'하고 울었다. 이노랑 선생님이 얼른 행운이를 달래주며 음식물을 버렸다. 행복이는 울고 있는 행운이에게 "시끄러워! 이●아!"라고 소리질렀다. 그리곤 옆에 앉아 있던 진정이의 얼굴에 '팩!'하고 가래를 뱉었다. 그러더니 입에 담지 못할 욕을 하면서 식탁과 의자를 발로 차는 등 폭발이 시작됐다. 갑자기 가래를 맞은 진정이는 '웩!' 하고 토하면서 급식실은 난리가 났다.

이노랑 선생님은 진정이를 화장실로 데려가서 씻겼다. 이주황 선생님은 폭발한 행복이를 안고 방으로 들어갔다. 아직 행복이가 ADHD약을 복용하지 않은 채 폭발 중이며 원체 먹을 것에 집착하는 아이인데 아침 식사 전이니 폭발은 최고조에 달했다. 결국 행복이는 머리를 문에 박는 자해를 하며 손톱으로 자기 몸을 할퀴었다. 이주황 선생님은 얼른 행복이를 꼭 끌어안은 채 폭발이 잦아들기를 기다려줬다. 다른 아이들은 이노랑 선생님의 지도로 식사를 마친 후 모두 등교했지만(이 때는 꿈아학교가 설립되기 전이라 모든 아이들이 인근 학교에 다녔다) 그때까지도 행복이의 폭발은 멈추지 않았다. 거의 3시간이 지나면서 행복이의 흥분이 가라앉았고 폭발이 그쳤다. 평화로워진 행복이는 여느 때처럼 아무 일 없었다는 듯 특유의 귀여운 미소를 지으면서 말했다.

　　　"선생님~ 저 배고파요. 아침밥 주세요."

이주황 선생님은 아침 식사와 복약지도를 한 후 등교 준비를 끝낸 행복이를 훈육해달라고 소장실로 데려왔다. 나는 행복이의 담당 선생님에게 주말 동안 복약지도를 했는지 보호자에게 확인토록 부탁했다. 아니나 다를까 보호자들은 주말 동안 또 복약지도를 하지 않았다. 그렇게 유독 복약지도에 연약한 보호자가 있다.

센터에서는 신경정신과 약을 복용하는 경우를 포함해 어떠한 상황에서도 자신과 타인을 괴롭히는 폭력은 결코 정당화될 수 없다고 가르친다. 등교가 급한 것은 알지만 잘못된 행동에 책임지도록 훈육하는 것이 선행되어야 하기에 나는 행복이에게 아침에 있었던 상황을 물었다. 약효가 돌자 행복이는 자신이 무엇을 잘못했는지 구구절절 말했다.

그러더니 자기도 참고 싶은데 마음대로 안 된다고 속상해했다. 짧은 훈육 후 지금은 사과해야 할 아이들이 등교해서 없고 행복이도 등교해야 하니까 하교 후에 친구와 선생님께 진심으로 사과하고 용서의 시간을 갖기로 약속한 뒤 등교시켰다. 사실 행복이의 식사 시 수저 사용은 이미 고쳐졌다. 하지만 어떤 이유로도 배가 고프면 참지 못하고 폭발했다. 그날도 자신이 침 뱉는 사건으로 식사가 늦어지자, 자신 때문에 늦어진 것임에도 폭발했고 그 폭발은 역대 최고였다.

ADHD를 앓는 아이들의 복약지도는 매우 중요하다. 물론 너른 초원에서 자유롭게 키운다면 약 없이도 양육은 충분히 가능할 것이다. 그러나 현실은 그렇지 못하다. 아이가 공동체 속에서 타인과 더불어 사는 것을 배워야 하기 때문이다. 또 40분씩, 5~6교시 수업을 견딜 집중력이 필요하기 때문이다.

보호자 중에 정신과적 아픔이 있는 자녀의 복약지도에 관심이 없거나 가정에서는 큰 문제가 없다는 등의 이유로 주말에 복약지도를 하지 않는 경우가 있다. 그러면 ADHD를 심하게 앓는 아이의 경우 길게는 화요일까지의 수업은 물론이고 일상생활 자체가 불가능하다고 보면 된다. 위의 사건처럼 말이다. 앞에서도 언급했지만 뼈가 부러지면 정형외과에 가서 깁스하고, 감기에 걸리면 이비인후과에 가서 치료하는 것처럼 ADHD도 마찬가지다. 신경정신과에서 진단받고 약을 처방받았으면 의사 선생님과 긴밀히 상의하면서 현명한 복약지도에 충실해야 한다. 특히 행복이처럼 ADHD와 여러 가지 증상이 공존할 때는 더욱 그렇다. 이런 경우 복약지도만 잘해도 학교폭력 가해 충동은 상당히 예방된다.

눈물의 <칭찬 샤워>

센터의 다양한 프로그램 중에서 아이들에게 가장 인기 있는 것은 <칭찬 샤워>다. 아이들은 '센터 식구들이 자기에게 어떤 칭찬을 할까?'를 매우 기대하면서 자신이 <칭찬 샤워>의 주인공이 될 날을 손꼽아 기다린다. <칭찬 샤워>가 있는 날이면 센터의 모두가 교실에 모여 동그랗게 앉는다. 주인공인 아이는 자기가 가장 소중하게 여기는 물건을 가져온다. 사회 보는 선생님의 진행에 따라 센터 식구들은 한 명씩 돌아가면서 주인공이 가져온 소중한 물건을 주인공 대신 귀하게 안은 채 미리 준비해 온 칭찬의 내용을 읽어주고 주인공은 칭찬으로 샤워하면서 충분히 행복해진다.

<칭찬 샤워> 카드는 첫 번째, 주인공이 잘하거나 주인공의 장점 세 가지를 칭찬하고 그렇게 칭찬하게 된 배경을 설명하는 것과 두 번째, 주인공 덕분에 고맙고 행복했던 상황을 "내가 ○○에게 고마웠던 것은 ~."이라는 문구를 시작으로 완성된 문장을 작성하는 것이 규칙이다. 이렇게 <칭찬 샤워> 카드에는 구체적인 칭찬 내용이 들어가야 하기에 주인공을 깊이 관찰하고 진심으로 주인공에 대해 생각하면서 내용을 적을 수밖에 없다.

그런데 아침부터 친구에게 침과 가래를 뱉은 날이 하필이면 행복이가 <칭찬 샤워>의 주인공인 날이었다. 그날만큼은 모두가 행복이를 칭찬해야 하는데 아침부터 큰 사건이 터졌으니 어떤 아이가 진심으로 행복이를 칭찬할 수 있을까? 그렇지 않아도 평소에 행복이의 억지와 폭력 때문에 아이들 사이에서 행복이에 대한 불만이 많다는 것을 잘 알고 있는 선생님들은 고민에 빠졌다. 그러는 와중에 사건이 또 터졌다. 학교에서 행복이의 담임 선생님에게 전화가 왔다. 점심에 센터의 아이들이 행복이의 교실에 몰려와서 행복이가 자기들에게 침과 가래 뱉은 것을 사과하라고 소리쳐서 반 아이들이 모두 놀랐다는 것이다. 다행히 아침에 센터에서 연락을 받았던 선생님이 상황을 잘 알고 계셔서 잘 해결했으나 센터에서도 알고 계시라고 연락을 주신 것이다.

평소에도 행복이의 폭력으로 힘들었던 아이들이 아침 사건으로 마음이 몹시 상했고 선생님들이 어떤 개입과 조치를 했는지 모르자 본인들이 스스로 그 일을 해결하려고 한 행동이 도리어 폭력이 된 셈이다. 이는 학교폭력이 발생했을 때 어른들의 개입을 못 믿어서 자신이 해결하려다 도리어 가해 학생이 되는, 피해 학생이 흔히 저지르는 전형적인 실수다(5장 참고).

친구들 앞에서 그 일을 당한 행복이의 마음이 걱정됐다. 선생님들은 회의를 통해 먼저 행복이가 아침에 한 행동을 진심으로 사과하고, 다음은 아이들이 행복이의 학급으로 찾아가 창피 준 것에 대해서 훈육한 뒤 사과하는 시간을 갖자고 결정했다. 그리고 행복이의 〈칭찬 샤워〉는 원래대로 하기로 했다.

그날 〈칭찬 샤워〉는 내가 진행했다. 나는 먼저 행복이에게 아침에 있었던 사건에 대해 진심으로 사과할 것을 요청했다. 행복이는 아침에 나와 약속했던 것처럼 진심으로 사과했다. 그리고 자신도 그렇게 하고 싶지 않은데 참기 어렵다고 말하면서 훌쩍거렸다. 행복이의 진심을 진지하게 들은 아이들이 사과를 받고 용서해줬다. 나는 두 번째 사건을 언급했다. 먼저 교실로 찾아갔던 열세 명 아이들에게 행복이의 담임 선생님께 전해 들은 것을 확인하자, 아이들이 고개를 숙이면서 사실이라고 대답했다. 나는 아이들에게 본인이 행복이었다면 어땠을까를 생각해보라고 말한 뒤 반 친구들 앞에서 그런 일을 당한 행복이의 마음이 어땠을지 질문했다.

"앞으로 교실에서 왕따 당할까 봐 무서울 것 같아요."
"창피할 것 같아요."
"반 친구들이 다시는 같이 안 놀까 봐 걱정될 것 같아요."
"내일부터 학교 가기 싫을 것 같아요."

아이들이 그렇게 말하면서 행복이에게 미안하다고 사과했다. 그러자 행복이가 훌쩍훌쩍 울었다. 행운이는 그런 행복이 오빠를 안고 위로하면서 같이 울었다. 이내 모든 아이가 행복이에게 다가가서 함께 울면서 위로했다.

> "형아들, 그리고 친구들아 내가 아침에 침 뱉고, 가래 뱉은 거 진짜 미안해. 용서해줘. 행운아, 내가 아침에 너 밥에다 코 묻힌 거 미안해. 용서해줘. 다음부터는 안 그럴게."

행복이가 또 사과했고 교실은 눈물바다가 됐다. 한참 울면서 서로 사과하던 아이들은 서로의 속마음도 얘기하고 용서하면서 스스로 치유의 시간을 가졌다. 환기를 위해 잠깐 쉰 뒤 행복이의 〈칭찬 샤워〉를 시작했다. 그동안은 행복이 때문에 못 살겠다고 불평하면서 행복이가 언제 퇴소하는지 묻던 아이들이 행복이 덕분에 행복했고 좋았던 추억을 고백했다. 그리고 행복이의 장점으로 "행복이는 종이접기를 잘해요." "행복이는 방과 후 요리 교실에서 음식을 만들면 가져와서 잘 나눠줘요." "행복이는 착해요." "행복이는 친구를 괴롭혔다가도 사과를 잘해요." "행복이는 머릿결이 좋아요." "행복이는 얼굴이 하얘서 부러워요." "행복이는 잘 웃어요." "행복이는 달리기가 빨라요." 등의 칭찬을 했다. 행복이는 칭찬을 들으면서 계속 눈물을 흘렸다. 〈칭찬 샤워〉가 끝난 후 행복이가 소감을 말했다.

> "제가 이렇게 잘하는 게 많은 줄 몰랐어요."

아이들은 놀랄 만큼 성숙했다. 아이들과 지지고 볶으며 살다 보면 아이들이 변하지 않는 것 같아 무력감을 느낄 때가 있다. 하지만 아이들은 어느새 훌쩍 성장한 모습으로 어른들을 놀라게 한다. 그날 아이들은 정말로 멋졌고 무척 대견했다.

돌봄과 배움의 기회를 박탈당해 많은 부분이 결핍된 행복이는 자신을 표현하는 방법이 매우 서툴렀다. 그러다 보니 정성을 들이지 않는다면 행복이의 선한 속마음을 알아챌 수 없다. 누군가는 행복이로 인해 자신이 힘들고 피해 본다고 생각할 수 있다. 그 생각을 폭력적으로 표현하기도 한다. 때론 자기 마음에만 집중하느라 본인이 행하는 폭력적인 언행으로 행복이가 받을 상처는 생각하지 못할 수 있다. 그러나 행복이는 자신을 대하는 사람들의 모든 폭력적인 표정과 말과 행동을 다 느끼고 정확히 알고 있었다.

그렇게 행복이는 가족의 아동학대에 이어 우리 사회로부터 2차 피해를 경험했다. 아이들의 삶에 깊이 들어가면 들어갈수록 아이들은 다양한 형태로 자신에 대해 많은 것을 말해 준다. 데니스 라인스에 의하면 아이들이 중요한 의미로 갖춰진 자리에서, 서로의 이야기를 나누고 집단으로 연결되어 있다는 경험을 통해 형성된 '현상적인 감수성'은 아이들에게 이전보다 자신 바깥의 타인을 위하는 마음이 더 깊어지게 돕는다.[45] 대단히 훌륭하며 소중한 어린이 선생님들의 〈칭찬 샤워〉는 타인을 위하는 마음인 '타자 중심성'을 높였던 최고의 교육 현장이었다. 그날 나는 이 귀한 일에 몸담은 것에 감사한 마음과 아이들에 대한 경외감에 또 흠뻑 취했다.

6세의 4학년 행복이

행복이가 입소한 지 3개월이 됐다. 입소 당시에 비해 모든 면에서 굉장히 좋아졌기에 행복이와 행운이는 퇴소하고 가정과 재적 학교로 돌아가는 것이 맞다. 보호자와 아동보호전문기관 그리고 드림스타트와 재적 학교에서는 행복이가 많이 좋아졌으나 센터에서 조금만 더 도와주면 좋겠다는 의견을 냈다. 또 학대 재발 방지를 위해 부모상담, 부모코칭, 부모교육도 더 필요하다는 요청도 있었다. 가장 중요한 것은 아이들의 마음이기에 행복이와 행운이

---

45. 데니스 라인스(Dennis Lines), 정희성 외 옮김, 『쉽고 간결한 학교상담』, (한울, 2019.), 268.

에게 문자 센터에서 더 지내고 싶다고 답했다. 따라서 1회 연장이 결정됐다. 입소 초창기와 비교해서는 행복이의 문제행동이 기적처럼 줄었고 많이 성장했지만 폭력과 폭발은 쉽게 소거되지 않았다. 선생님들은 행복이의 치료를 위해 더 많이 고민했다. '어떻게 하면 행복이가 더 행복할까? 어떻게 도와주면 행복이의 삶이 더 좋아질까?'를 더 깊이 연구했다. 그리고 그 분기에 있던 상담 슈퍼비전에서 다룰 사례의 주인공을 행복이로 결정했다.

2018년부터 상담 슈퍼비전으로 도와주고 계신 박사님은 행복이의 사례뿐 아니라 우리 센터의 모든 사례는 항상 난이도가 높고 치료과정이 놀랍다고 했다. 그 이유 중 하나가 일반적인 상담실의 경우와 다른 치료적 환경 때문이라고 했다. 상담실의 경우 상담사가 내담자와 만나는 시간이 주 1회, 약 40분 정도인 반면에 〈가정형Wee센터〉는 상담사와 내담자가 함께 살면서 돌봄 · 상담 · 학습 · 사회복지 등의 통합서비스를 경험한다.

그러니 센터의 선생님들은 24시간을 내담자인 어린이와 지내면서 상담사 역할뿐 아니라 교사면서 부모이기도 한 이중 관계로 맺어져 있다. 선생님들은 그 역할의 경계를 수시로 넘나들어야 하니 피로도가 높지만 아이들에게 쏟는 정성과 사랑이 큰 덕분에 치료 효과가 탁월한 것 같다고 했다. 그러면서 현장에 계신 선생님들에게 항상 존경을 표한다고 말했다. 또한 그 덕분에 전국 어디에서도 볼 수 없는 어려운 사례들임에도 성공적인 사례가 될 수밖에 없는 것이라고도 했다.

박사님이 행복이를 키우고 있는 우리에게 주신 슈퍼비전 내용을 정리하자면 다섯 가지다. 첫째, 행복이는 인지행동치료가 필요하다. 둘째, 욕구가 지연됐을 때 반복되는 문제행동에 대한 돌봄은 특수교육 전문가의 도움이 매우 필요한 학생이기에 특수교사가 없는 센터에서 행복이를 상담하고 돌보는 데는 한계가 있다. 따라서 선생님들이 매우 어렵고 힘들었을 것이며 치료의 효과를 높이기 위해 특수교육 전문가가 있는 곳으로 이관하는 것을 추천한다. 셋째, 행복이를 대하는 사람은 행복이를 6세 정도의 유아로 생각하고 소통해야 하며, 언어로 표현하는 것이 행복이에게는 매우 어려운 과제이기에 놀이치료를 통해 감정표현의 기술을 익히도록 도와야 한다. 이에 대해 센터에서 진행한 주 1회 모래 놀이치료와 외부와 연계한 음악치료가 큰 도움이 되고 있다고 평했다. 넷째, 센터에서 이루어지는 생활 규칙을 행복이가 수행하기에는 매우 어려운 과제이나 센터는 행복이를 학교로 돌려보내야 하기에 반복적으로 규칙을 가르치고 연습시키는 건 매우 잘하는 것이라고 칭찬했다. 그러나 앞으로는 규칙을 더 짧게 그리고 세분화하여 단계별로 지키도록 하는 것이 중요하다는 것도 강조했다. 다섯째, 아이가 집에서 혼났다고 표현하는 아동학대 경험을 말할 때 아이가 느꼈던 감정에 대해 더 이야기하도록 아이의 느낌을 따라가는 것이 상당히 중요한데 선생님들이 잠자리에서 아이가 하는 말에 귀를 기울이면서 배설할 수 있도록 충분히 들어준 것은 아이의 마음 치유에 굉장한 도움이 되었다고 칭찬했다.

그렇다. 센터에서 지내면서 행복이가 훨씬 안전해지고 행복한 것은 사실이지만 언제까지 이곳에 있을 수는 없다. 곧 연장했던 6개월이 마무리되기에 행복이는 가정과 재적 학교로 돌아가야 한다. 다행히 그동안 행복이의 재적 학교에 특수 학급이 설치됐다. 회의를 통해 행복이의 퇴소가 결정됐다. 부모 상담, 부모교육, 부모코칭을 통해 보호자의 아동학대가 멈춰 가정에 평화가 찾아왔고 퇴소 후에는 〈아동보호전문기관〉에서 관리할 것이기 때문이다.

6개월이 마무리되던 날 행복이의 〈송별식〉이 진행됐다. 여느 때처럼 보내는 아이들, 떠나는 행복이 그리고 선생님들까지 눈물을 흘리며 아쉬워했다. 추석 연휴 전날이 퇴소 당일이었다. 퇴소일 아침에 기분 좋게 등교했으나 학교에서 행복이가 수업을 진행할 수 없을 정도로 힘들게 한다고 담임 선생님이 도움을 요청했다. 선생님에 의하면 행복이가 수업 중에 갑자기 우산을 펴서 돌리고, 접어서 친구들을 찌르려고 해서 선생님이 제지하며 위험한 우산을

뺏으려 했다. 행복이는 우산을 빼앗기지 않으려고 반항하다가 스스로 우산 대를 발로 꺾어 망가뜨렸다. 그리곤 선생님 때문에 우산이 부러졌다고 고래 고래 소리 지르면서 선생님의 팔뚝을 깨물었다. 선생님이 아프다고 소리치 자 행복이는 그대로 교실을 뛰쳐나갔다. 그 전화를 받고 김분홍 선생님이 학 교로 갔다.

학교 정문 밖으로 나가려다 김분홍 선생님을 만난 행복이는 센터에 안 갈 거 라고 소리치면서 선생님을 때렸다. 김분홍 선생님이 행복이의 양손을 붙잡 아 안고 제지하려 했으나 행복이의 힘이 너무 셌다. 선생님은 하는 수 없이 112에 신고해서 도움을 청했다. 경찰관이 도착하자 행복이는 겁을 먹고 즉 시 폭발을 멈췄다. 출동한 경찰관에게 상황을 설명하고 경찰차의 도움을 받 아 센터로 데려왔다. 나는 소장실에서 훈육을 마친 후, 퇴소를 위해 엄마가 오시면 담임 선생님께 사과와 작별 인사를 드리자고 말했다. 엄마를 기다리 는 동안 보드게임을 하려고 하자 행복이가 말했다.

　　"소장님, 제가 손톱 깎아 드릴까요?"
　　"행복아, 소장님의 손톱은 길지 않은데. 길게 보여?"
　　"네. 길어요. 제가 깎아 드릴게요."

행복이는 나의 오른손을 입으로 가져가더니 엄지손톱부터 이빨로 자르려 했다. 나는 놀라서 얼른 행복이의 입에서 손을 빼면서 말했다.

　　"행복아, 소장님이 지금 일하던 중이라서 손이 더러워. 그리고 소장님의 손 톱은 짧으니까 안 깎아줘도 돼."
　　"아니에요. 소장님 손은 깨끗해요."

행복이는 다시 내 손을 입으로 가져갔다. 손톱을 이빨로 자르는 동안 행복이의 입에서 침이 걸쭉하게 흘러나와 책상에 흥건히 고였다. 오른손 손톱을 다 자른 후 왼손 손톱도 자르려 입으로 가져갔다.

> "행복아, 소장님이 생각하기에는 손톱이 안 길었는데 행복이가 길다고 말하면서 잘라줬잖아. 그런데 이것 좀 봐. 여기 빨개진 것 보이지? 아파."
> "진짜요? 제가 호~ 해 줄게요."
> "고마워. 그럼 왼쪽 손톱은 자르지 말고 행복이가 좋아하는 종이접기 할까?"
> "네."

우리는 종이접기를 시작했다. 내 책상 위에는 행복이가 만들어 준 종이 동물들이 뛰어노는 동물원 박스가 있다. 종이접기를 좋아하고 잘 접는 행복이가 선물한 종이 동물들이 한 마리씩 늘었고 어느덧 동물원이 된 박스 안의 동물들은 평화로웠다. 우리 행복이의 마음도 이 종이 동물들처럼 날마다 평화로우면 얼마나 좋을까? 오후 3시부터 추석 프로그램으로 송편 만들기가 있다고 해서, 나는 행복이를 데리고 급식실로 갔다.

송편 만들기가 시작되기 전부터 행복이는 들떴다. 행복이는 자기가 제일 좋아하는 떡이 꿀떡이라면서 어른이 되어 돈을 많이 벌어서 센터 친구들과 선생님들에게 꿀떡을 사 줄 거라고 했다. 행복이는 자신이 만든 첫 송편을 내 입에 넣어줬다. 훌쩍거리는 코와 입에서 흘리는 침을 닦으면서 빚은 송편이었다. 내가 고맙다고 말하면서 맛있게 먹자 행복이가 활짝 웃었다. 먹는 것을 정말 좋아하는 행복이는 자신이 만든 첫 송편을 자기 입에 제일 먼저 넣을 법한데 그러지 않고 내 입에 먼저 넣어줬다. 그렇게 행복이는 마음이 따뜻한 아이였다.

4시가 넘어서 엄마가 도착했다. 나는 매주 부모상담과 부모코칭을 받았고 부모교육에서 배운 것을 실천하면서 점점 나아지고 있는 엄마의 수고에 지지와 격려를 아끼지 않았다. 또한 행복이가 재적 학교로 돌아가 특수 학급에서 특수교사의 전문적인 지도를 받게 된 것이 정말 다행이고 감사한 일이라고 상기시켜줬다. 그리고 동생 행운이는 아직 우리 센터에 있고 행복이에 대한 사후관리도 할 것이니 언제든지 도움이 필요하면 요청할 것을 안내했다. 엄마를 따라 집으로 가면서 행복이는 선생님들과 친구들에게 정중하고 예의 바르게 인사했다. 우리는 행복이의 떠나는 뒷모습이 사라질 때까지 손을 흔들었다. 주 호소 문제가 다 해결되지는 않았지만 나는 모든 아이에게 다 그렇듯이 행복이가 센터에서 지내면서 선생님들에게 받은 사랑만큼은 어느 사랑보다 컸다고 자부한다. 선생님들은 그 사랑이 행복이가 힘들 때마다 추억하며 힘낼 수 있는 최고의 자원이 되기를 소망하면서 행복이를 태운 택시가 눈앞에서 사라질 때까지 손을 흔들었다.

그 후에

행복이의 퇴소 후 행운이도 9개월을 잘 지내다가 퇴소했다. 퇴소 초창기 부모님은 센터에서 배운 대로 아이들을 잘 돌봤다. 사례관리를 하던 아동보호전문기관에서도 칭찬할 정도로... 그러나 6개월이 지날 즈음 학교에서 연락이 왔다. 부모님의 아동학대가 재발했고 세 남매는 부모님과 분리되어 쉼터에 갔다면서 곧 아동복지시설에 입소하게 될 것이라고 했다. 나는 귀한 아이들이 마치 물건처럼 이곳, 저곳으로 돌림 당하는 슬픈 현실에 목이 메었다.

비참함을 극복한 '다사랑'   16장

나는 원하지 않는데 심리·정서적인 문제로 학교폭력을 반복해서 하고 있다면 내 마음은 어떨까? 학교폭력으로 센터에 입소한 아이 중 다수는 투렛증후군을 진단받고 치료 중이다. 아쉬운 건 아이가 학교폭력을 행사하던 때는 신경·정신과적 증상이 그 아이를 학교폭력으로 내몰고 있음을 몰랐다. 투렛증후군이 ADHD, ODD[46], IED 등과 공존한다면 아이의 삶은 걷잡을 수 없다. 특히 친구를 괴롭힌 후 아주 뻔뻔스러운 반응을 보이는 아이는 반성도 하지 않는 못된 아이로 낙인 찍힌다. 그러나 올리버 색스(Oliver Sacks)에 의하면 그 뻔뻔스러운 반응이 곧 투렛증후군의 증상 중 하나다.[47] 그래서 타인을 괴롭히고도 자기 잘못을 전혀 뉘우치지 않고 도리어 상대방을 원망하며 억울하다고 호소하는 증상을 가진 투렛증후군을 앓는 아이는 몹시 힘들다.

저는 멍뭉이에요

'ADHD, ODD, 투렛증후군, 스마트폰 과몰입, ASD(모의 자살에 따른 해리성 기억상실), 퇴행, 불안장애, 학교폭력, 교권 침해, 학교 부적응' 등 이런 무시무시한 말들이 내 이름 앞에 붙어서 나를 설명하고 있다면 나는 어떤 마음으로 살까? 이런 진단이 사람들 앞에서 나를 표현한다면 나는 과연 아무렇지도 않게 세상을 디디며 살아갈 수 있을까? 그것만으로도 너무 버거운데 어느 날 큰 우주와 자신을 연결하고 지탱해 주던 엄마가 갑자기 사망한다면? 평범한 4학년이었던 사랑이는 엄마의 갑작스러운 사망 이후 세 살 아이로 퇴행했다.

---

46. Oppositional Defiant Disorder: 적대적 반항장애.
47. 올리버 색스(Oliver Sacks), 조석현 옮김, 『아내를 모자로 착각한 남자』,)이마고, (2006), 186.

4학년 교실에서 갑자기 강아지 소리를 내고 아기 짓을 하며 교실을 휘젓고 다니는 학생을 이해할 수 있는 선생님이 과연 몇 명이나 될까? 그런 아이를 친구로 받아 줄 또래 아이들은 얼마나 있을까? 갑자기 강아지가 된 사랑이는 끝이 보이지 않는 깊고 깊은 낭떠러지에 끊임없이 추락하는 기분 때문에 견딜 수 없이 괴로웠다.

입소 상담으로 처음 센터에 온 날, 사랑이는 책상 위에 있는 작은 화분을 들어 실장님을 내리치려 했다. "그만!" 실장님이 단호하지만 따뜻하게 말하자 흠칫 놀라며 멈췄다. 자기소개를 해보자는 말에 사랑이는 아기 목소리로 말했다.

> **"나는 멍뭉이에요."**

센터에서는 아이의 입소를 결정하기 위한 초기면접 시 학생 상담과 어른 상담이 따로 진행된다. 사랑이가 학생 상담을 위해 회의실에서 나가자마자 중년 남자인 담임 선생님은 그동안 쌓였던 울분을 토하며 하염없이 울었다. 사실 사랑이의 교권 침해와 학교폭력은 엄마의 사망과 상관없다. 전부터 매우 심각했다. 과민한 사랑이는 굉장히 폭력적이었다. 입소 직전에도 같은 반 학생을 주먹으로 때리고 넘어뜨리고 밟았다. 넘어진 아이에게 책상을 엎고 눌러서 더 고통스럽게 했다.

담임 선생님이 말리자 욕과 막말로 반항했다. 특히 전교생이 다 있는 급식실에서 담임 선생님에게 함부로 하는 반복적이고 반항적 언행과 욕설로 선생님의 자존심은 깊은 상처를 입었다. 선생님은 아동학대로 몰아가는 몹쓸 현실 때문에 제대로 된 생활지도를 할 수 없었다고 말했다. 또 몇 개월째 정신과 상담까지 받으며 약물 치료 중이라고 했다. 더는 견딜 수 없던 담임 선생님은 사직서를 제출했다. 때마침 교장 선생님이 교장연수에 참석했다가 알게 된 우리 센터에 도움을 받아보자고 제안해서 오게 된 것이었다.

아버지에 의하면 엄마의 감정 기복에 따른 혼란스럽고 일관성 없는 태도로 가족은 늘 불안했다. 엄마가 사망하자 사랑이의 불안은 최고조에 달해 더이상 감당하기 힘들다고 했다. 아버지는 아내의 사망 후 어린아이를 데리고 혼자서 어떻게 살아야 하나 걱정이 태산이라고 말했다. 그런데 입소 상담 후에 사랑이가 오늘 당장 센터에 입소할 거니까 아빠 혼자 집에 가라고 했다. 아이의 신속한 치료를 위해 긴급입소를 결정했다.

아버지는 애 엄마의 갑작스러운 사망으로 시작된 사랑이의 심각한 퇴행만 소거되면 소원이 없겠다고 호소했다. 학교에서는 교권 침해와 학교폭력 문제가 해결되길 바란다고 했다. 그러나 정작 사랑이는 자신에게는 아무 문제가 없다고 말했다.

실장님은 사랑이의 퇴행 치료를 위해 고민하면서 치료 계획을 세웠다. 그리곤 멋진 목소리를 가진 이주황 선생님의 목소리를 녹음해서 따라 하도록 했다. 그 외에도 여러 가지 치료 방법을 고안해서 선생님들과 공유하고 모든 선생님은 그 치료 방법을 사랑이에게 일관성 있게 제공했다. 한 달이 지나기도 전에 사랑이의 강아지 소리와 아기 흉내를 내던 퇴행이 소거됐다. 아버지는 기적이 일어났다며 기뻐서 어쩔 줄 몰라 했다. 신경정신과 선생님은 해리성 기억상실도 약물치료와 놀이치료를 병행하면서 많이 좋아졌다고 했다. 그렇게 사랑이는 놀랍게 변화되고 있었다.

독가스 살포

그럼에도 사랑이의 폭력과 막말 그리고 참견과 허세는 끊이지 않았다. 사랑이는 평소 무시하는 듯한 말투로 친구들과 선생님들을 끊임없이 자극했다. 사랑이는 고가의 스마트기기로 사람들에게 주목받는 걸 무척 좋아했다. 그런 물건이 없는 사람들에게는 '가난한 것들'이라고 부르면서 조롱하고 비웃었다. 당시 아이들 다툼의 원인은 대부분이 사랑이었다. 사랑이의 가장 심각한 문제점은 막말이었다. 사랑이는 모두에게 함부로 말했다. 그러나 자신에게는 모두가 공손하고 예의 바른 자세로 대해야 한다고 고집부렸다. 친척 중에 연예인이 있고 자기 집안은 상류층이라며 선생님이건 친구건 간에 모두에게 가난한 너희들과 자신은 차원이 다른 사람이라고 망언을 멈추지 않았다. 2018년 8월, 아이들을 데리고 캠프[48]를 떠났다. 우리는 캠프장에 도착하자마자 점심 식사부터 했다. 중·고등학생들 속에서 초등학생인 우리 아이들은 귀여움을 독차지했다. 점심 식사 후 숙소인 텐트를 배정받아 짐을 풀러 갔다. 사랑이의 조를 맡은 이주황 선생님이 텐트를 여는데 풀벌레 우는 소리가 들렸다. 사랑이는 화들짝 놀라며 크게 겁먹고 소리 지르기 시작했다. 내가 달려가자 사랑이가 나를 보며 외쳤다.

"야! 씨●년아! 너, 나 죽이려고 작정했냐? 어? 이게 뭐야?"

"사랑아! 그만! 나쁜 말 그만해!"

"뭐라고? 그만? 웃기고 있네. 네가 뭔데 감히 나한테 이런 이상한 데서 자라고 지●이야? 어? 너 미쳤냐?"

"다사랑! 막말 그만해."

"싫다. 어쩔래? 어?"

사랑이의 막말은 멈추지 않았고 캠프에 온 모든 선생님과 아이들의 이목을 집중시켰다. 결국 소리 지르면서 자기 몸을 때리는 자해가 시작됐다. 나는 얼른 사랑이를 무릎에 앉힌 후 꼭 끌어안았다. 그리고 이주황 선생님에게 본부에 연락해서 사랑이의 숙소는 텐트가 아닌 방으로 이동해달라고 부탁했다. 한참 시간이 지나고 내 품에 안겨있던 사랑이의 흥분이 가라앉았다. 시

---

48. 우리 지역의 〈중·고등 여학생 가정형Wee센터〉와 〈중·고등 남학생 가정형Wee센터〉 그리고 〈초등 가정형Wee센터〉는 매년 여름에 1박 2일의 연합캠프를 진행한다.

간을 보니 50분이 지났다.

"사랑아! 소장님은 사랑이가 풀벌레를 이렇게 싫어하는 줄 몰랐어. 그리고 캠프장을 관리하는 선생님이 텐트 안을 깨끗이 청소하셔서, 사랑이가 싫어하는 벌레는 없었어. 아까 그 풀벌레 소리는 텐트 밖에서 난 거야. 그래도 사랑이가 싫어서 사랑이의 숙소를 방으로 옮겼어. 사랑이 움직일 수 있으면 방으로 갈까?"

"네. 소장님, 저 여기 너무 싫어요. 저 못 걷겠어요. 벌레 묻을지도 몰라요."

"소장님, 제가 안고 갈게요."

사랑이는 이주황 선생님의 품에 안겨 방으로 갔다. 방은 시원하게 에어컨이 켜있어서 찜통처럼 더운 밖에서는 상상하기 어려울 정도로 시원했다.

"야! 이 쌍●아! 이젠 독가스를 살포하냐?"

"어? 사랑아, 뭐라고?"

"이 씨●년아. 이제 방에다가 독가스를 살포했냐고. 네가 나를 죽이려고 여기까지 데려왔구나. ●년."

사랑이는 쌍욕을 하면서 나를 째려봤다. 나는 단호하고 낮은 목소리로 말했다.

"그만! 다사랑. 소장님이 이젠 네 막말 안 들어줄 거야."

"소장님, 그게 아니라요. 저기서 뭐가 나오잖아요."

"그만! 저기서 뭐가 나오는 게 바로 이 방이 시원한 이유잖아. 에어컨이 켜있어서 그렇다는 것을 알면서 왜 그렇게 말하니? 정말 이 방에 독가스가 살포되었다고 생각해서 그렇게 말하는 거야?"

"아니요."

"사랑아, 그렇지 않다는 것을 알면서 왜 그런 말을 해? 사랑이가 벌레를 무서워하니까 일부러 벌레가 들어오기 어려운 깔끔한 방으로 숙소를 옮겼고, 마침 이 방에 에어컨이 켜있어서 사랑이가 시원하게 쉴 수 있는데, 왜 감사하지 않고 못되게 말하는 거야?"

"죄송합니다."

"뭐가 죄송한지 말해 줄래?"

"제가 소장님한테 욕하고, 독가스를 살포했다고 오해해서요."

"그럼 지금 이 방에 독가스는 없는 거 맞아?"

"네! 저 안 죽었잖아요."

"사랑이는 이 방에 독가스가 있어서 죽을까 봐 걱정했었구나."

"네. 그런데 이제 안심이에요. 소장님! 저 1박 2일 동안 여기서 안 나가면 안 돼요? 아무것도 안 하고 싶어요. 그냥 여기 있을래요. 밥도 여기로 갖고 오세요."

그러나 밖에서 아이들이 물놀이하러 개울가에 간다는 소리가 들리자 사랑이는 언제 그런 말을 했냐는 듯이 얼른 수영복으로 갈아입겠다고 말했다. 그리고 1박 2일을 아주 신나고 재미있게 보내고 센터에 무사히 복귀했다.

시간이 흐름에 따라 사랑이도 빠르게 변화했다. 사실 사랑이의 놀랍도록 빠른 변화는 아버지의 성실함 덕분이었다. 사랑이가 입소 한날부터 아버지는 퇴근 후 매일 센터에 방문해서 사랑이와 데이트했다. 사랑이의 문제행동이 대부분 소거되자 5개월 만에 퇴소가 결정됐다. 퇴소 1개월 전부터 실장님과 아버지는 퇴소계획을 짰다. 돌봄의 공백이 생기지 않도록 미리 지역아동센터에 입소 대기를 걸었다. 하고 후 태권도장에 갔다가 태권도장에서 지역아동센터로 차량 운행을 부탁했다. 지역아동센터에서 저녁 식사와 숙제까지 도움받으면 아버지가 퇴근하면서 픽업하는 방식이었다. 집으로 돌아가는 날 사랑이는 그동안 친구들에게 폭력 한 것과 선생님들에게 막말해서 죄송했다고 정중하게 사과했다.

재입소

사랑이는 퇴소계획 때 약속한 대로 게임 시간을 잘 지켰다. 사후관리 차 전화하면 아버지도 사랑이가 잘 지내고 있으며 아주 행복하다고 했다. 하지만 5학년이 되면서 사랑이는 태권도장에 결석하더니 5월부터는 지역아동센터에도 안 다녔다. 게임 시간을 잘 지키고 무서운 영상은 절대 보지 않겠다던 약속은 여름방학이 되면서 다 깨졌다. 5학년 2학기가 되자 하교 후에는 컴퓨터와 스마트폰과 물아일체가 됐다. 어느 날, 유튜브에서 공포 영상을 본 후 사랑이에게 과도한 불안과 두려움으로 몸이 덜덜 떨리는 신체화가 나타났다.

> "여보세요? 실장님, 저 사랑인데요. 저 오늘 센터에 입소할래요. 저 좀 살려주세요. 저 센터에 입소 안 시켜주면 자살할 거예요."

사랑이는 스스로 전화해서 입소하겠다고 통보했다. 그리고 잠시 후 헥헥거리면서 들어왔다. 손엔 휴대전화가 들려 있었고 아빠와 통화 중이었다.

> "아빠. 나 사랑인데, 아빠 나 어저께 본 거 있잖아. 그거 잔인한 거. 그거 자꾸 생각나서 집에서 도저히 못 있겠어. 무서워서 센터에 왔어. 아빠! 나, 다시 입소시켜 준대. 근데 아빠가 와서 상담받아야 해. 아빠, 오늘 퇴근하고 센터로 와."

사랑이는 아버지에게 막무가내로 센터에 입소해야겠다고 고집을 피우며 전화를 끊었다. 이미 짐도 싸 왔다. 학교에 연락해보니 담임 선생님이 사랑이의 학교생활은 아주 모범적이라고 했다. 교우관계도 좋고 담임 선생님에게도 굉장히 예의 바른 학생이며 학업 수행 능력도 좋다고 했다. 그런데 사랑이가 그날 아침에 등교해서 집에서는 무서워서 살 수 없다며 센터에 입소할 것이라고 말했다고 전해주었다.

퇴근한 아버지와의 대화 끝에 사랑이의 재입소가 결정됐다. 밤이 되었고 선생님들이 취침 지도를 하고 있었다. 1학년 아이를 먼저 재워주는데 갑자기 사랑이의 방에서 울음소리가 들렸다. 김초록 선생님이 놀라서 달려가 보니 사랑이가 울고 있었다.

"사랑아! 왜 울어? 선생님 여기 있어."
"선생님, 저 죽은 것 같아요."
"어떻게 죽은 것 같은데? 선생님에게 얘기해 줄 수 있어?"
"제 몸이, 제 거가 아닌 것 같은 느낌이에요."

김초록 선생님이 사랑이의 손을 잡아주면서 물었다.

"사랑아, 선생님이 사랑이의 손을 잡은 게 느껴져?"
"네."
"사랑아, 선생님이 사랑이의 손잡은 것이 느껴진다고 사랑이가 말했지? 그 느낌이 바로 네 몸이 맞다는 증거야. 사랑아! 선생님의 눈 봐봐. 괜찮아. 선생님이 지켜 줄 거야."
"휴~ 선생님, 저 갑자기 혼자라는 느낌이 났는데 숨이 막 안 쉬어지면서 죽을 것 같았어요."

"선생님이 여기 사랑이 옆에 있어. 걱정하지 않아도 돼."

선생님은 사랑이의 손을 잡고 자리에 다시 눕혀주었다. 5분 정도 지나자 사랑이는 금방 잠들었다.

며칠이 지난 어느 날 아침, 등교한 사랑이의 책상 위에 A4용지에 가득 채워서 그린 fuck you 그림이 있었다. 나는 그 그림을 가지고 소장실로 내려왔다. 오후에 하교한 사랑이가 인사하며 내 눈치를 보더니 입을 열었다.

"소장님! 저 이상한 그림 봤어요."
"이상한 그림? 어떤 그림을, 어디서 봤는데?"
"뻑● 그림이요."
"아! 그거? 소장님도 아침에 사랑이 방에 갔다가 봤는데, 너도 봤구나?"
"맞아요. 제가 말한 게 바로 그거예요. 그게 너무 이상해서 제가 버렸어요."
"그런데 소장님은 사랑이 책상 위에서 봤어. 사랑아! 그 그림 누가 그린 거야?"
"저도 몰라요. 학교 친구가 그린 건가?"
"진짜? 소장님은 그 그림 보고 깜짝 놀랐잖아. 누군지 몰라도, 그림을 굉장히 사실적으로 묘사해서 잘 그렸더라. 유명한 화가한테 보여드리고 싶어서 소장님이 사진 찍었어. 그리고 그림도 갖고 왔어. 자, 이거 맞아?"

내가 그림을 보여주면서 말했다. 정황상 그 그림은 사랑이가 그린 것이 분명했다. 그러나 사랑이의 자백이 필요했기에 그 그림의 사실적 묘사에 대해 내가 느낀 바를 그대로 표현했다.

"진짜요? 이 그림이 진짜로 그렇게 잘 그린 거예요?"

"응. 소장님이 보기엔 정말 잘 그렸어. 굉장히 실력 있는 화가가 그린 것 같아. 그분들도 이렇게 사실적으로는 못 그릴 것 같은데?"

"소장님! 사실은요. 그 그림 제가 그린 거예요."

"정말? 학교 친구가 그린 거 같다더니, 사랑이가 그린 거였어?"

"네. 근데 소장님, 저 진짜 그림 잘 그리죠?"

"어. 우리 사랑이 정말 그림 잘 그린다. 소장님은 그림에 이런 멋진 재능이 있는 사랑이가 부러워. 그리고 사랑이에게 있는 그림 잘 그리는 재능을 진심으로 칭찬해."

사랑이가 한껏 어깨를 높이면서 몹시 좋아했다.

"그런데 사랑아! 오늘 아침 식사 때에도 욕하지 않겠다고 했잖아. 사랑이는 왜 그 욕 그림을 책상 위에 올려 둔 거야? 너희들 등교한 후에 선생님들이 방 정리한다는 것 알잖아. 소장님도 너희들 방 돌아본다는 것도 알고."

"김초록 선생님 보라고요."

"왜?"

"복수하려고요."

"복수? 혹시 어제 아침에 사랑이가 성경이에게 '병●'이라고 욕한 것 때문에 김초록 선생님께서 훈육하셔서 그런 거야?"

"네. 그런데 소장님, '병●'은 욕이 아니잖아요. 제가 보기에는 걔가 병●이니까 병●이라고 말한 건데."

"정말 그렇게 생각해?"

"네."

"사랑아! 만약에 너희 반 친구들이 보기에 사랑이가 병●같이 느껴진다면,

친구들이 사랑이를 '병●'이라고 불러도 괜찮아?"

"아니요, 그건 욕이니까 저한테는 그렇게 말하면 안 되지요."

"사랑아, 너는 친구에게 욕하고 막말하고 폭력을 하면서, 친구는 그렇게 하지 말라고 말하는 것 자체가 모순이라는 거 알지?"

"그런데 소장님, 그 그림은 학교에서 그린 거예요. 그리고 그 그림 보면서 친구들이 다 웃었어요. 센터에서도 웃을 줄 알았는데, 왜 센터에서는 그런 그림을 그리면 안 돼요?"

항상 그랬듯이 민망해지자 사랑이가 말을 돌렸다.

"혹시 네 그림을 보고 웃었다던 그 친구들이 부모님 앞에서도 그 그림을 보면서 웃을 수 있을까?"

"아니요."

"왜?"

"부모님들이 실망하시니까요."

"사랑아! 사람이 어떤 말과 행동을 할 때, 자신이 가장 사랑하는 사람 앞에서 할 수 없다면, 대부분 부끄럽고 네 말대로 실망스러운 일 일거야. 네 친구들이 부모님 앞에서 웃을 수 없는 이유도 그것 때문일 테고. 자신과 다른 사람들 앞에서 부끄럽지 않으려면 항상 말과 행동을 조심해야 해."

"네."

"사랑아, 지난주에 아빠랑 약속한 거 기억나?"

"뭐요?"

"이번 주부터는 집중적으로 욕하지 않고, 거짓말하지 않고, 폭력 하지 않는 것 연습하기로 약속한 것 말이야. 그리고 만약에 그 약속을 못 지키면 소장님이랑 아버지가 함께 훈육하기로 했잖아. 기억나?"

"네. 기억나요."

"어제랑 오늘 이 사건이 벌어졌으니까, 소장님은 사랑이가 그린 욕 그림을 아빠 오시면 보여드리고, 어제 아침에 사랑이가 성경이에게 욕한 것도 전해드리면서 함께 훈육하려고 하는데 네 생각은 어때?"

"소장님! 그러면 우리 아빠한테 제 이미지가 깎여요. 그리고 뻑● 그림 그린 거랑 제가 욕한 거 알면 아빠는 속상해서 울 거예요. 그러니까 보여주지 마세요."

"친구에게는 병●이라고 욕하고, 욕한 것을 훈육하신 선생님께는 욕 그림으로 속상하게 만들었으면서, 그것이 알려지면 너희 아빠에게는 네 이미지가 깎이고, 아빠가 속상해 울 거니까 보여주지 말라고?"

"그래. 그러니까 보여주지 말라고. 씨●년아. 너는 왜 맨날 우리 아빠를 속상하게 하고 울게 만드냐? 아빠한테 그런 거 보여주면서 협박하지 말라고. 이 쌍●아."

"사랑아! 막말 그만해."

"야, 지금 뭐라는 거냐? 씨●. 입 닥쳐라! 씨●아. 내가 여기서 안 살면, 밖에 나가서 내 맘대로 삥 뜯고 애들 패고 욕하면서 다닐 수 있어. 씨●년아! 입 닥치라고."

사랑이는 내 눈을 똑바로 쳐다보면서 욕을 퍼부었다. 데니스 라인스는 아이들이 자기통제를 상실하는 요인을 세 가지로 설명하는데, 첫째는 상실·사별·가족 갈등으로 생긴 분노, 둘째는 부족한 의사소통 능력과 인내력, 셋째는 주변으로부터 공격적인 성향을 배우는 것이다.[49] 사랑이의 경우는 이 세 가지에 다 해당한다. 특히 사랑이가 자주 접속했던 한 유튜브 채널의 운영자는 어떻게 하면 더 흉측하고 자극적이며 잔인한 방법으로 폭력을 행사할 수 있는가를 떠들었고 사랑이는 그 사람의 영향 속에 이미 푹 절어있었다. 욕설

---

49. 데니스 라인스(Dennis Lines), 정희성 외 옮김, 『쉽고 간결한 학교상담』, (한울, 2019.), 224.

과 괴성을 지르며 폭발하던 사랑이가 35분이 지나면서 갑자기 서럽게 울기 시작했다. 내가 옆에서 등을 쓰다듬으면서 진정되기를 한참 기다리자 서서히 흥분이 가라앉더니 다시 말을 시작했다.

"소장님, 저 지금 심각한 우울증이에요. 근데 센터가 제 우울증을 더 심하게 만들고 있어요. 그리고 제가 욕하게 만들고 있잖아요. 저 퇴소하고 싶어요."

내가 가만히 듣고 있자 사랑이가 다시 말했다.

"이런 곳에서 지원받는 가난한 것들이 무슨 욕을 안 듣겠다고. 참 내."
"사랑아! 사랑이가 센터에서 지내는 것 자체가 사랑이도 나라의 지원을 받고 있다는 뜻이야."
"소장님! 시월이 형이 그러는데 형네는 할머니가 센터에 돈을 내고, 저는 우리 아빠가 낸대요."
"아니, 센터에 입소하는 어린이가 이곳에서 사는 데 필요한 모든 비용은 네가 다녔던 학교처럼, 너희 가족이 내는 것이 아니라 나라에서 지원해 주는 거야. 물론 너희 아빠와 센터 선생님 등 어른들이 열심히 일해서 번 돈 중에 세금으로 낸 것이 그 돈이고, 너희 아빠가 센터에 직접 내는 돈은 한 푼도 없어."
"아니요. 센터는 소장님 거니까 소장님이 돈을 벌어서 내야 하는데, 왜 우리 아빠가 돈을 내요? 그리고 우리 아빠가 돈 내고 있는데, 왜 선생님들은 제 사진을 함부로 찍어서 아빠한테 보내고 저를 감시해요? 그러니까 제가 힘들잖아요."
"사랑아! 소장님이 지금부터 매우 중요한 말을 할 거야. 잘 들어. 센터는 소장님의 것이 아니야. 그리고 너희 아빠는 센터에 내는 돈이 전혀 없어. 저녁에 아빠 오시면 확인시켜 줄게. 그리고 네 사진을 아빠에게 보내는 이유는 너도 알잖아. 아빠가 일하는 동안 사랑이가 센터에서 안전하고 즐겁게 잘 지내고 있다는 것을 아시면 안심하니까 보내드리는 거야. 이건 센터에 입소할 때 사랑이도 동의한다고 서명했던 거야. 그런데 사랑이가 생각하기에 감시하는 것 같이 느낀다면, 소장님이랑 사랑이랑 아빠랑 셋이 얘기한 후에 계속 보낼지 말지 결정하자. 어때?"

"네. 좋아요."

"사랑아! 이젠 네가 말을 돌려서 잠깐 멈췄던 얘기 다시 할 거야. 아까 얘기한 것처럼 지난주에 아빠랑 사랑이랑 약속한 것 있잖아."

"저 잘못하면 소장님이랑 아빠한테 같이 혼난다고 한 거요?"

"그래. 맞아. 기억해줘서 고마워. 그럼, 그것에 대해 다시 얘기해보자. 사랑아! 나쁜 습관을 끊기 위해 노력하는 것이 많이 힘들지?"

"네. 그래도 노력할 거예요. 아빠 속상하지 않게요."

"그렇구나. 그럼 소장님도 사랑이가 그 약속 지키려고 노력할 것을 기대하면서 오늘 일은 아빠한테 말씀드리지 않을게. 어때?"

"네. 고맙습니다. 그리고 소장님! 저 할 말 있어요. 저 센터에 입소하기 전에는 돈을 막 써서 친구들이 다 저를 부자로 알고 있었거든요. 그런데 센터에서 용돈 기입장을 쓰면서 아껴 쓰라고 해서, 요새는 용돈을 조금밖에 못 쓰니까 학교 친구들이 저를 거지로 알고 있어요. 그리고 저는 화나면 폭력을 쓰고, 욕도 해야 하는데요. 여기서는 욕이랑 폭력을 못 하게 하니까 저 여기서 살 수 없어요. 그래서 오늘 퇴소할래요."

"그래. 사랑이의 얘기 잘 들었고, 이해했어. 실장님께 전해 줄게. 저녁에 아버지 오시면 퇴소 얘기도 하자. 그 전에 김초록 선생님께 훈육한 것에 대한 복수로 뻑● 그림 그려서 보라고 한 것은 사과해야지?"

"네."

사랑이는 김초록 선생님께 사과를 드리고 김초록 선생님께서도 사과를 받아주면서 그 일은 마무리됐다.

네가 준 피 다 뽑고, 죽어버릴 거야.

저녁이 되자 아버지가 왔다. 그날은 사랑이가 아버지에게 소원하던 스마트 워치를 선물 받는 날이었다. 그런데 직원회의에서 이틀 동안 있었던 일로 사랑이의 스마트 워치 지급을 한 주간 보류하는 것이 어떻겠는가 하는 의견이 나왔다. 이 부분은 실장님이 아버지와 상의하면서 결정하기로 했다. 나는 도착한 아버지에게 낮에 사랑이가 퇴소에 관해 했던 말을 전했다.

그러자 옆에서 듣던 사랑이가 자신은 절대 퇴소하고 싶지 않다고 말했다. 그러면서 아까는 흥분해서 막말한 것이라고 했다. 내가 실장님을 통해 이미 퇴소 준비를 마쳤다고 하자 더욱 놀라면서 아버지에게 얼른 퇴소하지 않게 도와달라고 했다. 나는 사랑이에게 앞으로는 사과하거나 후회할 언행은 하지 말자고 얘기한 뒤 실장님과 대화하도록 하고 상담실에서 나왔다.

실장님이 아버지에게 사랑이가 스스로 재입소해서 고치겠다고 한 부분을 잘 고치기로 하고 아버지께 스마트 워치를 선물 받는 것인데 노력하지 않는 것처럼 보인다고 했다. 사랑이에게는 약속을 지키지 않고 있다는 것을 상기시킨 후 그렇기에 스마트 워치를 지금 주는 것이 고민된다고 했다. 거기까지 듣던 사랑이가 실장님의 말이 다 끝나기도 전에 폭발했다. 사랑이는 쌍욕을 하면서 주먹으로 자기 머리를 세게 때리는 자해를 시작했다. 그리곤 크게 소리쳤다.

"이 씨●! 나 죽을 거야. 아빠, 이 새끼야! 너는 왜 듣고만 있어? 어? 커터 칼로 내 손목을 잘라서 네가 준 피 다 뽑아버리고, 나 여기서 확 죽어버릴 거야."

"뭐라고? 이 새끼가 어디서 그런 말을 해?"

화가 난 아빠도 소리를 질렀다. 나는 그 소리에 놀라 상담실에 들어가서 사랑이를 안고 소장실로 왔다. 실장님이 흥분하고 놀란 아버지와 대화하는 동안 내가 사랑이를 데리고 있었다. 나는 계속 막말하면서 자해하려는 사랑이를 무릎에 앉힌 후 양손을 붙잡은 채 안고 있었다. 35분 정도가 지나면서 사랑이의 막말과 흥분이 서서히 가라앉았다.

"사랑아! 너 정말 커터 칼로 손목 잘라서 아빠가 주신 피 다 뽑고 죽을 거야?"

"아니요."

"아닌데 왜 마음에도 없는 말을 해서 사랑하는 아빠의 마음을 속상하게 해? 그렇게 말하니까 사랑이 마음은 어때?"

"후회돼요. 소장님, 저 아빠한테 사과하고 싶어요."

"사랑아! 너는 막말하고, 후회하고, 사과하고 또 막말하고, 후회하고, 사과하는 것 반복하잖아. 그래서 소장님은 지금 사랑이가 후회한다는 거랑 아빠에게 사과하고 싶다고 말하는 것이 가짜처럼 느껴져!"

"네?"

"아빠한테 스마트 워치 받고 싶어서 대충 사과하려는 것처럼 느껴진다는 말이야."

"아니에요. 소장님 저 진짜 우리 아빠한테 사과하고 싶어요. 진심이에요."

"그래? 그렇다면 다행이네. 사랑이가 방금 한 말은, 아빠의 마음을 정말 아프게 하는 매우 나쁜 말이야. 절대 입에 담아서는 안 되는 말이지. 그래

서 오늘은 사랑이의 사과에 진심이 들어 있어야 아빠의 상처가 나을 것 같
아. 어때?"

"소장님, 저 진심이에요."

"그렇구나. 그럼 소장님도 지금은 사랑이의 마음이 진심이라고 생각하고
믿을게. 그럼 소장님이 어떻게 도와줄까?"

"아빠한테 사과할 때 같이 가주세요."

"그러자, 그런데 지금 아빠가 사랑이의 사과를 받을 준비가 됐는지, 먼저
여쭤보고 올 테니 기다릴래?"

"네."

실장님과 대화하는 아버지에게 그 말을 전하자 아빠는 그러겠다고 답했다.
내가 사랑이를 데리고 상담실로 들어가자 아빠가 먼저 양팔을 벌렸다. 그러
자 사랑이가 아빠의 품에 쏙 안겼다.

"아빠! 죄송합니다. 제가 자살하겠다고 막말하고 욕해서 죄송해요."

"그래, 아들! 아빠 앞에서 절대 죽겠다는 말 하면 안 돼. 그런 말 하면 정말
못써! 알겠지?"

"네. 근데 아빠! 나 진짜로 스마트 워치 안 줄 거야?"

"그건 실장님과 대화했는데, 우리 아들이 아빠랑 약속한 것을 일주일 동
안 잘 지키면 다음 주에 주기로 했어."

"뭐라고?"

사랑이가 또 버럭 했다. 나는 사랑이가 폭발하지 않게 말했다.

"사랑아! 우리 사랑이 일주일 동안 노력해볼까? 선생님들이 도와줄게."

"네."

사랑이는 흥분을 가까스로 참으며 겨우 대답했다.

스마트 워치

아빠는 결국 사랑이에게 졌다. 약속을 잘 지키면 다음 주에 스마트 워치를 주기로 했으나 사랑이와 시간을 보낸 후 가시면서 당장 주고 싶다고 했다. 사랑이는 스마트 워치를 받자마자 자랑하기 바빴다. 다음날 학교에서도 자랑하더니 부족했는지 공원에서 노는 애들에게도 자랑하겠다고 나갔다. 다른 아이들도 공원에서 놀고 싶다고 해서 이노랑 선생님이 놀이지도 차 함께 나갔다. 저녁 식사 시간이 가까워지자 선생님이 센터에 들어가자고 했더니 사랑이가 말했다.

> "저년들이 자기들 편하게 살려고 저러네. 저 퇴소하고 싶어요. 퇴소할래요."
> "사랑아! 일단 센터에 들어가서 얘기하자."
> "아이씨! 다 내 밑에 있는 것들이 내 말을 안 듣네."
> "사랑아! 막말 그만 해. 친구들이 다 듣고 있잖아."

친구들이 듣고 있다는 이노랑 선생님의 말에 사랑이가 막말을 멈췄다. 선생님은 아이들을 데리고 센터에 복귀한 뒤 실장님에게 사랑이가 퇴소하고 싶다고 한 말을 전했다. 실장님이 사랑이와 대화를 시작했다.

> "사랑아, 이노랑 선생님께 퇴소하고 싶다고 건의했다고? 저녁에 아버지 오시면 바로 퇴소하자."
> "실장님, 죄송해요. 저 퇴소하기 싫어요."
> "사랑아, 너는 하루에도 몇 번을 퇴소하겠다고 말하면서, 막상 퇴소하라고 하면 왜 싫다고 하는 거야?"

"저 정말 퇴소하기 싫어요. 앞으로 잘할게요."

"사랑아, 선생님들한테 모두 네 밑에 있는 것들이라고 말했다고?"

"저도 안 그러고 싶은데 자꾸 그렇게 돼요."

"사랑아! 사랑이가 아빠한테 소중한 아들이듯이, 센터에 계신 모든 선생님도 부모님께 굉장히 소중한 자녀야. 사랑이가 그럴 때마다 선생님들도 상처받고 속상해."

"선생님들이 모두 저를 싫어하잖아요."

"사랑아! 잘 생각해봐. 사랑이가 싫으면 선생님들이 매일 집에도 못 가고 이렇게 늦게까지 일하고, 센터에서 자면서 어린이들과 지내겠어? 사랑이를 포함한 어린이들을 사랑하는 마음이 없는데 그게 가능할까?"

2016년에 개소한 센터는 2019년까지 1년 365일 쉬는 날 없이 아이들을 돌봤다. 아이가 입소해 있는 동안 속 썩이는(?) 자녀가 안 보이자 심신이 편해진 못난 보호자들은 입소 기간을 마치고 집으로 돌아올 자녀를 다시 양육하는 게 부담스럽고 싫다며 양육권을 포기하는 사례가 늘었다. 어떤 보호자는 아예 연락을 끊고 집도 이사했다. 자녀를 키우지 않을 작정을 하고 부모상담, 부모교육, 부모코칭 등의 참석 의무도 지키지 않았다. 그러다 보니 매년 학기를 마감할 1월이면 5~6명의 아이를 보육시설로 보내야 했다. 이것은 부모-자녀 관계 개선을 통한 가족관계 변화와 가정 복귀 그리고 학교 적응력 향상을 통해 학교 복귀를 돕는다는 〈가정형Wee센터〉의 설립목적에도 어긋났다.

그래서 센터는 2020년부터 주 5일 돌봄으로 운영시스템을 변경했다. 자녀가 주중에는 센터에서 지내고 주말에는 가정으로 돌아가는 것이다. 보호자와 자녀는 주중에 센터에서 배운 것을 주말 동안 가정에서 연습하도록 과제를 내주며 관계 개선을 도왔다. 그러자 2020년부터는 아주 고질적인 아동학대 한·두 가정을 제외하곤 대부분 가정으로 복귀할 수 있었다.

사랑이가 센터에서 지낼 당시는 주말에도 센터를 운영하던 때다. 선생님들이 자신을 싫어한다고 말한 사랑이에게 실장님이 위의 말을 들려주자 그 말을 들은 사랑이는 오랫동안 침묵하며 깊은 생각에 잠겼다.

> "사랑이가 재입소하겠다고 갑자기 센터에 왔을 때 기억나? 사랑이가 무서워서 당장 입소하고 싶다고 해서 그날 바로 허락했잖아. 선생님들이 사랑이를 사랑하는 마음이 없으면 절대 불가능한 일이야."

그렇게 얘기하는 중에 아버지가 도착했다. 사랑이는 아버지에게 실장님이 스마트 워치를 줘서 그거 차고 친구들에게 자랑했다고 말하면서 다시 기분이 좋아졌다. 그리곤 귀여운 애교를 섞어 말했다.

> "실장님! 좀 전의 이상했던 그 사랑이는 잊어주세요. 그리고 앞으로는 후회할 막말 하지 않을게요."

며칠이 지나 〈어울림 프로그램〉이 있던 날이었다. 주제는 '감정조절'이었다. 그런데 수업하는 2시간 내내 사랑이의 막말에 수업의 흐름이 자꾸 끊겼다. 수업을 마친 후 나는 사랑이와 대화했다.

> "사랑아! 네가 이제는 인터넷게임과 스마트폰 시간을 잘 조절하는 대신, 모든 중독이 입으로 가서 막말하는 것을 못 참겠다고 했잖아. 그래서 <어울림 프로그램> 때도 자꾸 애들한테 시비 건 거야?"
> "네, 맞아요."
> "그런데 학교에서는 어떻게 참는 게 가능한 거야?"

"아 그건요. 제가 학교에서 계속 말하거나, 막말하면 선생님이랑 친구들이 저를 이상하게 보기 때문에 조절하는 거예요."

"센터에서 친구랑 선생님이 이상하게 보면 어떨 것 같은데?"

"센터에서는 상관없어요. 센터는 집이잖아요."

"그렇구나. 우리 사랑이 센터에서도 막말 참는 것이 잘 조절되면 더 고칠 것이 없겠네?"

"소장님, 저는 원래부터 고칠 게 없어요."

"사랑아! 소장님이 생각하기에는 센터가 집이어도 사랑이의 막말은 고쳐야 해. 사랑하는 사람이 좋아하는 것을 하는 것 보다, 사랑하는 사람이 싫어하는 것을 하지 않는 것이 사랑하는 사람을 대하는 좋은 방법이래. 사랑이의 아빠가 싫어하는 게 욕하는 것, 거짓말과 폭력 하는 거잖아. 이 세 가지를 센터에서도 하지 않으면 사랑이가 사랑하는 아빠는 더 행복해질 것 같아. 어때?"

"네, 소장님 말이 맞아요. 저도 안 하려고 하는데 잘 안 고쳐져요."

특별히 자기애와 과시욕이 강한 사랑이에게 투렛증후군의 특성인 참을성 없고, 욕을 달고 살며, 심하게 뻔뻔스러운 증상이 ADHD 그리고 ODD랑 공존하면서 하루에도 몇 번이고 사랑이를 들었다 놨다 끊임없이 괴롭혔다. 올리버 색스에 의하면 투렛증후군 환자는 아이러니하게도 냉혹한 현실이지만 자신의 이런 비참한 상태를 정확히 자각한다. 그들은 자신도 모르는 사이에 이상한 충동으로 내몰린다. 그 충동은 환자 자신이 일으킨 것이지만 동시에 그 자신도 그 충동의 희생자다. 그는 충동을 거부하면서도 그것을 버리지 못한다.[50]

그럼에도 사랑이는 자신에게 있는 증상들에 잠식당하지 않으려 몸부림쳤다. 그럼으로써 학교에 가면 선생님과 친구들 앞에서 정신을 바짝 차려서 막

---

50. 올리버 색스(Oliver Sacks), 조석현 옮김, 『아내를 모자로 착각한 남자』, (이마고, 2006.), 239.

말, 학교폭력, 교권 침해를 모두 이겨냈다. 센터의 선생님들은 사랑이가 정신을 바짝 차릴 수 있는 환경이 학교뿐 아니라 모든 곳으로 확장되기를 바라면서 최선을 다해 도왔다.

그 후에

사랑이는 5학년을 마무리하고 집으로 돌아갔다. 그리고 자기의 삶을 담은 글을 실장님과 함께 작성해서 <위 프로젝트 희망 대상 우수사례 공모전>에 제출했다. 결과는 최우수상 수상이었다. 사랑이의 마음은 몹시 행복했고, 자랑하기 바빴다. 카레라이스를 매우 좋아하는 사랑이는 퇴소 후에도 아무 때나 전화해서 "선생님, 오늘 카레라이스 해주세요."라고 라고 당당히 요구한다. 그리고 맛있게 먹은 후 놀다가 퇴근한 아버지와 함께 집으로 가고 있다.

공격자와 자신의 동일시를 '극복해' 17장

앨리스 밀러는 아동학대로 인한 정신병을 앓는 사람들을 치료하면서 악명 높은 독재자들의 어린 시절에서 자신이 치료하던 사람들과 똑같은 현상을 발견했다고 기술한다. 그들은 극단적인 학대를 당했고 부모를 이상화했으며 폭력을 숭배하고 자신의 고통을 인정받지 못했다. 그 결과 그들의 감성은 둔감해지고 그들의 삶에는 폭력과 무지의 악순환이 발생한다. 그녀는 이 폭력의 악순환을 직관적으로 느꼈다. 그러나 의학과 과학이 발전하면서 신경생리학은 새롭고 흥미진진한 정보를 통해 그녀의 직관이 사실이라는 것을 밝혀냈다.[51]

단언컨대, 그녀가 밝혀냈듯이 폭력의 악순환과 대물림은 분명하다. 독자도 제2부에서 학대로 인한 감성적으로 둔감해진 아이들이 더는 외상을 입지 않으려고 사고를 폐쇄한 채 폭력을 삶의 방식으로 선택하며 살아가는 가슴 아픈 현실과 지속해서 마주하고 있지 않은가.

맞다가 이가 빠진 여덟 살 극복이

극복이는 삼 형제 중 막내로 초등학교 4학년 남학생이다. 아빠는 반복되는 사업의 실패로 인한 스트레스를 가정폭력으로 풀었다. 예측하지 못한 채 당하는 학대의 고통에 시달렸던 형들은 아버지에게 맞은 화풀이를 막내에게 했다. 극복이는 아버지에게 맞고 형들에게도 맞았다. 엄마는 알면서도 방임했다. 극복이가 1학년 때 가족은 아동학대로 신고됐다. 극복이는 가족과 분리되어 보호시설로 갔다. 그러나 시설에서 만난 형들에게 또 맞다가 이가 빠졌다. 그 연약한 아이가 공포 속에서 지내며 가족의 사랑을 경험한 건 엄마

---

51 엘리스 밀러(Alice Miller), 신흥민 옮김, 『사랑의 매는 없다』, (양철북: 2005.),16.

와의 몇 번 통화가 전부였다. 1년이 지나고 2학년이 될 때 극복이는 가족의 품으로 돌아왔다.

역설적이게도 극복이는 자신을 학대한 가족의 품으로 돌아온 그때가 살면서 가장 기쁜 날이었다고 말했다. 아빠는 더이상 물리적 학대는 하지 않았다. 하지만 불같은 형들에게 극복이는 여전히 샌드백이었다. 극복이는 맞지 않기 위해 늦은 밤까지 밖으로 돌았다. 놀이터에서 만난 형들 집에서 자거나 그 형들과 노느라 등교하지 않았다. 등교했다가도 뛰쳐나왔다. 극복이는 ADHD, 야뇨증(소변 냄새로 친구들이 피함), 학교폭력, 교권 침해 등으로 인한 학교 부적응이 심각했다. 부모의 방임과 형들의 폭력은 4학년까지 지속됐다. 3월의 어느 새벽, 극복이는 배가 고파서 먹을 것을 찾아 집 밖으로 나갔다. 극복이는 편의점 주인에게 형들한테 맞는 게 무섭고 집에 먹을 것이 없어서 배고프다고 말했다. 편의점 사장님은 가족을 아동학대로 신고했고 극복이는 센터에 입소했다.

센터 입소 첫날, 하얀 피부에 삐삐 마른 극복이는 아무에게도 곁을 안 주고 모든 말을 무시하며 첫 식사도 거부했다. 보호자의 방임과 지속되는 거절 그리고 폭력으로 인해 마음이 텅 빈 극복이는 모두 모여서 자기 소개하는 시간에도 관심 없다는 듯이 누워있었다. 사람들 앞에서 이야기하는 것을 부끄러워하는 자신을 들키고 싶지 않아서 허세를 부렸다. 선생님이 바르게 앉히려 해도 짜증 내고 거부하면서 계속 딴짓하더니 결국 욕하면서 자리를 박차고 나갔다. 아주 작은 성공의 경험도 가져보지 못했던 극복이의 아픔이 고스란히 느껴지면서 마음이 아팠다.

다음날 아침, 안전하게 자고 조금 편안해진 극복이에게 그동안 가장 힘들었던 것과 센터에서 지내는 것이 어떨 것 같은지 묻자 '공부가 힘들어요' '실수할까 봐 걱정돼요' '친구들과 잘 못 놀까 봐 걱정되고 부끄러워요'라고 말했다.

학대받는 아이가 빠지는 '관계 딜레마'

스테판 프라이어에 따르면 학대받은 아이는 스스로 학대자가 되고 학대적인 관계에서는 희생자가 된다.[52] 아동학대 생존자였던 극복이는 부모와의 관계에서 애정 및 수용의 욕구 좌절로 인한 부정적 정서의 내재화가 심각했다. 대인관계에서의 소외감과 고립감으로 항상 불안하고 외로웠다. 극복이는 사람과 함께하기를 원하면서도 다가오는 사람에게 뾰족하게 날을 세우며 비난하고 공격했다. 자신을 학대했던 공격자와 동일시하는 극복이에게 다가갔다가 상처받은 상대는 무척 고통스러워서 관계하는 것을 주춤한다. 그러면 극복이는 또다시 외로워졌고 더 날카로워졌다. 이 슬픈 악순환이 극복이를 몹시 힘들게 했다. 극복이는 친구와 놀고 싶은 속마음과 다르게 자신과 노는 친구가 아무도 없어도 상관없다고 자주 말했다. 선생님이 다가가도 못 본 척하며 혼잣말로, 그렇지만 들으라는 듯이 부정적인 말을 반복해서 외쳤다.

극복이가 센터에서 일주일을 잘 지내고 처음으로 가정 귀가하는 금요일이 됐다. 김분홍 선생님은 극복이에게 낯선 센터에 와서 아침 일찍 일어나고 열심히 공부하고 밥도 잘 먹고 운동도 열심히 하는 등 규칙적인 생활을 아주 잘했다고 칭찬해줬다. 칭찬받는 것이 낯설고 주목받는 것을 몹시 불편해하는 극복이는 부끄러우면서도 기분이 좋은지 웃으면서 몸을 배배 꼬았다. 김분홍 선생님이 극복이에게 공부하는 것이 걱정된다고 했는데 꿈아학교에서 공부하는 건 어땠는지 물었다. 극복이는 너무 재미있었다면서 꿈아학교가 좋다고 대답했다. 그러더니 옆에 있던 내 팔짱을 끼면서 물었다.

"소장님! 꿈아학교 선생님들은 왜 공부 못하는 애들도 좋아해요?"

---

52. 스테판 프라이어(Stephen Prior), 『심각한 외상과 대상관계』, (한국심리치료연구소, 2016.), 57.

내가 모든 아이는 다 소중하기 때문이라고 말해주자 극복이는 정말이냐는 듯한 표정으로 고개를 갸우뚱거렸다.

관내 초등학교에서 버거워하는 아이들이 모여 있는 꿈아학교의 교실은 매우 특별하다. 느린 학습자, 정신과적 문제 등으로 인한 충동성·공격성·주의력 결핍·과잉행동·분노 조절 능력이 약한 학습자, 폭력성에 갇힌 학습자, 매우 무기력하여 그 무엇에도 반응하지 않는 학습자, 자기중심적 사고로 모두를 무시하는 학습자 등 우리 사회가 외면하고 싫어하는 아이들이 꿈아학교에서는 모두 주인공이다. 꿈아학교의 선생님들은 단 한 명의 아이도 소외되거나 뒤처지게 버려두지 않는다. 등교 첫날 아이들은 너덜너덜 다 구겨지고 찢긴 자아를 뾰족함 속에 단단히 숨기고 들키지 않으려 잔뜩 긴장한 채 교실에 들어온다.

꿈아학교 선생님들은 모든 아이가 특별하고 귀하다는 마음을 온몸으로 표현하며 헬렌 켈러에게 헌신했던 앤 설리번 선생님을 넘어서는 헌신과 사랑으로 지도한다. 조금 과장해서 표현하자면 출근과 동시에 간과 쓸개를 핸드백에 넣어두고 모든 자존심까지 사무실에 내려놓고 그 자리에 사랑이 가득 담긴 가르침으로 무장하고 교실로 향한다. 그리고 아이들을 최선을 다해 사랑하며 가르친다. 아이는 자신이 제어하지 못해서 폭발하면서도 선생님 탓이라며 억지를 쓴다.

선생님들은 그런 아이들의 연약함을 다 받아주면서 가르침에 최선을 다한다. 공부가 재미있다며 스스로 공부하고 싶은 어린이가 되도록 충분히 담아주고 기다려주는 동안 마음이 편안해지니 학교에 부적응했던 아이들의 입에서는 '선생님, 공부 더 하고 싶어요.' '숙제 더 내주세요.' '중학교에 빨리 적응해야 하니까 선행 학습할래요.' '서울대 갈 거예요.'라는 등의 믿기 어려운 말들이 쏟아진다. 꿈아학교에서 잘 연습하고 재적 학교로 돌아가서 변화된 모습에 친구와 담임 선생님에게 칭찬받고 인정받아 학급 임원이 되는 경우도 종종 있다.

기물파손·막말이 끝이 없는 매일

극복이는 자기 마음에 안 들거나 기분 나쁘면 선생님들에게 대놓고 '싸●지 없는 년들'이라고 불렀다. 수업 내내 비아냥거리는 말과 행동으로 선생님들의 진을 말렸다. 말도 안 되는 고집을 부리면서 폭발했다. 막말하고 욕설을 내뱉고 물건을 던지는 등 교권 침해가 상당했다. 그러다가 기분이 좋으면 금방 생긋 웃으며 무슨 일 있었냐는 듯이 아주 해맑게 애교를 부렸다. 그리고 갑자기 또 폭발하는 일이 반복되니 우리 모두 헷갈렸다.

어느 날 오후, 체육 시간에 유맑음 선생님이 딱딱한 주차장에서는 무릎을 다칠 수 있으니 축구화를 신고 나가지 못하도록 지도하자 극복이는 체육수업을 거부하며 교실로 들어왔다. 그러더니 갑자기 교실에 놓여 있는 물건을 던지면서 퇴소하겠다고 소리 지르며 책상과 의자를 밀쳤다. 김분홍 선생님이 속사포처럼 내뱉는 욕설을 다 들으면서 버티길 30분 정도 했을까, 겨우 극복이의 폭발이 잦아들었다. 그러면서 언제 그랬냐는 듯 싱크대에 놓여 있는 초코 과자를 보더니 애교를 부리면서 말했다.

> "선생님. 과자 먹어도 돼요?"
> "극복아. 이제 기분이 풀렸어?"
> "네. 지금은 풀렸어요."
> "극복아. 기분이 풀려서 다행인데, 이제 폭발 그만하면 안 돼? 폭발하면 극복이도 힘들고, 선생님도 너무 힘들다."
> "네."

극복이는 과자를 먹고 체육 수업하러 주차장으로 갔다. 그런데 선생님이 자기를 보지 않고 다른 애들을 봐서 기분 나쁘다고 씩씩거리며 교실로 다시 들어왔다. 그러더니 책상과 의자를 집어 던지고 큰 소리를 내며 폭발했다. 사

215

물함 위에 있는 물건까지 다 집어 던지면서 소리를 꽥꽥 질러서 사무실에 있던 내가 교실로 달려갔다. 나는 단호한 소리로 말했다.

"극복아, 그만해."
"야, 씨●년아 네가 뭔데 지랄이야? 어? 내가 그만 안 하면 어쩔 건데? 어? 어쩔거냐고. 미●년! 지●하네."
"김분홍 선생님, 지금 당장 극복이의 어머니께 전화해서 스피커폰 연결해 주세요."

어머니가 전화를 받자 내가 말했다.

"어머니, 지금 극복이가 폭발했는데 책상과 의자를 집어던지고 교실의 다른 물건도 던져서 굉장히 위험합니다. 경찰의 도움을 받아야 할 상황인데 먼저 엄마가 스피커폰으로 훈육해 주시고 그래도 안 되면 경찰을 부르겠습니다."
"극복아! 왜 그래. 그만해."

엄마가 말하자, 극복이는 엄마에게 안 들리게 입 모양으로 비아냥거리며 말했다.

"쌍●아! 네가 뭔데? 어? 네가 뭔데 나한테 그만하라고 명령해? 싫은데. 싫거든. 니●이 나한테 해 준게 뭐가 있다고?"
"어머니, 어머니께서 극복이에게 그만하라고 말씀하시자, 극복이가 엄마에게는 들리지 않게 음소거로 욕을 하네요. 극복이가 아주 못된 언행을 해서 이 전화는 끊고 경찰의 도움을 받아야겠습니다."

내가 극복이의 버릇없는 모습을 엄마에게 말씀드린 후에 경찰의 도움을 요청하겠다고 말하자 극복이는 바로 꼬리를 내렸다.

"엄마, 죄송합니다. 잘못했어요. 이젠 안 할게요."

엄마는 선생님에게 예의 없이 굴지 말라고 이르곤 전화를 끊었다.

"소장님, 제가 소장님한테 욕하고 반말해서 죄송해요. 그리고 김분홍 선생님에게도 뭐를 막 던져서 죄송합니다."
"소장님이 극복이의 사과에 진심이 담겨 있는지, 아닌지 상관없이 오늘도 극복이의 사과를 받아줄 거야. 극복이가 한 말과 행동도 용서해 줄 거야. 하지만 극복이가 센터에서 지낸 지 벌써 3개월이 다 되어가니, 이제는 극복이 마음에 안 든다고 짜증 내면서 못되게 말하고 폭발하고 사과하고 잠시 후에 또 같은 말과 행동을 반복하는 것 고쳐야 해. 소장님은 먼저 나갈 테니까 방금까지 속상했던 마음은 김분홍 선생님과 함께 대화하면서 시원한 마음이 되게 도움받자. 알겠니?"
"네."

내가 나간 후 김분홍 선생님이 극복이를 지도했다. 화가 나는 마음이 들 수 있는데 화가 나면 '선생님. 저 지금 너무 화가 나요. 저 좀 도와주세요'라고 말로 표현하면 된다고 지도하며 함께 여러 번 연습했다. 또 '1, 3, 10'을 가르쳐줬다.[53] 선생님이 교실을 정리하자고 말하자 바로 정리하면서 극복이는 금새 명랑해졌다. 하지만 극복이가 그동안 살아내기 위해 선택해왔던 고질

---

53. '1, 3, 10'은 화가 날 때 건강하게 화를 표현하는 방법이면서 폭발을 예방할 수 있는 아주 간단하지만, 연습이 필요한 기술이다. 방법은 1. 일단 모든 말과 행동을 멈추기(환기를 위해 상대에게 양해를 구하고 잠시 그 자리를 피해도 좋다) 3. 3번의 심호흡을 통해 신선한 공기를 뇌에 넣으면서 이성을 되찾기. 10. 속으로 10까지 세면서 I-message로 할 말을 생각하기 방법으로 아이가 기분 좋은 평소에 훈련시키면 좋다.

적인 폭력 패턴은 쉽게 고쳐지지 않았다.

학교 갈 준비

7월 중순이 됐다. 2주 정도가 지나면 1학기가 마무리된다. 그런데 최근 들어서 극복이가 재적 학교로 돌아가기 싫다는 말을 자주 했다. 극복이의 학습 장면에서의 심각한 폭발과 자해 그리고 친구를 향한 신체폭력은 거의 소거됐다. 하지만 언어폭력인 욕설과 빈정거림 그리고 막말과 수업 거부는 매일 여러 번 발생했다. 물론 입소 당시와 비교한다면 기적 같은 변화다.

그러나 센터와 꿈아학교가 아무리 좋고 도움 되더라도 아이가 초등학교 시절부터 사회와 오랫동안 격리될 수는 없다. 그러면 안 된다. 그러기 위해 꿈아학교는 아이가 재적 학교에 잘 적응하도록 돕는 가교역할만으로 충분해야 한다. 꿈아학교에서 아이들은 5명 이하인 소인수 학급에서 자신만을 위한 맞춤형 학습을 지원받으며 틀려도 괜찮고 실수해도 괜찮다는 것을 배운다.

자기도 모르게 터지는 부정적 표현이나 폭력도 선생님들은 담아준다. 때로는 그렇게 하면 안 된다는 걸 알면서도 거칠게 표출하는 아이들의 속마음을 선생님들은 견뎌준다. 그렇게 끓어오르는 불편하고 복잡한 감정을 어떻게 표현해야 할지 몰라서 어른이 자신에게 행했던 익숙한 폭력적인 방법으로 공격해도 선생님들은 다 받아준다. 또한 꿈아학교 수업을 마친 후에는 센터 선생님들이 밀착해서 돌봐주면서 무조건적 수용과 공감으로 마음을 만져주는 상담과 일관되고 명쾌한 훈육을 지원한다. 그 과정에서 자신이 안전하다는 것을 느끼는 순간부터 아이들의 학교 적응력은 개발된다.

그러나 안전한 꿈아학교에서만 계속 있으면 아이는 자신이 얼마나 성장했는지 사람과 관계 맺는 기술과 내적인 힘이 어느 정도로 좋아졌는지 모른다 (물론 선생님들과 보호자는 알지만). 자신이 공동체에서 건강하게 살 수 있는 능력이 어느 정도로 향상됐는지 모른다. 그래서 과거의 자신 즉, 본인도 끔찍이 싫어했던 모습이며 친구들과 선생님이 그토록 피했던 과거의 모습으로 되돌아갈까 봐 지레 겁을 먹는다. 두렵고 힘든 상황을 회피하고 싶어서, 상처받기 싫어서, 또는 안전하고 행복한 센터와 창피당하지 않고 맘껏 배울 수 있는 꿈아학교에서 안주하고 싶어서 학교에 돌아가기 싫다고 하는 것이다.

그러다가 시간이 더 지나면서 자신의 성장을 깨닫게 된 아이는 재적 학교로 돌아가서 친구들에게 자신이 변한 모습을 보여주고 싶은 마음과 또 실수할까 두려워서 안주하고 싶은 두 마음의 충돌로 혼란스럽다. 양가감정 사이에서 힘들지만 멋지게 성장하고 있는 아이들에게 이런 과정은 자연스럽고 아이들이 꼭 해야 하는 경험이다. 이를 잘 아는 선생님들은 이럴 때 큰 보람과 기쁨을 느낀다.

극복이의 강력한 요구와 보호자 그리고 재적 학교의 요청으로 극복이의 3개월 연장이 결정됐다. 다행히 그즈음 극복이가 일반 학교로 전학 가고 싶다고 말했다. 전학을 담당하는 실장님은 극복이를 센터 밖 일반 학교로 전학시킬 준비에 박차를 가했다. 극복이가 일반 학교에 다니고 싶은 욕구가 없어지기 전에 등교를 도와야 하기 때문이다. 그래서 교강사 회의에서는 극복이의 모든 학교폭력과 교권 침해가 철저히 소거될 수 있도록 아주 사소하더라고 자신과 타인에게 상처 주는 어떤 말도 어떤 표정도 봐주지 않고 단호하게 훈육할 것을 결정했다.

학생의 선생님을 향한 욕설, 막말, 빈정거림, 짜증과 떼씀 , 반항과 폭력 그리고 폭발 등의 교권 침해는 그 일차적 대상이 선생님이지만 급우들 사이에서 친해지고 싶지 않은 아이로 낙인 찍히는 지름길이다. 교권 침해를 당한 선생님은 선생님도 사람이기에 알게 모르게 그 아이와 거리를 둘 수 있다. 혹, 불편하고 상처받은 감정이 선생님의 눈빛이나 표정에 담길 수 있다. 선생님의 불편감은 같은 공간에 있는 급우들에게 금방 전염되고 학습된다.

그렇게 교권 침해는 교실을 경직되게 만들고 긴장과 불안으로 가득 채운다. 급우들은 예의 없는 친구의 언행이 싫고, 어떤 아이는 자신이 좋아하고 따르는 선생님에게 반항하는 친구가 싫어서 피한다. 교권 침해를 하는 아이는 급우들이 자신을 싫어하고 피한다는 걸 귀신보다 빠르게 감지한다. 불안해진 아이는 더 큰 소란을 피우고 폭발한다. 그러면 선생님과 급우들은 그럴 줄 알았다는 듯한 반응을 보이고 그 반응에 아이는 또 폭주하는 악순환이 계속된다. 그렇기에 센터는 입소 학생들의 학교폭력뿐 아니라 교권 침해 문제도 다 소거됐을 때 그리고 40분 수업, 10분 쉬는 시간 수행과 친구와 관계하는 게 어느 정도 가능해질 때 학교로 돌려보낸다.

학생은 새로운 것이든 이미 배웠던 것이든 모른다면 다시 배우는 것이 당연하다. 선생님은 학생이 긴장하거나 불안하지 않고 즐겁게 잘 배울 수 있도록 가르쳐주는 것이 당연하다. 그러나 '모를 수 있어' '괜찮아' '도와줄 테니 다시 해보자' '힘내' '몰라서 창피하게 느껴지는구나. 괜찮아. 그럴 수 있어'라는 등의 안전한 메시지가 담긴 좋은 어른의 담아주기 경험이 없었던 극복이는 시간이 더 많이 필요했다. 오랫동안 받아온 학대와 비난의 메시지는 극복이의 자기 존중감과 자기 가치감을 가차 없이 부쉈다.

심리검사 보고서에 따르면 극복이의 인지, 특히 잠재 지능은 높은 편에 속했다. 그러나 극복이는 돌봄의 부재로 인해 학습 기회를 갖지 못했다. 아동학대로 몹시 불안하고 두려웠던 탓에 교실에 앉아 있어도 학습할 수 없었다. 매해 한 학년씩 진급은 했으나 기초 지식이 부족했던 극복이는 '공부 못하는 아이'라는 불명예스러운 인식이 담긴 외부인의 시선이 몹시 힘들었다. 사춘기까지 시작되면서 주변 인식에 예민한 극복이는 수업 중에 실수할 때마다 느끼는 수치심과 그 수치심에 직면하는 것이 견디기 어려웠다. 그렇게 자신의 연약한 부분이 수업 시간에 더 잘 드러나니 학습 장면에서의 문제행동 수정이 더 늦는 것은 당연했다.

눈물의 훈육

7월 4일, 수업 중 사건이 발생했다. 극복이가 3교시 후 쉬는 시간이 되자 사무실로 자신이 수업 중에 그린 그림을 가지고 와서 최하양 선생님에게 말했다.

> "최하양 선생님, 이 그림 맡기려고요."
> "그래? 극복이 가정 귀가 가방에 넣어줄게."
> "아니요. 집에 가져갈 거 아니에요."
> "그렇구나. 그러면 극복이가 직접 사물함에 넣을래?"

극복이는 아무 대답 없이 퉁명스러운 표정을 지으며 사무실을 나갔다. 그리고 잠시 후 유맑음 선생님이 사무실에 와서 방금 극복이에게 어떤 일이 있었는지 물었다. 최하양 선생님은 상황을 그대로 설명했다. 그러자 유맑음 선생님은 극복이가 사무실로 그림을 가져온 이유가 센터 선생님들에게 자랑하기 위해서였다며 교실에서 있었던 상황을 말해줬다.

이야기인즉슨, 기분 좋게 자신의 그림을 자랑하기 위해 사무실로 갔던 극복이가 교실에 들어서더니 "센터 선생님들은 다 정신병자 아닌가요?"라고 소리치면서 그림을 갈기갈기 찢어버렸다. 유맑음 선생님이 차분히 상황을 설명하도록 말해도 극복이는 한동안 분을 삭이지 못하고 씩씩거리다가 겨우 입을 열었다. 자신이 그림을 반납한다고 했는데 최하양 선생님이 사물함에 넣으라고 했다는 것이다. 유맑음 선생님이 그게 왜 화가 나는 이유인지 묻자 극복이는 제대로 대답하지 못했다.

그래서 유맑음 선생님이 4교시 수업 후에 사무실에 가서 무슨 상황인지 확인하겠다고 했더니 지금 당장 가달라고 해서 원활한 수업을 위해 상황을 파악하려고 지금 왔다는 것이다. 그런데 사무실에 와서 최하양 선생님의 설명을 들으니 극복이가 그림을 자랑한 것이 아니라 맡기겠다고 말했고 최하양 선생님이 사물함에 넣으라고 한 걸 알게 된 것이다. 유맑음 선생님은 다시 교실로 가서 극복이가 교실에서 나갈 때 한 말과는 다르게 사무실에 가서 그림을 맡긴다고 했으니 최하양 선생님이 그렇게 말씀하신 것이라고 전해줬다. 그리고 늘 얘기하듯이 앞으로는 극복이가 원하는 것을 정확하게 표현해야 한다고 지도했다.

또 뭔가를 자랑했을 때 긍정적 반응의 경험이 없었던 극복이가 용기를 내서 자랑하려는 갔지만 대놓고 자랑하는 게 부끄러워서 맡기러 왔다고 말했을 극복이의 마음을 읽어준 후 앞으로는 오늘처럼 혼자 오해해서 화내고 기분 나빠하지 말자고 말해줬다. 마지막으로 센터 선생님들을 향해 정신병자라고 말한 것과 자신이 열심히 만든 작품을 찢어버린 것은 아주 잘못된 행동이라고 지도하니 수긍했다는 것이다.

나는 특단의 조치를 취할 것을 결심했다. 극복이의 심각한 교권 침해 문제를 모두 앞에서 직면시키고 문제행동을 도려내는 작업이 그것이다. 나는 이것을 '훈육적 수술'이라고 이름 지었다. '훈육적 수술'은 '단호한 사랑법(20장 참고)'의 정신을 기초로 한다. 직원회의를 통해 선생님들도 그럴 필요가 있다는 데에 동의했다.

훈육적 수술은 〈이달의 모범 학생 시상식〉 후에 갖기로 했다. 나는 극복이에게 훈육적 수술의 압박을 견딜 수 있는 내면의 힘이 생겼다는 것을 인지하고는 있었기에 그런 결정을 내린 것이다. 하지만 그 힘이 어느 정도인지 정확히는 알지 못했다. 아이들에게 미리 훈육 시간을 공지했기에 아이들의 표정은 평소와 다르게 긴장된 상태였다. 나는 엄숙하고 진지한 분위기를 유도하기 위해 목소리를 매우 낮고 느리지만 단호하게 또박또박 힘주어 말했다.

"여러분, 여러분도 이미 알고 있듯이 소장님은 평소에 여러분이 수업을 잘하고 있는지 교실 CCTV를 봅니다. 그런데 화요일에 고학년 반 수업 중에 벌어진 일로 깜짝 놀랐습니다. 고학년 학생들은 화요일 오후 수업 때 무슨 일이 있었는지 생각해보세요.(시간을 준 후) 김극복 학생에게 질문합니다. 극복이는 센터에서 지내면서 꿈아학교 다닌 게 몇 개월째지요?"

"4개월째입니다."

"잘 알고 있네요. 좋습니다. 지금부터는 소장님이 CCTV에서 본 내용을 질문할 것입니다. 김극복 학생, 화요일에 유맑음 선생님과 미술 수업 당시 사무실에 다녀온 후, '센터 선생님들 다 정신병자 아니에요?'라고 말하면서 작품을 찢어버렸지요?"

극복이가 당황해서 아무 말도 하지 않고 나를 바라봤다.

"대답해 주세요. 수업 시간에 만든 작품을 사무실에 계신 최하양 선생님에게 맡겨달라고 말했고, 최하양 선생님이 사물함에 넣으라고 말씀하시자 교실로 와서 '센터 선생님들 다 정신병자 아니에요?'라고 말했지요?"

극복이가 여전히 침묵하며 나를 바라봤다. 극복이는 당황하거나 민망하면 눈을 깜빡이고 입술을 깨무는 버릇이 있는데 그 버릇이 나오면 곧 폭발한다는 뜻이다. 평소 아이들이 느끼는 감정에 따른 습관적인 표정과 자세를 잘 파악하고 있는 것은 중요한 양육의 팁이다. 나는 극복이의 얼굴에서 그 버릇이 나타난 것을 확인했음에도 대답을 재촉했다.

"대답하세요. 그렇게 말했나요? 그런 사실이 있었나요?"

극복이는 계속 눈을 깜빡이면서 입술을 깨물었다. 표정을 보니 인정할까 말까를 망설이는 것 같이 보였다.

"어서 대답하세요."

"…."

"소장님이 자주 하는 말이 있지요? 사람은 완벽하지 않기 때문에 누구나 실수합니다. 그런데 실수를 한 후에 용기를 내서 잘못한 것을 인정하고 용서를 구하고 앞으로는 같은 실수를 하지 않으려고 노력하는 것이 매우 중요하다는 것 말입니다. 극복이는 그동안 센터와 꿈아학교에서 배운 것을 잘 기억하길 바랍니다. 김극복 학생, '센터 선생님들 다 정신병자 아니에요?'라는 언어폭력을 했나요?"

"했어요."

극복이가 아주 작은 목소리로 대답했다

"크게 대답하세요. 잘 안 들렸습니다."

"했어요."

극복이가 아까보다 더 크게 그리고 또박또박 대답했다.

"솔직하게 말해줘서 고맙습니다. 아주 잘했어요. 자신이 한 잘못을 친구들과 선생님들이 모두 보고 듣는 앞에서 인정하는 것은 굉장한 용기가 필요한 일입니다. 극복이가 지금 큰 용기를 내서 자기 잘못을 인정한 것에 대해 대단히 잘했다고 칭찬합니다."

"네."

"또 질문할게요. 극복이는 4개월째 자신을 따뜻하게 보살펴 주고 사랑해 주고 계신 선생님들을 두고 어떤 생각으로 '정신병자 아니냐'라는 말을 했나요? 극복이는 지금까지 정신병자들과 함께 지낸 건가요?"

"아니요."

"아닌데 왜 그렇게 말을 했나요? 말을 할 때는 내가 하는 말이 상대방에게 상처를 주고 나 자신을 창피하게 만드는 말인지 아닌지, 말하기 전에 먼저 생각하자고 그동안 반복해서 배웠잖아요. 그런데 극복이는 왜 후회할 말을 했나요?"

극복이가 또 눈을 깜박이면서 입술을 깨물었다.

"센터의 모든 선생님이 극복이의 언어폭력에 큰 상처를 받았습니다. 이 부분을 어떻게 할 건가요?"

침묵하는 극복이를 보면서 나는 생각했다. 모두가 자신을 쳐다보며 무슨 말을 할지 기다리고 있는 이곳의 이 무거운 공기와 압박을 극복이는 견딜 수 있을까? 나는 극복이가 제발 끝까지 폭발하지 않고 견딜 수 있기를 마음속으로 응원하고 기도하면서 말했다.

"김극복 학생, 생각하면서 선생님들의 마음의 소리를 들어보세요. 그럼 '정신병자 아니냐?'라는 말을 들은 센터 선생님 중 대표로 실장님께 질문하겠습니다. 혹시 실장님을 사랑하는 가족들이 제자에게 '정신병자 아니냐?'라는 말을 들었다는 걸 아신다면 가족들이 어떻게 할 것 같은가요?"
"그만두라고 말할 것 같습니다. 맛있는 밥을 해서 먹이고 잠을 재워주고 공부를 가르쳐주며 매일 돌봐주는 사랑하는 제자에게 어떻게 그런 상처가 되는 심한 말을 들으면서 계속 일을 할 수 있냐고 말하면서 당장 그만두라고 할 것 같아요."
"그렇군요. 소장님이 생각하기에 다른 선생님의 가족들도 마찬가지일 것

같습니다. 자, 김극복 학생, 생각하면서 선생들의 마음의 소리를 들으라고
했는데 이제 어떻게 할지 생각했나요?"

"네."

"그럼 얘기해보세요."

"선생님들, 어. 음. 제가 선생님들께 정신병자 아니냐고 말해서 죄송합니
다. 어, 앞으로는 그런 말 절대 하지 않을게요. 음, 그리고 앞으로는 그런
나쁜 말이 나오려고 할 때마다 제가 안 하려고 노력하겠습니다."

극복이가 스스로 자리에서 일어나더니 아주 진지한 표정과 태도로 선생님
들에게 정중하게 머리 숙여 사과했다. 나는 깜짝 놀랐다. 그리고 순간적으로
선생님들을 바라봤다. 선생님들도 모두 놀라서 '지금 내가 듣고 있는 말이
진짜인가? 저 말을 하는 아이가 극복이 맞나?' 믿기지 않는 눈빛이었다. 앉
아 있는 아이들도 마찬가지였다. 그동안 극복이가 보여 준 모습이 아닌, 마
음에서 우러난 진심으로 사과하는 극복이의 모습에 놀란 것 같았다. 나는 극
복이의 용기 있는 사과로 감동해서 말랑말랑해진 마음을 얼른 추스르고 말
했다.

"좋습니다. 극복이가 선생님들께 사과했군요. 아주 훌륭합니다. 모두 앞
에서 자기 잘못을 인정하고 반성하면서 상대방의 용서를 구하고 앞으로
는 하지 않겠다고 결심하는 마음이 정말 멋집니다. 진정한 사과를 하기 위
해서 용기를 낸 극복이가 매우 멋져서 한 번 더 칭찬합니다. 그럼 이제 선생
님들께서 사과를 받아주실 것인지 질문하겠습니다. 이번에도 선생님들을
대표해서 실장님께서 대답해 주시겠습니까?"

"예, 제가 대답하겠습니다. 극복아, 극복이가 진정으로 반성하고 용기 내
사과해줘서 고마워…. 흑흑흑."

말을 하던 실장님이 눈물을 흘리며 흐느끼기 시작했다. 선생님들 아이들 그리고 극복이도 눈가에 눈물이 맺혔다. 나의 코끝이 또 찡했다. 나는 모두가 이 분위기를 충분히 느끼도록 잠시 기다린 후 말했다.

> "다른 선생님들도 극복이의 사과를 받아주고 용서해 주실 건가요?"
> "예."
> "김극복 학생, 선생님들께서 사과를 받아주셨고 용서해 준다고 하셨어요. 극복이의 성장한 모습에 선생님들 마음의 상처가 치유된 것 같습니다. 그럼 여러분, 모두 앞에서 굉장히 힘들었을 텐데도 포기하지 않고 멋있게 용기를 내서 용서를 구한 극복이에게 박수로 격려해 주세요."
> "짝짝짝짝!"

모두가 극복이에게 큰 박수를 아끼지 않았다.

> "동생들도 오늘 극복이 형아, 오빠에게 좋은 모습을 잘 배웠을 것 같습니다. 여러분, 모두 오늘 이 시간을 잘 기억하시기 바랍니다. 그럼 오늘 훈육은 여기서 마무리하겠습니다."

훈육을 마치자 실장님이 얼른 극복이에게 다가갔다. 그리고 극복이를 꼭 끌어안으면서 부쩍 성장한 모습을 반복해서 칭찬하자 극복이가 멋쩍은 듯 웃으면서 실장님에게 다시 안겼다. 나는 이 귀한 미담을 센터에 방문한 극복이의 가족들에게 극복이 앞에서 외부자 증인 기술을 활용해서 자세하게 전했다. 극복이에게 있었던 이야기를 사소하게 않게 극복이의 용기 있는 언행에 굉장한 의미를 부여하고 강화하며 극적으로 전했다. 나의 말을 전해 들은 가족들도 기쁜 얼굴로 극복이를 충분히 칭찬해줬다. 그렇게 극복이는 근사한 미래를 향해 한 걸음 더 다가갔다.

그 후에

2학기에 센터 주변에 있는 학교로 전학 가기로 했던 극복이는 여름 방학을 앞두고 갑자기 퇴소했다. 마음에 변화가 생긴 것이다. 6학년 졸업 때까지 센터에서 지내고 싶다던 극복이는 엄마와 아빠가 변했다고 느꼈다. 이제는 형아들도 자신을 때리지 않고 잘 챙겨준다면서 집에서 살고 싶다고 했다. 또 자신이 변화된 모습을 전에 다니던 학교로 돌아가서 친구들에게도 보여주고 싶다고 했다.

극복이가 퇴소하던 날, 아빠는 이것저것 많이 물어봤다. 그리고 소중한 극복이에게 다시는 전과 같은 일이 생기지 않을 것을 약속했다. 물론 아동보호전문기관과 구청에서 극복이의 가정을 계속 사례관리 할 것이기 때문에 우리는 극복이의 퇴소를 응원했다. 센터와 꿈아학교 선생님들은 극복이가 센터에서 받은 든든한 사랑으로 많은 자원을 파생시키며 성공적인 학교 적응과 변화된 가족들과의 사이에서 안전하고 행복한 삶을 살아갈 수 있기를 소망하며 작별했다.

사후 관리차 전화하면 극복이는 가족들이 너무 잘해줘서 맨날 행복하다고 말했다. 2024년 여름에는 극복이의 가족 중 한 분이 돌아가셨는데, 극복이가 센터에도 부고를 전해서 나와 실장님이 장례식장에 갔다. 그곳에서 만난 극복이는 1년 사이에 굉장히 훤칠하고 의젓해졌으나 여전히 귀여운 애교를 부리며 안겼다. 형들과 부모님, 특히 엄마는 센터의 도움 덕분에 가족이 굉장히 화목해졌다고 했다. 그리고 극복이가 학교에서 선생님께 칭찬을 많이 받고 친구들도 많아졌다면서 연신 감사해했다.

어릴수록 효과적이라는 것을 증명해줘서 '감사해'

내 뼈 중의 뼈요, 내 살 중의 살처럼 느낄 정도로 사랑하는 사람과 함께 있을 때 우리가 느끼는 감정에 이름을 붙인다면 뭐라고 표현할 수 있을까? 혹은 나는 그를 정말 사랑하는데 그와 헤어질 것 같은 기미가 보일 때 내가 느끼는 감정은 어떤 것일까? 독자가 이미 예상했듯이 우리가 사랑하는 사람과 함께하지 못할 때 느끼는 대표적인 감정은 '두려움과 불안'이다. 부모-자녀 관계의 변화와 회복에 힘쓰는 나는 아이를 삼켜버린 불안에서 자녀를 빨리 구출하기 위해 에너지를 왕창 쓰다가 일찍 방전되어 섣부르게 좌절하고 포기하는 부모님을 자주 만난다. 그런 분들에게 내가 늘 하는 말이 있다. 매우 힘들겠지만 포기하지 말고 꾸준하게 인내하며 진정한 사랑을 적극적으로 표현한다면 아이는 분명히 자신을 삼켜버린 두려움과 불안을 이겨내고 성장한다는 사실을 말이다.

자꾸 뛰쳐나가요.

1학년 남학생인 '감사'의 아버지는 두 아들의 양육과 생계를 책임지고 열심히 사는 가장이다. 감사의 부모는 감사가 일곱 살 때 이혼했다. 가족 심리치료사인 김유숙에 의하면 부모는 자녀에게 언제나 아이와 함께할 것이고 네가 힘들고 지칠 때 반드시 보살펴 줄 것이라는 중요함을 인식시켜 줘야 자녀가 안정감을 가지고 성장할 수 있다. 이것은 부부싸움 · 별거 · 이혼할 때 특히 염두할 부분이다. 아무리 어리더라도 아이에게 자신들이 부모로서 반드시 책임을 질 거라는 믿음을 새겨줘야 아이들은 고통을 참고 잘 성장할 수 있다.[54]

그러나 감사의 가정은 그러지 못했다. 이혼 전 보호자의 갈등과 다툼은 끊이

---

54. 김유숙 외 공저, 『불안장애 아동』, (이너스북, 2012.), 31.

지 않았다. 엄마는 어느 때는 잘해주다가 어느 때는 거부하거나 방임하는 등 변덕스러웠다. 때문에 아이들은 늘 불안의 소용돌이 속에서 살았다. 아내와 두 아들이 풍족하게 살길 원했던 아빠는 열심히 일했고 돈도 많이 벌어다 줬다. 그렇게 성실하게 살았을 뿐인데 어느 날 아내이자 엄마는 남편과 아이들을 떠났다. 엎친데 덮친 격으로 가정은 부동산 사기에 연루돼 경제적으로 더욱 힘들어졌다.

감사는 아빠에게 집착했다. 특히 유치원에 가기 위해서 아빠와 분리될 때마다 심한 불안과 공포를 느꼈다. 아빠와 잠시 헤어져야 한다는 상상만으로도 감사는 심하게 좌절했다. 초등학교에 입학하자 불안은 더 커졌다. 학교에 있는 동안에도 아빠와 떨어져 있는 것이 무서워서 견딜 수 없었던 감사는 일탈이 잦았다. 또 친구들에게 거칠었고 폭력이 심했다. 담임 선생님을 향한 반항이 또래 수준을 넘었다.

아빠는 주변의 권유로 감사를 데리고 병원을 찾았다. 감사는 '소아 우울증, 불안증, ADHD'를 진단받았고 약물치료를 시작했다. 두 아이를 홀로 키워야 하는 아빠는 아이들과 더 많은 시간을 함께하기 위해서 일용직 근로자가 됐다. 근로 건수에 따라 수당을 받았는데 감사의 학교폭력 문제를 해결해야 하고 학교에서 일탈하는 감사를 찾으러 다녀야 할 상황이 자주 발생하자 그마저도 버거웠다.

이제 막 유치원을 졸업하고 초등학교에 입학한 여덟 살 철부지 아이들 이십여 명이 모여 있는 1학년 학급을 담임 선생님 한 명이 운영하는 것을 상상해 보라. 여간 힘든 일이 아니다. 그런데 감사가 속한 학급에는 감사와 비슷한 신경·정신과적 문제를 가진 학생이 유독 많았다. 어쩌다 보니 ADHD와 공존 질환을 진단받은 여섯 명의 학생이 한 반에 몰린 것이다.

한 명의 학생만 문제행동을 보여도 그 반 운영이 힘든데 여섯 명이라니. 결국 담임 선생님은 3월 중순에 휴직했다. 2개월 만에 계약직 선생님 5명이 떨어져 나갔고 결국 교무부장 선생님이 임시담임을 맡았다. 협력 교사도 붙었다. 그러나 여섯 명 학생이 교실 이곳저곳에서 수시로 폭발하자 감당할 수 없었다. 학교는 센터에 도움을 요청했다. 회의를 통해 일단 학교 일탈과 문제행동이 가장 심각한 감사의 입소가 결정됐다. 그리고 차이를 두고 다른 아이들도 서서히 돕기로 했다. 그때가 감사가 초등학교에 입학하고 3개월도 못 지난 5월 중순이었다.

입소 첫날 모두가 긴장하며 관찰했음에도 감사는 2교시가 끝난 후 쉬는 시간에 화장실에 간다더니 재빨리 센터를 뛰쳐나갔다. 꿈아학교 선생님들은 남은 학생들과 수업하고 센터 선생님들이 감사를 찾아 나섰다. 그러나 한참을 찾아 헤매도 못 찾아서 결국 일하고 있는 아버지에게 도움을 청했다. 아빠의 손을 잡고 엉엉 울면서 센터로 온 감사는 제발 아빠랑 있게 해달라고 애원했다. 그렇게 우는 감사를 안은 아빠도 엉엉 울었다.

어린 감사의 불안과 우울은 아빠와 잠시라도 헤어지지 않기 위해 선택한 몸부림인 학교 일탈(학교폭력과 교권 침해는 덤)로 이끌었다. 그러나 그 몸부림 때문에 이제는 자신을 지켜줄 아빠와도 헤어져서 낯선 센터에서 낯선 사람들과 지내게 됐다. 아빠를 아무리 목 놓아 불러도 아빠가 눈앞에 나타나지 않으니 그 어린아이가 얼마나 무서웠을까? 이대로 영영 아빠를 못 보게 되는 것은 아닐까? 하는 마음에 큰 두려움이 엄습했을 것이다.

또 아빠는 눈에 넣어도 아프지 않은 소중하고 어린 아들과 생이별을 했으니 얼마나 마음이 아팠을까? 그 선택을 할 수밖에 없었던 상황에 얼마나 좌절했을까? 모든 것이 본인의 잘못이라 자책하며 아들에게 미안한 마음에 속이 다 썩었을 것이다. 부자는 이산가족이 상봉한 것처럼 울었다.

센터에서는 아이들의 안전과 건강을 최우선으로 한다. 그래서 아이들이 조금만 아파도 보호자가 동행해서 병원에 다녀오도록 한다. 이를 알게 된 날부터 감사는 아프다는 말을 달고 살았다. '머리 아프다' '배 아프다'라는 등의 핑계를 대면서 하루에도 몇 번이고 일탈을 꿈꿨다.

감사는 워낙 인지능력이 뛰어나서 배우는 것을 잘 소화했다. 또 원래부터 가지고 있던 어휘력도 뛰어났다. 말을 얼마나 잘하는지 1학년 막내임에도 고학년 형들하고 다투다 보면 형들이 감사에게 그 단어가 무슨 뜻이냐고 물어볼 정도였다. 폭발이 심하고 잦은 생떼로 주변 사람들의 정신을 쏙 빼놓지만, 너무너무 귀여운 감사로 센터는 하루하루가 행복한 전쟁터였다.

협상

"소장님, 오늘 목요일이니까 저 집에 가서 자지요?"

부모상담으로 센터를 방문한 아빠를 보고 감사가 말했다.

"우리 감사가 오늘은 집에 가서 아빠랑 자고 싶구나? 그런데 어쩌지? 가정 귀가하는 날은 금요일인 내일이라서, 오늘은 센터에서 잘 거야. 대신 내일 아빠가 일찍 오셔서 기다리다가 수업 마치자마자 바로 집으로 데려갈 거래."
"아~ 싫어 싫어. 싫단 말이야. 집에 갈래. 소장님이 저한테 목요일에 집에 가서 잔다고 했잖아요. 왜 거짓말 해요?"

감사가 갑자기 떼를 쓰면서 소리 질렀다.

"감사야! 그만. 소장님은 그렇게 말한 적 없어."
"거짓말하지 마세요. 소장님이 목요일에 간다고 했잖아요."
"감사야, 소장님은 그렇게 말한 적 없어. 가정 귀가는 금요일 오후에 하는 것을 감사도 잘 알고 있잖아."

"거짓말하지 마세요."

"아니, 거짓말은 감사가 하고 있어. 그리고 떼쓰면서 고집까지 피우고 있잖아."

"싫어. 으앙~ 아빠한테 갈래. 아빠한테 보내줘."

감사가 아빠한테 보내달라고 소리 지르면서 현관 바닥을 대굴대굴 굴렀다. 일으켜서 달래려 하는데 아빠한테 안 보내주면 바닥에 더 구를 것이라고 말하면서 몸에 힘을 줬다. 현관에서 교실 바닥으로 올린 후 앉히려 하자 다시 현관으로 기어가 바닥에 배를 깔고 엎드려서 고집을 피웠다. 계속 울면서 콧물까지 흘렸다. 콧물을 닦아주려고 물티슈를 가져오자 감사가 울음을 그치고 진지하게 말했다.

"소장님, 저 오늘 아빠한테 보내주면 집에서 자고 내일 온 다음에 토요일까지 센터에서 잘게요."

"아니, 모든 어린이는 주말에 집에서 가족들과 함께 지내야 해. 오늘 밤은 센터에서 자고 내일 집에 갈 거야."

"으앙~"

"감사야, 코 한번 풀자. 코가 너무 많이 나온다."

"싫어요. 코 안 풀 거예요. 빨리 지금 아빠한테 저 데리고 가서 오늘 밤에 집에서 자라고 허락해 주세요. 저 집에 안 보내주면 코를 얼굴에 다 발라서 난쟁이가 될 거예요."

감사의 협박에 내가 침묵하면서 흥분한 감사의 등을 토닥이자 감사가 말했다.

"제가 십 초 줄 거니까, 빨리 저를 아빠한테 보내준다고 말하세요."

나는 말없이 감사의 등만 쓰다듬었다.

"십, 구, 팔, 칠, 육, 오, 사, 삼, 이, 일, 땡."

그래도 내가 말없이 등만 토닥이자 감사는 코를 풀어서 자기 얼굴에 비볐다. 얼굴 이곳저곳에 코와 코딱지가 묻었다. (코를 바르면 내가 놀라서 자기 말을 들어 줄 거라고 생각했는데 그래도) 내가 가만히 있자 감사가 당황했다.

"빨리 저를 아빠한테 보내준다고 말하세요. 안 그러면 소장님 얼굴에도 제코를 묻힐 거예요."

이번에도 내가 아무 말 없이 등만 토닥이고 있자 감사가 숫자를 셌다.

"십, 구, 팔, 칠, 육, 오, 사, 삼, 이, 일, 땡."

숫자를 다 셌는데도 내가 가만히 있자 아까보다 더 당황한 감사가 말했다.

"소장님! 한 번 더 기회를 줄 거예요. 빨리 저를 아빠한테 보낸다고 말하세요. 십, 구, 팔, 칠, 육, 오, 사, 삼, 이, 일, 땡."

그래도 내가 가만히 있자 이제는 자기 손바닥으로 교실 바닥을 쳤다. 얼마나 세게 쳤는지 소리가 컸다. 본인도 아팠는지 손바닥을 겨드랑이로 가져가서 감 쌌다. 그러더니 나의 반응을 살피느라 힐끗 쳐다봤다. 그래도 내가 가만히 있자 또 바닥을 치려고 해서 내가 단호하지만 따뜻하게 말했다.

　　"감사야, 스스로 아프게 하는 것 그만해야지."
　　"알겠어요. 그럼 소장님 빨리 저랑 약속해요. 저 지금 아빠랑 집에 가서 마음을 다스리고 3시까지 올게요. 허락해 주세요. 네?"

감사가 나의 손을 강제로 가져가서 자기 손가락에 걸고 약속하려 했다. 내가 손가락을 빼면서 말했다.

　　"감사야! 이런 억지 약속은 할 수 없어."
　　"빨리 약속해요."

감사가 다시 소리 지르면서 내 엄지손가락을 가져가려고 해서 내가 말했다.

　　"감사야! 우리 감사 너무 울어서 지쳤는데, 아이스크림 먹고 다시 얘기할까?"
　　"네. 좋아요."

감사는 눈물을 닦으면서 대답했다. 나는 물 한 컵과 아이스크림을 가지고 와서 감사를 안아 무릎에 앉힌 후 먼저 물을 마시게 했다. 그리고 물티슈를 가지고 손과 얼굴에 묻은 코를 닦아 준 후에 아이스크림을 먹였다. 아이스크림을 맛있게 먹으면서 감사가 말했다.

　　"소장님, 우리 아빠 저 더 잘 키우려고 공부하는 거(부모상담) 언제 끝나요?"
　　"글쎄, 아빠가 공부를 열심히 하고 잘하시니까, 길지는 않을 것 같아. 거의 끝날 시간이 된 것 같은데?"

"우리 아빠 공부 잘해요?"

"그럼, 아주 잘하시지. 소장님은 감사의 아빠가 공부하러 올 때마다, 너희 형제를 잘 키우려고 열심히 노력하시는 게 멋있어서 항상 칭찬해드리고 있어."

"우리 아빠 정말 멋있지요?"

"그럼. 굉장히 멋지지."

"그럼 이따가 실장님이랑 김연두 선생님이랑 저랑 아빠랑 얘기하게 해주세요."

"무슨 얘기를 하고 싶은데?"

"우리 아빠 공부하는 거 다 끝나고, 아빠랑 저랑 같이 집에 가서 제 마음을 다스리고 2시 30분까지 센터에 온다고 허락받고 싶어요."

"감사야! 우리 감사가 아까와는 다르게 마음속의 말을 예의 바르게 잘 표현한 것 정말 훌륭해서 소장님이 많이 칭찬해. 그리고 감사가 얼마나 아빠를 좋아하는지도 소장님은 잘 알아. 또 아빠가 너무 좋아서 아빠랑 같이 있고 싶은 마음도 잘 알아. 그런데 감사야! 안 되는 것은 절대로 허락할 수 없어. 감사는 센터에서 지내면서 공부해야 하는 것과 친구랑 사이좋게 지내는 것도 배워야 하잖아. 그런 것 얼른 배워서 빨리 아빠랑 집에서 지낼 수 있으려면 지금은 감사가 참는 것을 연습해야 해."

"알겠어요. 그럼 우리 아빠 공부 다 끝난 다음에 아빠 만나는 거는 되지요?"

"그럼, 물론이지. 아빠에게 공부 마친 후에, 감사랑 많이 많이 놀아주라고 얘기해 줄게."

"진짜요? 소장님 고맙습니다."

아이들을 키우다 보면 간혹 말도 안 되는 타협을 걸어올 때가 있다. 자신의 투정이 잘못됐다는 것을 알면서 그냥 할 때도 있다. 그러다가 자신의 생떼가

통하지 않으면 태세를 전환해서 협상을 시도한다. 그렇게 협상테이블에 앉게 되면 아이들이 얼마나 연기를 잘하는지 깜짝 놀랄 정도다. 또 그것만 들어주면 앞으로 뭐든지 잘할 것이라면서 천상 유수로 자기의 뜻을 관철하기 위해 애교 폭탄을 날리며 상대의 마음을 바꾸려 애쓴다.

이때 어른이 정신을 똑바로 차리지 않으면 아이가 너무 귀여워서, 때론 몹시 안쓰러워서, 혹은 자신이 너무 매정한 것 같이 느껴지거나 아니면 아이가 그렇게 된 것이 자기 때문이라는 죄책감 등으로 말도 안 되는 아이의 제안에 넘어가고 만다. 그러나 약해지는 마음은 제대로 성장해야 할 아이에게 전혀 도움이 안 된다. 어른은 아이에게 '안 되는 것은 무슨 일이 있어도 안 된다는 것, 해야 할 것은 아무리 싫어도 해야 한다는 것'을 가르쳐줘야 한다. 이것이 훈육할 때 가져야 할 기본적인 태도다.

잊지 말아야 할 것은 훈육하는 중에도 최선을 다해서 칭찬할 거리와 격려할 거리를 찾아내어 적절히 표현하면서 아이가 '혼난다'라는 생각으로 좌절하지 않도록 신중해야 한다. 특별히 아이가 자신의 욕구를 얼마나 충족시키고 싶어 하는지 그 마음을 충분히 공감하고 적극적으로 표현하며 아이의 마음을 존중하는 자세를 유지해야 한다. 그럴 때 아이는 자기 마음이 무시 받지 않았다는 걸 알아채고 포기해야 할 것은, 건강하게 포기할 줄 알게 된다.

아빠만 좋았던 감사의 마음속에 들어온 축구

5학년 능력이가 센터를 후원하는 한 독지가의 축구 장학생이 되자 능력이 형을 무척 좋아하는 감사가 자기도 축구클럽에 다니고 싶다고 말했다. 몇 주가 지나도 감사의 축구에 대한 사랑이 식지 않자 아빠와의 상담을 통해 축구클럽에 보낼 것을 결정했다. 테스트를 받은 날, 감독님은 감사가 어림에도 체력이 좋고 의지가 강하며 순발력도 좋은데다 무엇보다 축구에 열정적이라면서 열심히 하면 앞으로 좋은 선수가 될 거라고 칭찬해줬다. 그날은 감사의 자존감이 하늘 높이 치솟은 날이었다.

나는 어린이날과 복날 그리고 크리스마스 선물로 어린이들에게 사랑과 응원을 아끼지 않는 '바나바선교회'라는 모임에 감사를 위한 장학금을 부탁했다. 바나바선교회의 삼촌들은 흔쾌히 승낙하며 감사의 꿈을 응원했다. 그렇게 감사는 늠름한 축구 장학생이 됐다.

아빠에게만 집중했던 감사의 마음에 축구가 자리 잡자 가장 먼저는 체육수업에 임하는 자세부터 달라졌다. 점점 다른 수업에서도 적극적으로 변했다. 형아·누나들과 보드게임을 할 때도 이기기 위해서 무조건 우기던 것에서 벗어나 상대방의 말을 듣기도 하고 양보도 하는 등 달라졌다. 욱하는 충동이 올라올 때마다 스스로 참으려 노력하는 모습도 보였다.

어느 날, 센터 밖 일반 학교에 다니고 있는 4학년의 영재가 학교에서 갑자기 코피를 흘렸다. 담임 선생님의 연락을 받고 최하양 선생님이 갈아입을 옷을 가지고 학교로 달려갔다. 가져간 옷으로 갈아입히고 가져온 노란색 티셔츠 앞면은 온통 코피로 물들어 있었다. 나는 그 옷을 사무실 싱크대에 물을 받아 담가 뒀다가 핏물이 어느 정도 빠지자 손빨래를 했다. 그때 수업을 마친 후 사무실에 들어온 감사가 나를 보고 말했다.

"소장님, 싱크대에서 뭐 하세요?"
"어, 영재 형아의 옷에 뭐가 묻어서 빨고 있는 거야."
"세탁기로 돌리면 되잖아요."
"물론 그래도 되는데, 이 옷에 묻은 것은 시간이 지나기 전에 얼른 손으로 빨아야 잘 지워지기 때문에 손으로 빨고 있는 거야."
"그래요? 소장님 팔 아프겠다. 소장님, 많이 힘들어요?"
"아니, 감사가 그렇게 말해주니까 힘이 막 샘솟는 것 같아. 감사야, 소장님에게 팔 아프겠다고 걱정해 주고, 많이 힘드냐고 물어봐 줘서 고마워!"

"어머! 감사야! 너 어쩜 말을 그렇게 예쁘게 하니? 정말 훌륭하다."

그때 사무실에 들어온 유맑음 선생님이 우리의 대화를 듣고 감사에게 말했다. 감사가 유맑음 선생님에게 함박웃음을 지으며 물었다.

"저 정말 훌륭해요?"
"그럼, 감사는 정말 훌륭하지."

칭찬을 들은 감사는 행복한 얼굴로 교실을 향해 기분 좋게 달려갔다. 그동안 감사는 아빠가 자기 눈앞에 보이지 않으면 망망대해에 홀로 남겨진 것 같은 무서운 공포에 휩감겼다. 그때 느끼는 불안은 너무 커서 그 작은 아이가 감당할 수 없었다. 그래서 주말에 아빠와 있다가 센터 복귀를 하는 일요일 밤이면 대성통곡을 하며 아빠를 놓지 않았고 좌절했다. 그러던 중 감사의 관심이 축구에 쏠리자 그렇게 심했던 분리 불안이 조금은 덜해졌다. 그러나 불안은 재발하기 쉽다. 감사가 당장은 축구에 푹 빠져서 아빠가 눈앞에 없어도 덜 불안하고 더 재미있는 축구로 시간 가는 줄 모르지만 언제 또 불안에 함몰될지 모른다. 선생님들은 분리불안 재발을 예방하기 위해서 감사에게만 몇 가지 규칙을 바꿔서 적용하기로 했다.
아빠와 감사가 함께 보내는 물리적 시간을 듬뿍 늘리는 것이다. 먼저 센터 복귀를 일요일 밤에서 월요일 아침 8시 30분으로 바꿔 수업에 지장이 생기지 않으면서도 집에서 하룻밤을 더 자기로 했다. 아빠와 데이트가 있는 날엔 저녁 식사를 함께하고 자기 전까지 충분히 놀아주도록 했다. 그런 날이 하루 이틀, 한주 두주, 한 달 두 달 계속되고 변함이 없자 점점 안정을 찾은 감사는 아빠와 헤어질 때 용감하고 씩씩하게 인사했다. 어쩔 땐 아빠가 센터를 나가기도 전에 형들과 논다면서 먼저 일어날 때도 있을 정도로 성장했다. 당

239

연히 수업 중 교실 이탈과 교권 침해는 완전히 소거됐다. ADHD 증상으로 아직 충동 조절이 어려워서 친구들과 다툼이 종종 생기지만 이제는 제압해야 하는 폭발은 하지 않는다.

걱정되고 두려워도 '도전해'　　　　19장

　　나는 사람들에게 좋은 사람으로 인정받고 싶은데 내 마음과 다르게 매사에 누구에게든 짜증과 화만 내고 있다면? 사람의 몸에 어떻게 저만큼의 화가 들어 있을까? 저렇게 심각하고 억지스러운 반항은 도대체 어디에서 나오는 걸까? 이 세상에 있는 모든 것. 즉, 식물과 동물, 생물과 무생물, 눈에 보이지 않는 공기에게까지 시비를 거는 사람이 있을까? 있다. 바로 ODD를 앓고 있는 아이들이다. ODD는 소중한 아이를 톡 건드리면 팍 터져버릴 것 같은 팽팽한 긴장으로 꽁꽁 묶어 놓는다. 이 아이들을 도울 방법이 있기는 할까? 있다. 독자는 19장의 주인공 도전이가 자신의 아픔을 극복하고 더 나아가 모범생이 되었다는 소식과 대면하면서 자기도 모르게 큰 박수를 보낼지 모른다.

허공에도 시비 거는 도전이

　　"소장님, 내가 허락도 안 했는데 왜 지나가요?"

도전이가 짜증이 섞인 표정을 담아 앙칼지게 따졌다. 나는 사무실에서 나와 교실 방향으로, 도전이는 교실에서 나와 사무실 방향으로 가는 길이었다. 내가 복도에서 마주친 도전이에게 인사하려는 찰나 도전이가 한 말이다.

　　"도전아! 우리가 방금 마주쳤는데, 네가 허락도 안 했는데 소장님께 왜 지나가냐고 한 말이 무슨 뜻이야?"
　　"소장님이 내 허락도 없이 지나갔잖아요."

"도전아, 소장님이 지금 어디에 서 있는지 소장님을 확인 해 봐. 우리가 서로 마주 보고 있어? 아니면 소장님이 이미 도전이 뒤에 가 있어?"

"내 앞에요."

"그럼 이미 지나간 거야? 아니면 아직 안 지나간 거야?"

"몰라요."

"모르는데 왜 지나간다고 말해? 그리고 소장님은 어린이와 마주치면, 먼저 인사부터 하지 바로 지나가지 않아."

"근데 소장님이 지나갔잖아요."

"아니, 소장님은 아직 도전이를 지나서 가지 않았어. 도전이에게 인사하려고 한 거야. 인사한 후에 지나가겠지."

"…."

도전이는 아무 말도 하지 않고 나를 째려봤다. 그렇게 도전이는 누구에게나 시비를 걸었다. 도전이는 내가 출장으로 자리를 비운 날 입소했다. 입소 당일 첫날 첫 수업에서 도전이는 유다홍 선생님에게 "선생님 눈빛이 왜 이렇게 기분 나빠요?"라고 시비를 걸었다. 그리곤 당황한 선생님을 뒤로하고 "에이 씨!"를 뱉고 짜증을 내면서 교실을 뛰쳐나갔다. 유다홍 선생님이 얼른 따라갔으나 도전이가 워낙 빨랐다. 도전이는 순식간에 1층까지 내려갔다. 도전이가 현관 밖으로 막 나가려는 것을 겨우 붙잡자 "이 씨●년아. 놔!" 하고 소리 지르며 유다홍 선생님을 발로 차며 때리기 시작했다. 김분홍 선생님과 이노랑 선생님이 함께 내려가서 도전이를 말리자 세 명 선생님을 향해 욕을 하면서 손과 발을 써서 무작위로 때렸다. 도전이의 심각한 폭발에 실장님과 김연두 선생님까지 내려가서 함께 말렸다. 그동안 유다홍 선생님은 도전이에게 맞아서 아픈 몸을 이끌고 다시 교실로 돌아가서 다른 아이들과 수업을 이어갔다. 선생님 네 분이 붙어 도전이를 말렸으나 폭발은 더 심해졌다. 도전이는 괴성을 지르고 욕을 하면서 선생님들을 계속 때렸다. 실장님은 하는 수 없이 도전이가 유일하게 무서워하는 아버지에게 전화로 도움을 청했다.

아버지가 센터에 도착할 때까지 1시간이 넘게 도전이에게 맞은 선생님들의 몸이 벌겋게 부어올랐다. 그때 맞은 곳의 멍은 몇 주 동안 계속됐다. 센터에 도착한 아버지는 네 명 선생님이 녹초가 된 것을 보고 도전이를 무섭게 혼냈다. 한참을 호되게 야단치던 아버지는 도전이를 차에 던지다시피 했다. 아버지의 눈에서 살기를 느낀 실장님이 차에서 도전이를 안아서 내리게 했다. 도전이는 실장님 등 뒤에서 오돌 오돌 떨었다. 폭발하던 때와는 전혀 다른 모습이 꼭 궁지에 몰린 생쥐 같았다.

사실 도전이는 아버지를 보자마자 폭발을 즉각 멈췄었다. 실장님은 차에서 나오는 아버지의 표정에서 도전이의 아홉 살 인생이 어땠을지 이해됐다고 회상했다. 실장님이 아버지를 잘 진정시켜 돌려보냈다. 아버지의 차가 사라지자마자 도전이는 다시 돌변했다. 교실로 가자는 실장님의 말에 생떼가 시작됐다. 담당 사례관리자인 김분홍 선생님이 한참 담아주기를 하면서 진정된 도전이를 교실로 들여보내고 나자, 오전이 후딱 지나갔다.

허리케인 도전이

도전이는 2학년에 작은 키와 깡마른 체구의 남자아이다. 아버지를 제외한 누구와 대화를 나눠도 눈을 마주치지 않았다. 겨우 눈을 마주쳤다가도 바로 피했다. 항상 신경질적인 말투를 사용했다. 사람들을 대하는 태도가 이기적이고 타인에게 무관심했다. 도전이는 선생님이나 친구가 다가가면 못되고 차갑게 반응했다. 자주 욱하고 특별한 일없이 그냥 화를 냈다.

특히 권위자의 지도에 순응하지 못했다. 늘 상대를 끊임없이 비난하고 반박했다. 엄마에 따르면 도전이는 특히 5세경부터 행동이 과격해졌다. 유치원에서 기물파손 및 분노 폭발이 자주 발생했다. 그리고 6세 때 'ADHD와 ODD'를 진단받았다. 우리 센터에 입소 한 아이 중에 미취학 당시 ODD를 진단받은 아이는 도전이가 처음이었다. 도전이는 1년 동안 놀이치료실을 다녔다. 도전이가 초등학교에 입학하자 학교는 비상에 걸렸다.

담임 선생님에 의하면 도전이는 분노가 올라올 때 모두 앞에서 교과서를 박박 찢었다. 아무에게나 물건을 던져 친구들이 다쳤다. 언제든 자신의 마음에 안 들면 책상을 두드리는 등 공격적으로 행동하며 수업에 참여하지 않았다. 교실을 뛰어다니고 바닥에 눕고 3층 교실의 창문을 열고 뛰어내리려는 위험한 행동을 했다. 괴성과 폭력으로 반 친구들의 수업을 방해했다.

그렇게 학급 규칙에 반하는 문제행동을 나타내며 학교에 적응하지 못했다. 담임 선생님이 가장 걱정한 것은 도전이가 폭발할 때마다 학교를 무단으로 이탈하는 것이었다. 한동안 교감 선생님의 일과는 학교 밖으로 뛰쳐나간 도전이를 찾아다니는 것이었다. 2학년이 되면서 도전이의 분노와 폭발은 더욱 심해졌고 모든 수업 진행이 어려웠다. 특히 급우들의 학습권을 방해하는 심각한 피해가 계속되자 폭발할 때마다 도전이를 위클래스로 격리했다.

위클래스에서는 위험하지 않은 범위에서 도전이에게 장난감을 집어던지거나 큰소리를 내면서 분노를 해소하도록 도왔다. 도전이는 체육 시간이 되어 운동장에 나가면 유독 개미 죽이는 걸 즐겼다. 개미가 불쌍하다고 못 죽이게 하는 친구들에게 폭발했다. 매번 친구들과의 관계에서 폭력적이자 도전이도 힘들고 급우들도 힘들고 담임 선생님과 학교 전체가 힘들었다. 그렇게 학교가 비상에 걸린 것이었다.

매 순간 날이 서 있는 도전이

도전이가 입소한 순간부터 센터 선생님들과 꿈아학교 선생님들은 그야말로 살얼음판을 걷기 시작했다. 선생님들은 도전이와 첫날 24시간을 함께 지내면서 재적 학교에서 어떻게 지냈는지 바로 파악할 수 있었다. 도전이는 매 순간 너무 날이 서 있었다. 마치 고슴도치가 가시를 다 펼치고 모든 것을 경계하는 것처럼 말이다.

특히 본인의 마음에 거슬리면 즉시 소리 지르며 수업을 거부했다. 또 아무 때나 부당하다며 분노하고 짜증내고 반항하고 우기고 논쟁을 벌이며 적대적인 태도를 보였다. 도와주고 싶어도 도전이의 마음에 거슬리는 것이 무엇 때문인지 본인도 모르니 섣불리 도울 수 없었다. 도전이의 욱하고 기물을 파손하고 협박하고 자해하며 끊임없이 공격하는 매 순간 때문에 선생님들은 깊은 싱크홀에 빠진 기분이었다.

하루 이틀이 지나면서 그 이유가 드러났다. 도전이는 그저 매 순간이 힘든 것이었다. ADHD와 ODD 증상이 도전이를 가만두지 않았기 때문이다. 그로 인해 견딜 수 없이 힘든 자신을 도와달라는 SOS를 자기만의 폭력적인 방식으로 표현하는 것이었다. 우리 몸이 감기에 걸리면 열이 오르고 기침하는 증상이 있는 것처럼 말이다. 특히 도전이는 자기 마음대로 할 수 없는 상황이나 상대방에게 주도권을 빼앗겼다고 판단될 때 더욱 저항했다. 늘 자기 잘못을 남 탓으로 돌렸다. 자주 거짓말했다. 한순간도 상대방과 타협하지 못했고 그로 인해 더 짜증 부리고 더 분노했다.

무엇보다 상대방의 의도를 적대적으로 해석하는 인지 왜곡과 상대방이 하지 않은 말과 행동을 했다고 말하곤 믿어버리는 것이 가장 큰 문제였다. 예를 들어서 수업 중 갑자기 선생님이 자신을 '정신병자'로 불렀다며 폭발했다. 생활지도를 할 때나 대안교육 수업을 할 때도 자신과 멀리 떨어져 있던 선생님에게 "왜 때려요!"라고 소리 질러서 선생님이 때리지 않았다고 말하면 거짓말한다고 또 소리 질렀다. 그러고는 "선생님이 예전에도 나를 때렸다"라는 말을 지어내며 우겼다. 또한 "선생님이 때렸으면서 안 때렸다고 하니까 화가 나잖아요. 창문으로 뛰어내려서 죽어버릴 거에요."라는 자살 협박도 반복됐다.

도전이는 수업 시간에 학습할 문제를 미리 풀어 놓는 습관이 있었다. 도전이를 모르는 사람은 예습하는 습관을 칭찬할 수 있다. 그러나 도전이의 이런 습관에는 반전이 숨어 있다. 이는 수업 시간에 실수할까 봐 두렵고 그 상황을 들키고 싶지 않은 완벽주의적 성향 때문이었다. 수업이 시작되면 도전이는 선생님에게 자신이 미리 풀어 온 그날 진도 속 문제를 채점해달라고 거칠게 요구했다. 혹시 답이 틀려서 선생님이 틀렸다고 채점하면 즉각 선생님을 비난하면서 극하게 분노했다. 그날도 도전이는 교과서에 있는 문제를 미리 풀어와서 채점해 달라고 했다. 이예쁜 선생님이 틀린 문제를 틀렸다고 채점하면서 왜 틀렸는지를 설명해줬다. 그러자 도전이가 선생님을 째려보면서 따졌다.

"이예쁜 선생님, 왜 저한테 저번이랑 다른 말을 해요?"

"도전아 그게 무슨 말이야? 저번이랑 다른 말이라니?"

"왜 제가 푼 게 틀리냐고요. 왜 선생님은 저를 안 기다려주고 다른 애들만 신경 써요? 선생님이 그러니까 제가 기분이 나쁘잖아요."

도전이는 쉬지 않고 궤변을 늘어놓으며 점점 흥분하더니 결국 폭발하여 소리지르며 복도로 뛰쳐나갔다. 그리고 가녀린 팔목으로 난간을 치려(자해하려고) 했다. 최하양 선생님이 얼른 다가가서 난간을 치지 못하도록 도전이의 손을 잡았다. 그러자 도전이는 크게 저항하면서 놓으라고 소리 질렀다.

"도전아! 도전이가 아플까 봐 선생님이 팔을 잡는 거야. 난간을 치지 않으면 도전이의 팔 안 잡을게."

도전이는 난간 치려던 것을 멈췄다. 그러나 알아들을 수 없는 혼잣말과 짜증을 내고 끙끙거리면서 계속 분노를 표출했다. 김분홍 선생님이 다가가서 대화를 시도했다.

"도전아, 무엇 때문에 속상했어? 무엇 때문에 화가 난 거야?"

"이예쁜 선생님이 마음대로 했어요!"

"도전아! 복도는 지저분하니까 사무실에 가서 얘기하자."

"그럼 (손) 잡고 있을 거잖아요. 싫어요."

"안 잡고 있을게."

"싫어요."

"그럼 도전아, 교실에 들어가서 이예쁜 선생님하고 이야기해 보고, 다시 수업 들을래?"

도전이는 마지못해 알겠다고 했다. 김분홍 선생님이 이예쁜 선생님에게 수업하겠다는 도전이의 마음을 대신 전해 준 뒤 사과의 시간을 가진 후 수업에 참여하도록 도왔다. 데니스 라인스는 아이에게 매일의 삶에서 이타심과 온정에 주목함으로써 세상의 가치들을 공유하는 것에 자부심을 갖도록 격려해 주는 것을 '생활 기술 상담 접근법'이라고 칭한다. 그는 사교 기술이 별로 없는 아이에게 상담사가 삶 속에서 인간관계기술을 직접 훈련시키는 건 아이에게 대단히 큰 혜택이라고 말한다.[55]

이것이 바로 24시간을 선생님들과 아이들이 함께 먹고 자면서 지내는 〈가정형Wee센터〉의 강점이다. 선생님들은 이기적이고 자기에게만 집중하는 도전이에게 친구들과 선생님들을 향한 이타심과 온정에 주목하도록 도왔다. 특히 권위자를 불편하게 느끼는 도전이에게 예의범절을 집중해서 연습하도

---

55. 데니스 라인스(Dennis Lines), 정희성 외 옮김, 『쉽고 간결한 학교상담』, (한울, 2019.), 50.

록 도왔다. 그리고 도전이의 완벽주의적 성향과 새로운 것에 도전하기도 전에 실패할 것을 미리 당겨서 두려워하는 마음을 돕기 위해서 고민하고 연구하고 적용했다.

그렇게 될 수밖에 없던 도전이

도전이의 아버지에 의하면 아빠의 양육방식은 상당히 강압적이었다. 아빠는 유년기에 거칠고 공격적인 놀이를 자주 했고 아버지도 강압적인 양육방식에 의해 성장했다. 자녀를 사랑하는 마음이 매우 강한 아버지는 도전이를 위해 잘못한 부분에 있어서는 더 강압적으로 훈육했다. 신체적 체벌은 물론이고 지시적이고 명령적인 의사소통 방식을 사용했다. 그러다 보니 본의 아니게 학대 수준의 체벌까지 했다.

특히 5세경부터 ADHD로 인한 충동성과 과잉행동 그리고 ODD로 인한 반항과 분노가 발현되자 타인에게 민폐 끼치기 싫어하고 애를 잘못 키웠다는 말이 듣기 싫었던 아버지는 더욱 강압적으로 양육했다. 결국 사랑하는 아들의 문제행동을 고쳐주기 위해 아버지가 선택한 체벌은 고집이 세고 자기주장이 강한 도전이에게 분노와 우울 그리고 좌절감을 경험하게 했을 것이다. 또 도전이의 분노를 증폭시켜 도전이가 화를 다스리고 충동을 통제하는 데 어려움이 생겼을 것이다. 그렇게 도전이는 가정에서 보호자의 공격적인 언행과 의사소통 방식을 모방 학습하여 특히 어른에게 적대적으로 대하고 분노를 공격적으로 풀어냈을 것이다.

ADHD와 ODD가 있는 도전이가 40분 수업, 10분 쉬는 시간의 학교생활을 견디기 위해서는 약물치료가 필요했다. 그러나 보호자는 복약지도를 불규칙적으로 했고 1학년의 어느 날부터는 의사와의 상의 없이 약물치료를 중단했다. 갑작스러운 약물치료 중단은 도전이가 학교에 부적응하게 된 원인일 수 있다. 교실에서 위클래스로 격리되면서 사회적으로 고립된 것도 학교 부적응의 원인일 수 있다. 담임 선생님과 급우들에게 인정받지 못한 경험으로 부정적인 자아개념과 자존감이 낮아진 것도 학교 부적응의 원인일 수 있다.

결국 위클래스에 격리된 채 도전이는 자신이 원하는 대로만 하는 '자기 맘대로'가 강화됐다. 그렇게 도전이는 공동체의 규칙 지키는 것과 친구들과 관계를 맺는 방식 배울 기회를 잃었고 외현적 문제행동을 수정할 기회를 놓치면서 문제행동은 점점 더 강화된 것이다. 다행히 도전이에게는 매우 많은 긍적적인 자원이 있었다. 가장 먼저는 보호자들이 아들의 변화에 대한 의지가 강한 것이었다.

특히 아버지는 센터에 처음 방문한 날부터 과거의 모든 실수를 용기 있게 인정하고 센터의 도움을 통해 변화될 것을 기대하며 다짐했다. 부모상담에 적극적으로 참여함으로써 자신을 탐색하고 성찰하며 도전이에게 진심으로 사과하는 시간도 가졌다. 아버지는 도전이를 잘 키우기 위해 자신이 사용했던 체벌과 강압적이며 지시적이었던 의사소통 방식이 굉장히 위험하다는 것을 명확히 자각하고 단번에 끊었다.

아버지는 '안아주기'를 배우고 연습하면서 충분히 수용적이고 매우 지지적인 변화를 위해 노력했다. 실장님에게 배운 것을 그대로 하려고 최선을 다해 노력했다. 그러자 도전이의 치유는 빠른 속도로 일어났다. 또한 도전이는 아빠에게 자신의 존재를 인정받고 사랑받고 싶은 애정욕구도 강했다. 덕분에 보호자가 긍정적으로 변하는 것과 비례하여 도전이의 변화도 함께 상승했다.

입소 후 한 한 달 정도가 지나자 도전이는 "이제 집에 가고 싶어요. 엄마, 아빠, (재적 학교의) 친구들도 보고 싶어요."라는 등의 솔직한 마음을 분노 없이 표현했다. 인지능력이 높은 도전이는 스스로 보기에도 자신이 긍정적으로 많이 변했다는 것을 인식했다.

센터의 선생님들은 선생님 그 자체가 최고의 치료적 도구다. 폭발로 날뛰는 아이들의 곁에서 그 모든 폭발을 정성껏 받아내는 동안 모든 아이는 기적처럼 변한다. 물론 도전이도 치료적 도구이자 사랑 덩어리인 선생님들 덕분에 기적처럼 변하고 있었다.

부드러움이 서서히 드러나는 도전이

그렇게 빠른 변화를 보이는 도전이가 여전히 힘들어하는 것은 주변 사람들이 자꾸 자기를 떠나는 것이었다. 사실 선생님들은 도전이가 처음 센터에 온 날 동갑 친구인 '고운'이에게 도전이의 센터 적응을 도와달라고 부탁했다. 데니스 라인스는 학생들에게 있어 좋은 친구 관계를 형성하는 것이 매우 중요하다고 강조한다. 이를 위해 보호자는 자녀의 친구에게 긍정적이고 격려하는 태도를 보여야 하며, 자녀가 그 친구와 건강한 관계를 유지할 수 있도록 지원해야 한다는 것이다. 이는 자녀가 사회생활을 원활하게 할 수 있도록 돕는 중요한 요소라고도 설명한다.[56]

센터에서도 같은 맥락으로 아이들이 서로에게 좋은 친구가 되도록 다양한 방법을 연구하며 돕는다. 도전이의 적응을 도와달라고 부탁했던 고운이는 타고난 성품이 따스하고 예쁜 여학생이다. 사실 고운이는 선생님들이 부탁하지 않아도 새로운 학생이 올 때마다 친절하게 도와줘서 모든 아이에게 인기가 많았다. 고운이의 도움으로 도전이도 여러 친구가 생겼다.

그러나 고운이를 통해 도전이에게 다가갔던 친구들은 도전이의 미성숙한 관계 방식에 상처받고 거리를 뒀다. 도전이는 상대방이 자신에게 저지른 작은 실수나 사소한 잘못이라도 잊지 않았다. 분명히 그 사건이 발생했을 때 사과하고 용서하며 잘 끝났는데도 상대방으로 인해 자신의 기분이 나빠지면 과거의 그 사건을 의도적으로 언급하여 갈등 상황을 초래했다. 그로 인해 친구들은 도전이의 곁을 떠났고, 도전이는 상처받았다.

하지만, 도전이의 강점 중 하나는 또래 집단에서 고립되기 싫어하고 함께 어

---

56. 데니스 라인스(Dennis Lines), 정희성 외 옮김, 『쉽고 간결한 학교상담』, (한울, 2019.) 131.

울리고 싶은 욕구가 강한 것이다. 이는 사회성이 낮은 아이들에겐 굉장한 자원이다. 그 귀한 욕구 덕분에 도전이는 선생님들에게 배운 갈등 해결 방법을 조금씩 시도했다. 많이 서툴지만 계속 시도했고 나날이 성장했다. 어느덧 도전이는 자신이 잘못했을 때 무엇이 잘못된 것인지 인지하고 빠르게 인정하며 그때만큼은 진심으로 사과했다. 또 과거를 언급하는 습관도 조금씩 고쳐졌다.

그러자 서서히 친구가 다시 늘었다. 고운이랑은 가장 친한 단짝 친구가 됐다. 고운이는 도전이의 분노 폭발과 억지가 여전해도 항상 도전이의 곁에 있어 줬다. 물론 도전이도 고운이랑 친해질수록 자신의 난폭한 언행을 자제하려고 조심했다. 도전이의 노력을 센터의 모두가 알아차릴 정도까지 도전이는 성장했다. 예를 들어서 화가 날 때 어떤 날엔 바로 폭발하지 않고 상담을 요청했다. 어떤 날은 스스로 폭발하지 않으려고 '1.3.10'을 시도하며 노력하는 것이 상당히 힘들어 보였음에도 도전이는 힘겹게 화를 다스리는 것에 성공했다. 무엇보다 아무리 화가 나도 교실을 이탈하지 않으려 노력했고 뛰쳐나갔다가도 스스로 다시 들어와서 수업에 끝까지 참여하고자 노력하는 모습이 가장 멋지게 변화된 점이다.

짧은 시간 동안 몰라볼 정도로 성장한 도전이

도전이가 이렇게 변화되기까지 선생님들은 도전이의 욕구와 분노를 수용하고 감정을 반영하며 분노를 조절할 수 있도록 반복해서 도왔다. 부정적인 자아개념을 수정해줬고 자신감과 자존감이 회복되도록 다양한 프로그램을 통해 작은 성공의 경험을 지속해서 더해갔다. 또 매사에 구체적인 칭찬과 정서적인 지지를 해줬고 따뜻하게 자주 안아줬다. 그러자 사람을 곁에 두지 않고 늘 등을 돌리던 도전이가 이제는 친구도 선생님도 마주 보고 대화할 줄 알게 됐다. 손만 잡아도 빽! 하고 소리 지르며 확 뿌리치던 도전이가 먼저 다가와서 힘내라고 안아주기도 했다.

언제부터인가 우리는 아이들의 머리를 쓰다듬고, 안아주고, 악수하고, 등을 토닥여주는 것 등의 신체적 접촉이 성폭력 또는 아동학대로 오해될 수 있는 고약한 시대에 살게 됐다. 우리 센터도 현재를 살고 있기에 그런 문화를 무시할 수 없다. 그러나 센터 선생님들은 아이들을 안아주는 것만으로도 온몸과 마음에 박힌 수많은 아픔이 스르르 눈 녹듯이 치유되는 걸 충분히 경험한다. 무엇보다도 그리고 누가 뭐래도 따뜻한 안아주기는 아이를 키우는 곳에서는 당연히 적용되어야 한다.

그래서 선생님들은 아이들을 자주 안아주고 토닥이면서 지지와 격려 그리고 용기 등의 표현을 풍성하게 하고 있다. 특히 센터에 입소한 대부분 아이의 경우 차가운 인터넷·스마트 기기와 보낸 시간이 따뜻한 피가 흐르는 사람과 보낸 시간보다 더 많았기에 안아주기가 이곳에서는 더 필요하다. 타인에게 무관심하고 이기적이던 도전이가 누군가를 안아주면서 토닥토닥 힘내라고 말할 수 있는 것도 도전이 스스로가 선생님들의 따뜻한 안아주기에 의한 치유를 경험했기 때문일 것이다. 자기 안에 따뜻한 안아주기가 풍성해지니 팽팽하게 긴장한 채 살았던 매일이 편안하고 행복해져서 도전이 또한 그 귀한 기운을 주변으로 흘려보내는 것이다.

도전이가 화가 날 때 대처 방법을 몰라서 부적응적인 방식으로 화를 풀어내는 걸 돕기 위해서는 적응적인 방식으로 대처할 수 있도록 교육했다. 먼저 화가 나는 원인을 함께 탐색했다. 그리고 문제해결 방식을 함께 모색하며 실행함으로 화를 다스릴 수 있도록 도왔다. 예를 들어서 도전이가 화를 주체하지 못해 공격적으로 표출할 때는 선생님들이 도전이의 곁에서 잠잠해질 때까지 함께 버텨줬다.

그리고 평소 도전이의 마음이 평화로울 때, '1.3.10'을 반복해서 연습하여 습득하도록 도왔다. 도전이는 배운 것이 자기 마음에 수용되고 이해되면 바로 적용하려 노력했다. 물론 화를 건강하게 푸는 것을 실패해서 폭발할 때도 있지만 그래도 괜찮다는 것을 인식시켰다. 그리고 다시 또 노력하도록 지지해줬다. 그와 함께 선생님들과 교우관계에서의 갈등을 해결하는 방법을 역할극을 통해 지속해서 지도했다. 여기서 가장 도움이 된 것은 역시 도전이의 단짝 친구 고운이였다.

하지만 오랫동안 쌓인 도전이의 문제행동이 기적처럼 다 고쳐진 것은 아니다. 선생님들의 담아주기와 훈육 과정을 통해 도전이는 "어른에게 예의 지키고, 친절하게 행동해볼게요."라고 약속했지만 막상 라포(친밀감과 신뢰감이 형성된 좋은 관계)가 형성되지 않는 어른과의 대면 상황에서는 여전히 반항적이고 예의 없는 언행이 나와 오해받곤 했다. 또한 자기 마음대로 할 수 없는 상황이 발생하고 상대방이 자신의 요구를 들어주지 않을 때는 여전히 심하게 폭발했다. 이 부분이 도전이에게 가장 넘기 힘든 고개였다. 그럴 때는 선생님들의 훈육도 먹히지 않았다.

그럼에도 선생님들은 포기하지 않고 도전이를 열심히 사랑했다. 여느 가정과 마찬가지로 도전이의 치료를 위해서 더욱 집중하며 공을 들인 부모와 자녀의 효과적인 의사소통과 관계 개선을 유도하는 부모상담, 부모코칭, 부모교육에 대한 보호자의 자세는 매우 훌륭했다. 실장님에게 배우는 것을 토씨 하나 빠뜨리지 않고 그대로 적용한 보호자와의 노력이 임계점을 지나자, 가족 간 관계(특히 아버지와의 관계)는 회복을 넘어서 매우 화목해졌고 덕분에 도전이는 상당히 안정됐다.

거기에 보호자의 약물에 대한 부정적 인식을 개선하도록 도와서 복약지도까지 잘 되자 도전이의 경직되고 팽팽하며 힘들었던 마음은 빠른 속도로 풀어졌다. 선생님들은 재적 학교로 돌아갈 도전이의 마음이 더 편안해지도록 많은 신경을 썼다. 어느 날 도전이가 김분홍 선생님에게 속마음을 표현했다.

"선생님, 그런데요. 제가 여기서는 잘했는데 거기서는 잘하지 못할 것 같아요."

"지금 여기서 잘했으니까, 가서도 충분히 잘할 수 있지 않을까?"

"잘 모르겠어요."

"도전아, 오늘 수업 듣다가, 화나는 순간에 어떻게 참았어?"

"화를 안 냈어요."

"그래. 너무 잘했어. 그렇게 화가 나는 순간에 화내지 말고, '멈춤!' 하면 되는 거야. 도전이는 충분히 잘할 수 있어!"

"그래도 여기서는 했는데 거기서는 잘하지 못할 것 같아요."

"여기서 잘한 것처럼, 거기서도 잘할 수 있게 같이 노력하고, 조금만 더 연습해볼까?"

"네."

보호자와 실장님의 퇴소계획 세우기가 시작됐다. 도전이는 짧은 기간에 상당한 변화가 있고 치료 예후가 좋은 경우다. 그래서 처음 입소 당시 계획했던 한 학기가 아닌 3개월을 마친 후 가정과 학교로 복귀하기로 하고 퇴소계획에 들어간 것이다. 그런데 집에 가는 것을 그렇게 소원하던 도전이가 1개월만 더 있고 싶다고 했다. 그 이유를 묻자 처음 경험한 단짝 친구랑 노는 것이 너무 좋고 다른 아이들과 친구가 되는 방법을 더 배우고 싶다고 했다. 더 중요한 이유는 여기서는 잘하는데 재적 학교에 가서는 못 할까 봐 더 연습하고 싶다고 말했다. 보호자와 대화를 통해 도전이의 소원을 들어주기로 했다. 그리고 남은 두 달 동안 도전이가 말한 두 가지를 적극적으로 도왔다. 드디어 도전이가 퇴소하는 날이 다가왔다. 4개월 전 도전이가 입소한 날부터 살얼음판 위를 걸었던 선생님들은 도전이랑 헤어지는 것이 몹시 아쉬웠다. 맨날 다퉜다가 사과하고 다투고 사과하고를 반복하면서 친해진 아이들은 눈물을 흘리면서 헤어짐을 슬퍼했다. 우리는 퇴소하는 날까지도 재적 학교에 가서 잘할 수 있을지를 걱정하면서 두렵지만 당당하게 떠나는 도전이와 파이팅을 외치며 작별했다.

아이들이 입소 기간을 잘 마친 후 재적 학교로 돌아갈 때면 센터에서는 재적 학교에 〈위탁종결서〉를 보낸다. 거기에는 첫째, 입소 당시 아이와 보호자의 주 호소 문제 그리고 학교에서 입소의뢰 한 이유이자 소거할 외현화된 문제행동이 적혀 있다. 둘째는, 아이가 센터에서 지내면서 새롭게 발견된 문제행동과 입소 상담을 통해 보충된 주 호소 문제 그리고 치료를 위해 센터에서 제공한 돌봄·상담·학습·사회복지 등 통합서비스 속에 담긴 다양한 치료적 개입이 적혀있다. 셋째는, 긍정적으로 변화된 부분과 그 변화를 유지할 수 있는 제언 그리고 문제행동의 재발 방지를 위해 학교에서 어떻게 지도하고 개입하면 좋을지 등에 대한 제언을 기록한다.

그 외에도 입소의뢰 시 입소 사유인 문제행동이 심각했던 아이의 경우 입·퇴소를 담당하는 실장님이 담임교사와 위클래스 상담사 및 학교 사회복지사에게 따로 전화해서 문제행동이 발생하지 않도록 돕는 예방법과 혹시 문제행동이 재발할 경우 즉각적으로 사용할 극약처방을 안내한다. 물론 도전이의 경우도 마찬가지였다. 실장님의 통화내용에 대해 도전이의 담임 선생님은 유선 안내였음에도 꼼꼼히 받아적으면서 감사하다고 했다.

그 후에

도전이는 두려움과 걱정을 잔뜩 안고 재적 학교로 돌아갔다. 혹 폭발이 있으려 할 때마다 담임 선생님은 실장님께 안내받은 극약처방을 잘 사용해서 무사히 넘겼다고 했다. 도전이는 센터에서 배운 것을 실천하면서 급우들과 선생님에게 친절했다. 그렇게 5개월이 훌쩍 지났다. 사후 관리차 연락하면 담임 선생님과 위클래스 선생님이 계속 감탄했다. 보호자도 자주 연락하여 감사의 인사를 전하고, 도전이의 소식을 전해주었다. 도전이의 사례관리자였던 김분홍 선생님과 도전이는 센터에서 함께 지낸 4개월을 글에 담아 <위프로젝트 희망 대상 사례공모전>에 제출하면서 위기 상황 극복의 모범 학생답게 새로운 희망에 또 도전했다. 결과는 '대상'으로 교육부 장관상을 수상했다.

시상식이 있던 날, 2학년의 도전이는 위기를 극복한 사례에 대해 많은 사람 앞에서 학생 대표로 당당하게 소감까지 성공적으로 발표했다. 그리고 2024년 5월 13일 도전이와 엄마는 센터에 방문했다. 엄마는 스승님다운 선생님들을 센터에서 처음 만났고, 덕분에 3학년이 된 도전이가 현재는 학교에서 모범생이 되어 선생님께 칭찬받고 친구들에게도 인기가 많아졌다고 했다. 도전이가 엄마에게 스승의 날이니까 센터에 가서 선생님들에게 축하 인사를 하고 싶다고 해서 놀러 온 것이라고 말해줬다. 늠름해진 도전이를 보는 모든 선생님들의 눈가가 촉촉해졌다.

　　　　퀴리 부인의 어머니는 마리 퀴리가 어릴 적 키스를 해 준 적이 없었다. 그녀는 엄마에게 키스 받는 친구들이 부러웠고 키스를 안 해주는 엄마에 대한 원망이 컸다. 마리 퀴리가 열 살이 되던 해 엄마는 폐결핵으로 사망했다. 철이 들면서 그녀는 어머니가 자신을 너무 사랑했기에 딸에게 결핵균이 전염될까 봐 키스하지 않았다는 사실을 깨닫게 됐다고 회고한다.

아이들을 키우다 보면 매몰찬 결정을 해야 할 때가 있다. 아이에게 너무 냉정하게 대하는 것은 아닌가 싶을 때도 있다. 충분히 지원해 줄 수 있으나 멈춰야 할 때가 있다. 아이가 꼭 해야 하거나 할 수 있는데도 하지 않거나 불성실하여 제대로 해내지 못할 때 단호하게 훈육해야 할 때가 있다. 이해가 부족한 아이는 그로 인해 민망하고 수치스러운 감정을 경험할 수 있다. 섭섭하다고 탓하고 공격할 수 있다. 견딜 수 없이 힘들다며 좌절할 수 있다. 때론 노력하는 것이 버겁거나 불편해서 그 상황을 회피하고 싶어할 수 있다.

그럼에도 아이가 용기를 갖고 그 상황을 직면하며 포기하지 않고 견딘다면 아이는 훌쩍 성장한다. 그러는 와중에 실수할 수 있고 실패할 수 있다. 그리고 실패를 발판 삼아 다시 도전하면 된다. 그런 성공 경험이 쌓여 아이는 점점 단단하고 든든한 사람이 된다. 아이들은 자신의 한계를 넘어서는 도전의 경험이 필요하다. 그런 힘은 모든 아이에게 있다. 물론 그 한계는 사람에 따라 다르다. '단호한 사랑법'은 아이가 한 단계 더 성장함에 꼭 필요하다고 판단했을 때 사용하는 내가 이름을 붙인 사랑의 방법이다. 다소 거칠게 느껴질 수 있는 단호한 사랑법은 사랑하는 딸에게 원 없이 키스해 주고 싶었지만 딸을 위해서 꾹 참았던 퀴리 부인 어머니의 지혜로운 사랑에서 영감을 얻었다. 여기서 한 가지 강조하고 싶은 건 성장하는 아이에게 '과잉'은 '결핍'만큼이나 위험하다는 것이다.

등교 거부

부모님 그리고 고등학생 형이 있는 기적이는 6학년 남학생이다. 엄마는 외국인으로 우리말이 서툰데다 기적이가 세 살 때 언행이 굳어지는 불치병을 진단받았다. 엄마는 스마트폰 게임에 과몰입했고 자녀들 돌봄을 등한시했다. 잘못된 보증으로 신용불량자가 된 아버지는 새벽부터 막노동 현장에서 일했다. 그러다 보니 형제는 방치됐고 보호자들은 아동학대 신고를 여러 번 당했다.

사실 기적이의 엄마는 기적이가 유치원에 다닐 때 집을 나갔다가 3년 만에 돌아왔다. 가족 중 아무도 그 얘기를 꺼내지 않았지만 기적이는 당시 엄마가 너무 보고 싶어서 매일 울었다고 했다. 돌아온 엄마는 3년 동안의 결핍을 채워주려 과도하게 노력했다. 기적이는 사춘기에 들어서면서 외국인이고 장애가 있어 어눌한 말투의 엄마에게 자주 대들었다. 말리는 형을 때렸다. 한날은 엄마에게 대드는 기적이를 아버지가 훈계하자 기적이는 아버지를 아동학대로 신고했고 가족의 갈등은 깊어졌다.

발음이 어눌하고 부정확하며 전달력이 부족한 기적이는 친구들과도 갈등이 잦았다. 갈등은 학교폭력으로 번졌다. 기적이는 말도 안 되는 고집으로 선생님을 힘들게 했다. 기적이가 4학년이 되던 해에 코로나 팬데믹으로 재택수업이 시작되면서 인터넷게임에 몰두하는 시간이 늘어나더니 결국 하루에 18시간을 넘기는 것이 다반사였다. 2022년부터는 등교수업이 적용되었지만 기적이는 6학년이 된 그 해 3월 2일부터 센터에 입소 한 5월 24일까지 겨우 9일만 등교했다.

입소 첫날, 기적이는 타잔처럼 덥수룩하고 기름에 찌든 머리카락에 음식물 찌꺼기가 잔뜩 낀 치석으로 악취가 심했다. 전형적인 '은둔형 외톨이[57]'의 모습이었다. 최하양 선생님의 도움으로 깨끗하게 씻고 나온 기적이를 미용

---

57. 일체의 사회 활동을 거부한 채 집안에만 틀어박혀 지내는 사람을 이르는 말. 아이들의 경우 인터넷 · 스마트 미디어와 게임에 과몰입되어 있는 경우가 많다.

실에 데려가는데 걷는 것이 상당히 불편해 보였다. 이틀 후에 갔던 현장 체험 학습 때에도 다리가 아파서 못 걷겠다고 하여 아버지에게 병원에 데려갈 것을 권했다.

병원에 다녀온 아버지는 의사 선생님의 진단을 전해줬다. 기적이가 약 3년을 집 밖으로 나오지 않고 너무 걷지 않아 다리에 근육이 없어서 그런 것이니 걷기 연습을 자주 시키라는 것이었다. 키가 168cm의 초등학교 6학년 남학생이 너무 걷지 않아서 다리의 근육이 부족하고 걸음걸이마저 부실하며 고통스럽다니 마음이 아팠다. 그동안 기적이는 어눌하고 부정확한 말투 때문에 수업은 물론 일상생활까지 불편했다. 말이 어눌하다는 이유로 또래의 놀림 속에 폭발을 일삼았던 기적이는 상호작용이 가능한 사람보다 터치만 해도 되는 일방적인 관계의 스마트폰이 편했고 온라인 삶에 집중하면서 그렇게 혼자가 됐다.

오르락 내리락

아이들의 발달은 상향수직이 아니다. 문제행동이 소거되고 좋아졌다가도 한동안 제자리에 멈춰 있을 때가 있다. 더 나아가 퇴행할 때도 있다. 그러다가 또 확 성숙해진다. 아이들의 성장을 바라보고 있으면 경이롭다. 센터에 입소한 아이들은 24시간 주 5일을 낯선 사람과 지내면서 생활공동체의 규칙을 배워야 한다. 기적이도 태어나서 쭉 살아온 익숙하고 편안한 집이 아닌 완전히 다른 환경에서 새롭게 변화해야 했다.

그 모든 것을 거부하지 않고 적응하던 기적이의 기본생활 습관 형성은 일취월장했다. 동생들의 모범이 되는 만큼 자존감이 향상되면서 매사에 자신감도 생겼다. 기적이의 매우 빠른 변화에 아빠는 대단히 만족했다. 수요일 부모상담 때와 주말 가정 귀가 및 센터 복귀 시 뵐 때마다, 아빠의 귀에 걸린 입꼬리가 행복한 마음을 대변했다. 아들이 집에서도 딴사람처럼 달라졌다며 감사하다고 했다.

그럼에도 기적이는 스트레스 상황에 놓일 때마다 어김없이 자살하겠다고 협박했다. 기적이의 자살 협박은 특히 수업 시간에 새로운 개념에 대한 설명을 들은 후 스스로 그 문제를 풀 시간이 되면 더욱 심했다. 입소 전 기적이의 우울감에 담긴 '자살 협박' 그리고 억지스럽고 집요한 '사과 강요'에 재적 학교의 담임 선생님은 정신과 치료를 받았다. 기적이는 자신이 실수할 때 주변 사람들이 '부정적으로 평가할 것이다'라고 왜곡해서 인지하고 그로 인해 느껴질 창피함을 존재 자체가 흔들리는 실패감으로 확장하면서 극단적인 자살 협박으로 풀었다.

> "저 맨날 스트레스 때문에 죽고 싶은데 죽을까요? 그래도 돼요?"
>
> "스트레스 받아서 죽고 싶어요. 꼭 안 해도 되는 걸 하라고 강요하니까 죽고 싶어요. 이런 일이 일어나면 좋겠어요?"
>
> "선생님 때문에 죽고 싶어요. 빨리 사과하세요."
>
> "저한테 강요했으니까 사과하세요. 제가 죽고 싶다고요."
>
> "제가 죽겠다고 하는데도 사과 안 해요? 제가 죽으면 다 선생님 책임이에요."
>
> "왜 선생님은 선생님 마음대로 가르쳐요? 그러니까 내가 죽고 싶잖아요. 빨리 사과하세요."

그런 말을 들을 때마다 선생님들의 마음은 찢어졌다. 선생님들은 기적이가 재적 학교에서도 그랬다는 것을 알기에 최대한 스트레스 상황이 생기지 않도록 도왔다. 오죽하면 재적 학교의 담임 선생님은 기적이가 등교했던 9일 동안이 힘들어서 정신과 치료를 다 받았을까. 센터의 선생님들은 기적이에게 스트레스 상황에 놓이면 '내 마음이 이러하니 도와 달라'고 말로 표현하고 도움받는 방법을 가르쳐 주며 반복해서 연습시켰다. 기적이는 잘 실천할 때도 있었고 아닐 때도 있었다.

그러던 중 3개월의 입소 기간이 끝나 집으로 돌아갈 때가 되자 기적이와 보호자는 센터에서 더 지낼 수 있게 입소 기간을 연장해달라고 했다. 재적 학교에서도 기적이가 다인수 학급보다는 소인수 학급으로 운영하는 우리 센터의 꿈아학교에서 공부하면서 6학년을 마무리하는 것이 도움 될 것 같다며 졸업 때까지 센터에서 지내는 것으로 입소 기간을 연장해달라고 요청했다. 신중한 회의 끝에 기적이의 퇴소일이 12월 말로 결정됐다. 기적이는 자신의 부탁을 들어줘서 고맙다며 기쁜 내색을 감추지 않았다.

9월의 어느 날, 우리 모두 깜짝 놀랐다. 유맑음 선생님과 함께하는 국어 시간에 고학년반 아이들은 본인이 꿈꾸는 삶을 작품으로 표현하는 활동을 했다. 그 후에 자신이 꿈꾸는 삶에 비추어 현재 자신을 되돌아보고 미래 계획을 세워 보는 시간을 가졌다. 기적이는 앞으로 상대방에게 필요한 존재이자 타인에게 보탬이 되는 삶을 살고 싶으며 '태양 같은 사람'이 되어 세상에 항상 도움을 주고 관심을 가질 거라고 발표했다. 그동안은 꿈에 대해 말할 때마다 성공과 돈 얘기를 빠트리지 않았고 이기적인 생각이 가득했는데 그날은 이타적인 내용으로 가득했다.

마지막으로 자신이 꿈꾸는 삶을 작품으로 표현했는데 기적이는 멋 글씨를 활용해 '무엇이든 기초는 인내와 노력이다. 태양과 같은 사람이 되자!'라고 적어 작품을 완성했다. 기적이의 꿈을 응원하는 의미에서 완성된 작품을 교실에 전시하자 기적이가 수줍어하면서도 기뻐했다. 그러고 보니 어느 순간부터 기적이의 입에서 자살 협박이 멈췄다. 스트레스 상황에 놓이면 '무엇 때문에 마음이 힘드니까, 저를 도와주세요'라고 자신의 마음을 말로 표현했다. 배운 대로 실천하던 연습이 이제는 좋은 습관으로 자리 잡은 것이다. 나는 다음 주에 있을 '생명 존중(자살예방교육)' 수업에서 기적이의 멋진 꿈을 나누고 싶은 마음이 생겼다. 허락을 구하려고 기적이에게 갔다.

"기적아! 소장님이 기적이에게 부탁할 게 있어서 왔어. 소장님이 하는 말을
들어보고 부탁을 들어줄 수 있는지, 없는지 판단해볼래?"

"네."

"다음 주에 생명 존중 수업하잖아."

"네."

"그때 기적이의 얘기를 하고 싶어. 함께 공부할 수업 중에 스트레스를 잘
처리하지 않아서, 마음의 감기인 우울증에 걸릴 수 있고 그러다보면 자신
의 생명을 경시하는 경우가 있다는 내용이 있거든. 기적이가 센터에 처음
왔을 때는 스트레스를 받을 때마다 자살하겠다고 말했었잖아. 어때? 소
장님이 한 말이 맞아?"

"네. 근데 저 이제 그런 말 끊었어요."

"그렇지. 기적이가 말한 것처럼, 이제는 '저 무엇 때문에 힘들어요. 도와주
세요.'라고 말하면서 스트레스 상황을 잘 헤쳐 나가고 있잖아."

"네."

"그리고 오늘은 유맑음 선생님과 수업하면서 태양과 같은 사람이 되어서
세상에 항상 도움을 주고 관심을 가질 것이라고 발표했잖아. 이 모든 것이
친구들과 동생들에게 좋은 본보기가 될 것 같아서 기적이가 허락해 주면
네 얘기를 수업에서 하고 싶어. 어때?"

"좋아요! 소장님, 제가 친구들과 동생들에게 도움이 될 수 있다니 정말 좋
아요."

"기적아! 소장님의 부탁을 들어줘서 정말 고마워."

"네."

나는 기적이의 허락을 받아서 이 아름다운 이야기를 생명 존중 수업에서 나눴다. 친구들과 동생들은 기적이에게 귀한 피드백을 아끼지 않았고 기적이는 스스로 생각하기에도 자신이 자랑스럽고 무척 행복하다고 소감을 발표했다.

가출

10월 둘째 주 일요일 저녁, 기적이가 센터에 복귀하지 않았다. 평소에 센터를 너무 좋아해서 저녁 6시가 되면 가장 먼저 복귀했는데 이상하다 싶어서 아버지에게 전화했다. 아버지는 애가 다시 옛날로 돌아갔다며 노발대발 화풀이를 했다. 이야기를 들어보니 주말 동안 게임 하면서 입소 전 생활로 돌아갔다. 주말 내내 안 자고, 안 씻고, 방에서 나오지 않고, 겨우 컵라면을 먹으면서 이틀 밤을 꼬박 게임만 하다 보니 옛 습관이 되살아난 것이다.

게임 과의존으로 인한 은둔형 외톨이의 경우는 그렇게 된 원인으로의 접근을 차단하는 게 매우 중요하다. 그래서 실장님은 아버지에게 당분간 주말에 절대 일하지 말고 가족들과 지내고 자녀들과 어떻게 지낼지에 대해 코칭 했으며 아버지도 잘 따라줬다. 기적이도 그동안 주말이면 가족들과 지내며 게임시간도 계획에 맞게 잘 조절했다. 그러나 그 주말에 안타깝게도 아버지에게 약속이 생겨 외출했다. 엄마는 안방에서 스마트폰 게임을 하고 형은 방에서 컴퓨터 게임을 하다 보니 돌봄이 필요한 기적이를 관리해 줄 사람이 없었다. 기적이는 오래간만에 길게 게임을 하면서 그때로 돌아갔다. 월요일이 됐는데 기적이는 게임에서 헤어나질 못했다. 비참했던 아빠가 학교에 도움을 요청했고 학교는 교육청에 연락했다. 장학관님은 센터로 전화해서 기적이를 받아주라고 말했다. 나는 기적이가 센터에 복귀하지 않는 것이지 센터에서 안 받아주는 것은 아니라고 설명했다. 그리고 강제하면 부작용이 생기니 누구든 기적이를 설득해서 기적이가 센터에 온다면 당연히 도움받을 수 있다고 안내했다.

그러나 기적이가 센터에 오지 않고 재적 학교에도 결석하자 학교에서는 〈병원형Wee센터〉에 입소를 의뢰했다. 〈병원형Wee센터〉에서는 기적이가 보였던 문제 행동을 듣더니 그곳에 입소해 있는 모든 학생들의 문제를 다 모은 것보다 심각하나 정원이 차서 입소가 불가능하다고 했다. 그러자 학교에서는 하는 수 없이 우리 센터에 다시 부탁했다. 나는 언제든지 기적이가 오겠다고 하면 받아줄 것이니 기적이를 설득할 것을 반복해서 안내했다.

2주가 지나고 기적이는 학교 복지사와 함께 센터에 왔다. 그러나 그날로 합기도장에 다녀오는 길에 4학년 '영재'를 꼬드겨 가출했다. 최네모 선생님이 아이들을 찾으러 나갔고 나는 보호자들에게 전화했다. 놀라서 바로 오겠다는 영재 엄마와는 다르게 기적이의 아버지는 센터에 있다가 가출했으니까 센터에서 책임지라며 전화를 끊었다. 경찰에 가출 신고를 하고 2시간 만에 아이들을 찾았다.

나는 두 아이와 대화를 시작했다. 죄송해서 몸 둘 바를 모르는 영재와 다르게 기적이는 자세가 매우 불량하고 말투가 퉁명스러웠다. 가출한 것을 당당하게 생각하고 있으며 동생을 데리고 나간 것도 반성하지 않았다. 강제 퇴소가 거론되자 기적이는 본인이 원하는 대로 일이 진행되는 것에 만족해했다. 나는 기적이에게 센터에서 쫓겨나는 불명예스러운 퇴소를 당하는데 왜 당당한지 물었다. 기적이가 비아냥거리며 "그냥요. 이젠 집에 가서 내 맘대로 편하게 살 수 있잖아요. 게임도 맘대로 하고."라고 말했다.

나는 기적이에게 센터에서 퇴소하면 기적이의 미래를 위해서 집이 아닌 다른 기관으로 가게 될 것이라고 말했다. 그러자 기적이는 눈이 커지면서 당황했다. 거만했던 자세를 고쳐 바르게 앉더니 말을 더듬으면서 제발 집으로 퇴소하게 해달라고 말했다.

기적이의 미래를 위해서는 〈병원형Wee센터〉에라도 입소하는 것이 맞지만 기적이가 완강히 거부해서 회의를 통해 집으로 퇴소하는 것이 결정됐다. 나는 기적이와 함께 퇴소 후 어떻게 지낼 것인지에 대한 계획을 짰다. 기적이는 저녁 7시부터 10시까지 진행된 대화를 통해 집으로 돌아가서도 센터에서 배운 것을 잘 지키겠다고 약속했다.

잘 먹고, 잘 자고, 잘 누고, 잘 놀면서 학교에 잘 다닐 것을 각서로도 남겼다. 다음 날 아버지와 재적 학교, 교육지원청, 그리고 아동보호전문기관에 〈퇴소 판정회의〉를 통해 기적이의 퇴소가 결정됐다고 안내했다. 연락을 받는 기관들은 기적이의 퇴소 소식에 난리가 났다. 그리고 우리 센터가 내린 기적이의 퇴소 결정에 원망을 숨기지 않았다. 나는 아이가 싫어하는 이곳에서 기적이를 강제로 데리고 있을 수 없어서 보내지만 언제든지 기적이가 원하면 재입소가 가능하니 누구든 기적이를 설득해보라고 반복해서 안내했다.

11월 1일, 기적이는 정식으로 퇴소하고 집으로 갔다. 그리고 다음 날 재적학교로 등교했다. 등교한 기적이를 보자 담임 선생님은 공황발작이 재발했고, 결국 다음 날 바로 휴직계를 냈다. 열흘이 지나면서 기적이의 생활 습관은 무너졌다. 다시 게임 속에 빠졌고 가족에게 군림했으며 등교를 거부했다. 아버지가 교장 선생님에게 기적이를 다시 센터에 입소시켜달라고 성화했다.

지난번처럼 교장 선생님은 교육청으로 전화해서 당장 재입소 조치를 부탁했다. 장학관님이 내게 전화해서 같은 말을 했다. 나도 전과 같은 안내를 했다.

가출, 그 이후

11월 31일, 기적이의 아버지가 센터에 전화해서 갑자기 기적이를 데리고 온다고 말하곤 전화를 끊었다. 저녁 7시 34분에 두 사람이 도착했다. 기적이의 머리는 덥수룩하고 외모는 전체적으로 지저분하고 악취가 심했다. 실장님이 기적이에게 물었다.

"기적아! 뭐가 불편해서 학교에 안 간 거야? 처음에는 등교를 잘했었다고 들었는데."

"그건 알아서 어디다 쓰려구요?"

실장님이 예의 없이 말하는 부분에 대해 훈육하자 기적이가 아니꼽다는 듯이 실장님을 째려봤다. 실장님은 기적이의 마음을 알아야 더 잘 도와줄 수 있다고 했다. 그러자 왜 자꾸 개인정보를 캐냐며 반항적인 태도로 말꼬리를 잡고 늘어졌다. 실장님은 아버지에게 기적이의 태도를 보니 대화할 준비가 안 됐고 센터에 와서 생활할 마음도 없는 것 같으니 일단 집으로 데려가서 진지하게 대화해볼 것을 제안했다. 그러나 아버지는 아이를 못 데려간다고 버텼다. 상황을 전해 들은 내가 기적이와 대화하러 회의실로 갔다. 기적이가 나를 보고도 본척만척했다.

"기적아! 센터에서 배운 것처럼 예의 바르게 인사하자."

"안녕하세요."

기적이가 겨우 일어나서 예의 바른 자세로 인사했다. 나도 함께 인사를 하고 자리에 앉았다.

"기적아! 방금 실장님께 기적이와 대화했던 상황을 전해 들었어. 혹시 센터에서 학생들의 입·퇴소를 담당하는 선생님이 실장님인 것은 알아?"

"네."

"알면서도 실장님께 예의 없이 말했어?"

"왜 어른들에게는 예의를 차려야 해요?"

"아니! 사람은 자기 자신과 타인 모두에게 예의를 갖춰야 하는 거야. 센터에서 다 배운 것인데 왜 모른다는 듯이 질문하니?"

"근데 그건 어른들이 더 유리하잖아요. 어른들만 다 유리해요."

"기적아! 소장님이 보기에 더 유리한 것은 맘대로 사는 기적이 너 같은데?"

내가 말하자, 기적이가 갑자기 대들듯이 말했다.

"세 가지만 지켜주면 센터에서 살게요."

"기적아, 세 가지를 지켜주면 센터에서 산다니? 네가 마치 센터에서 살아주는 것 같이 말하네. 그건 네 착각이야. 이미 실장님이 네게 센터에서 살 준비가 안 됐으니 집으로 가라고 했는데 무슨 그런 말을 하니? 지금 당장 집으로 돌아가!"

내가 단호하게 말했다. 그러자 갑자기 기적이가 태세를 전환해 울면서 말했다.

"소장님, 협상하는 게 아니에요. 부탁하는 거예요."

"아니! 소장님은 네 부탁을 들어줄 수 없어. 아버님, 저는 기적이가 '소장님, 저 센터에서 다시 잘 지내면서, 공부하고 싶어요.'라고 말할 줄 알았어요. 그런데 세 가지를 지켜줘야 센터에서 살겠다고 말하다니 무척 당황스럽네요. 얼른 데리고 가세요."

"쟤가 그래요. 자기가 잘못한 것은 인정하지 않고 맨날 자기 마음대로 하고. 그리고 우리 집으로 데려가라는 말은 하지 마세요. 여기서 다른 곳에 보내든지 하세요. 지금 이게 뭐예요. 새벽 4시에 나가서 추운데 일하다가 11시에 점심 겨우 먹고 여태 일하다가 저녁밥도 못 먹고 왔는데 다시 데려가라니. 이게 도대체 뭐예요. 장난하는 것도 아니고."

"아버님, 아버님의 아들인데 센터에서 다른 곳으로 보내라니 너무 하신 것 아니에요?"

"그게 아니라. 글쎄, 얼마 전에 쟤 엄마가 학교 가라고 했더니 쟤가 지 엄마를 또 팼잖아요. 그래서 집사람이 지금 다리를 절고 있어요. 내가 부축해야지 겨우 움직일 수 있어요. 쟤가 화난다고 지 엄마를 또 밀쳐서 죽일까 봐 무서워서 그래요."

"기적아! 너 편찮으신 엄마를 때렸니? 어떻게 엄마를 때릴 수 있어?"

내가 놀라서 묻자 기적이가 얼버무렸다.

"뭐 자기보다 약하다고 생각하니까 때린 거겠죠. 장애자고 만만하니까."

"엄마를 장애인이라고 만만하게 생각하면서 때린 거라고요?"

"그게 아니에요."

기적이가 울면서 말했다.

"그게 아니면 왜 때렸어?"

"저도 모르겠어요."

"기적아! 지금 이 상황이 창피하고 불리하니까 피하고 싶어서 '모른다'라고 말하는 것 같은데. 아니, 엄마를 때린 이유가 있을 테니 잘 생각하고 말해봐."

내가 단호하게 말하는 동안 기적이는 눈물을 흘리면서 듣고 있었다. 나는 집으로 가서 엄마에게 꼭 사과드리고 용서를 빌라고 훈육했다. 또 어차피 집에 가야 하는데 이렇게 길게 얘기하는 것은 의미가 없고 학교 가지 않은 이유를 말하면 그것만 해결할 수 있도록 돕겠다고 한 뒤 펜을 들었다.

"그런 거 좀 안 쓰면 안 돼요?"

"기적아! 네가 말하는 것을 기록하지 않으면 소장님이 어떻게 너의 말을 다 기억하고 너를 도울 수 있겠니? 센터에서는 어린이를 잘 돕기 위해서 선생님들이 항상 메모하는 거 알잖아. 기억나니?"

"네."

"자, 그럼 다시 대화를 시작하자. 학교에 왜 안 가게 되었는지 그 이유를 말해 줄래?"

"자꾸 재촉하고 강요해서요."

"기적아, 누가 무엇을 자꾸 재촉하고 강요한 것인지 네 말을 알아듣고 대화를 이어갈 수 있도록 주어와 목적어를 넣어서 문장으로 다시 얘기해 주면 좋겠어."

"엄마가 저한테 학교에 가라고 자꾸 재촉하고 강요해서요."

"엄마가 강요하고 재촉하지 않도록 네가 학교에 일찍 가면 되잖아."

"처음에는 제가 빨리 갔어요. 근데 엄마가 자꾸 재촉하잖아요."

"엄마가 몇 시부터 재촉하셨는데?"

"8시 30분부터요."

"넌 몇 시에 일어났는데?"

"8시 30분이요."

"기적아! 너희 집에서 학교까지 걸어서 12분 정도 걸리잖아. 그런데 8시 30분에도 일어나지 않았는데 학교에 빨리 갔다는 게 말이 되니?"

기적이가 아무 말 없이 가만히 있어서 내가 또 물었다.

"기적아, 센터에서 연습했던 것처럼 집에서도 9시에 잠자리에 누웠는데 아침 8시 30분까지 잔 거니?"

"소장님! 제가요. 일찍 자는데도 피곤해서 7시 40분에 일어날 수가 없어요."

"기적아, 소장님이 너랑 5개월 넘게 살았잖아. 네가 몇 시간 잘 때, 가장 좋은 컨디션으로 일어나서 하루를 행복하게 시작하는지 잘 알아. 집에서 몇 시에 자니?"

"10시요."

"그럼 10시에 자서 센터에서처럼 아침 7시 40분에 일어나면 몇 시간 자는 거니?"

"9시간 40분이요."

"거짓말이에요. 쟤 밤새 게임 하다가 학교도 안 가요. 지 형은 늦게까지 게임 하더라도 일어나서 밥 먹고 학교는 가요. 쟤는 센터에서 퇴소하고 처음엔 잘하다가 학교 안 다니고부터는 지금까지 딱 한 번 씻고, 여태 머리도 안 감고, 양치도 안 하고, 샤워도 하지 않아서 집에서 똥 냄새가 나요. 아주 더러워 죽겠어요."

기적이가 아버지를 째려봤다.

"아버님, 지금 이렇게 말씀하시는 것을 그동안 기적이에게도 말씀하셨어요? 훈육이나 생활지도요."

"아니요. 못했지요. 그런 거 하면 아주 난리가 나요. 쟤 엄마가 쟤 어려서부터 해달라는 것은 다해줬어요. 태권도장도 보내주고 학원도 보내주고, 말 고치는 곳도 보내주고, 근데 이게 뭐예요? 안 데려가요. 데려가면 애 엄마 죽어요."

'세 살 버릇이 여든까지 간다'라는 속담이 있다. 자녀가 자기 삶에 책임지는 좋은 어른으로 성장하도록 돕기 위해 보호자는 자녀가 어릴 때 다시 말해서 보호자의 말에 권위와 힘이 있을 때 정성을 쏟아야 한다. 그러나 기적이 가정의 경우는 그렇지 못했다.

　"그럼 제가 자살하면 되잖아요. 저는 사회에서 필요 없는 사람이니까 제가 없어지면 되잖아요. 자살할게요. 자살한다고요!"

갑자기 기적이가 소리를 질렀다. 스트레스 상황에서 사용하던 자살 협박이 재발했다.

　"그만. 참기적! 그만 말해."
　"제가 지금 도로에 있으면 좋겠어요(도로에 있다가 교통사고로 죽고 싶다는 얘기임)."
　"도로에는 차들이 다녀야지 네가 도로에 왜 있어? 네가 차야?"
　"아니면 옥상이요(옥상에서 떨어져 죽겠다는 얘기임)."
　"그만! 죽는다는 말 그만해!"

기적이의 자살 협박에 아버지가 충격을 받아 손을 덜덜 떨고 있었다. 나는 기적이의 오른손을 잡아서 아버지의 손 옆에 놓았다. 아버지의 엄지손톱이 뒤집혀 피딱지와 진흙이 엉겨 있었고 굳은살과 피부가 터져서 엉망이었다. 반면에 기적이의 손은 곱고 깨끗했다.

　"기적아! 네 손과 아빠 손 좀 비교해서 봐."
　"…."
　"아버님, 기적이가 처음 입소한 다음 날 아이들 데리고 놀이공원에 갔어요.

그런데 기적이가 발이 아파서 못 걷겠다고 하더라고요. 그때 발 마사지를 해줬거든요."

"생각나요. 그때 병원에 데려가라고 하셨잖아요. 그래서 정형외과도 데려 갔었잖아요. 지난주에는 치과도 가고 이발도 하기로 했었는데 애가 가출을 해서…."

"예? 기적이가 가출을요?"

"얘가 지 엄마를 또 패니까 제가 말렸죠."

"기적아, 네가 엄마에게 폭력을 해서 아빠가 말리시는 것은 당연한데, 잘 못한 것을 반성하고, 용서해달라고 빌어야지. 왜 가출했니?

"아빠가 '이 새끼야 나가!'라고 욕해서요."

"아빠의 그 말이 진심이 아니라는 것을 알 나이가 됐는데 그 말을 듣고 나 갔다고? 그렇게 말 잘 듣는 애가 엄마가 학교에 가라고 했을 때는 왜 안 갔어?"

내 말에 기적이가 또 눈물을 흘리면서 나를 쳐다봤다. 할 말이 없자 억울해 서 우는 것처럼 보였다.

"기적아~ 네 곱고 예쁜 손과 아버지의 거친 손 좀 비교하면서 잘 봐봐. 아 빠는 엄지손톱이 뒤집히고 피딱지가 생겼는데도 일하느라 치료를 못 받으 시잖아. 그런데 소중한 아들이 센터에서 살고 싶다고 하니까 새벽부터 종 일 일해서 피곤한데도 저녁 식사도 못 하고 데려오셨는데 그런 아버지 앞 에서 자살하고 싶다는 말이 나오니?"

"…"

기적이가 아무 말 없이 듣고 있었다.

"기적아. 네가 무단으로 센터 복귀를 안 했을 때와 퇴소했을 때 아빠는 네가 이렇게 기본생활 습관과 수면 패턴이 다 무너지고 학교 안 갈 것을 예상하셨어. 그래서 교장 선생님께 직접 전화해서 우리 아들은 센터에 있어야지 초등학교를 졸업할 수 있으니까 제발 센터에서 퇴소시키지 말아 달라고 부탁했어. 아버지의 전화를 받고 교장 선생님이 교육청 장학관님께 전화하고 장학관님은 소장님에게 전화했고. 그런 복잡한 일을 너희 아버지가 두 번이나 했어."

"…"

기적이가 눈물 흘리면서 가만히 내 말을 듣고 있었다.

"기적아! 사랑하는 아들이 목숨 걸고 낳아서 소중하게 키워준 엄마에게 반복적으로 폭력 하는 걸 보면서 아빠는 얼마나 속이 상하셨을까? 분명히 잘못은 네가 했는데 반성하지는 않고, 되려 자살하겠다고 협박하고. 너 정말 이기적인 거 아니니?"

기적이가 눈물 흘리면서 여전히 내 말을 듣고 있었다.

"너 처음에 입소했을 때 친구 사귀는 것 배우고 싶다고 했었잖아. 그때 선생님들의 도움으로 묵상이랑 친구가 됐지. 그런데 10월에 게임 좋아하는 비행이가 입소하니까 어땠니? 그때부터는 게임하지 않는 묵상이는 무시하고 비행이에게 찰싹 붙어서 비행이랑만 놀고, 게임에서 만난 사람들 말에 휘둘려서 가출 계획하고 놀이터에서 노숙했잖아. 지금도 여전히 너를 진심으로 걱정하고 책임지고 돌봐주는 아버지의 말은 무시하고 게임 속에서 만난 모르는 사람들 말만 듣고 있잖아. 너는 그렇게 너가 하고 싶은 대로 다 해도 아버지는 너를 포기하지 않으셔."

기적이는 계속 눈물만 흘리다가 한참 후에 말했다.

"소장님! 저 센터에 있을 수 없죠?"
"기적아, 왜 자꾸 같은 말을 하니? 너는 이미 집으로 가는 것이 결정됐는데."
"아이 씨●, 안 데려간다는데 왜 자꾸 데려가라고 해요? 배도 고픈데, 왜 했던 말을 또 하고. 지금 장난쳐요? 아! 진짜 신경질 나서 죽겠네."

내 말에 아버지가 짜증 냈다.

"그러니까 저는 사회에서 필요 없는 사람이라서 죽겠다고요. 자살할 거예요."

기적이가 또 욱해서 말했다. 그 말에 아버지도 몹시 역정을 내며 소리쳤다.

"저는 가겠습니다. 쟤는 어디 가서 정말 죽으라고 하세요. 죽고 싶다는데. 네? 지가 자살하고 싶다는데 어쩌겠어요? 부모 앞에서 자살한다는 소리를 막 하는 게 무슨 아들이에요. 자살하라고 그러세요. 저는 갈게요."
"그냥 자살할 거라고요. 저는 사회에 필요 없는 사람이니까 죽을 거라고요."
"그만! 참기적. 막말 그만해! 아버님도 자리에 앉으세요."

두 사람이 나의 낮고 단호한 소리에 멈칫하며 앉았다.

"기적아! 아버지는 네가 학교에 잘 다니고, 잘 먹고, 잘 자고, 잘 씻으면서 건강하게 사람답게 사는 걸 원하셔. 지금 사회에 필요한 사람이 되는 걸 원하는 것이 아니란 말이야. 그리고 아버님도 마음에도 없는 막말 그만 하세요. 그 모든 말이 기적이에게 다 상처가 됩니다. 나중에 얼마나 후회하려고 그러세요? 지금부터 두 사람 모두 그동안 센터에서 배웠던 소통하는 방법을 기억하고 생각하면서 말씀해 주세요."

"예, 죄송합니다. 그런데 저도 할 말이 있어요. 아니 쓸모가 없으면 쓸모 있는 사람으로 센터에서 가르쳐주는 것을 잘 배우고 학교 다니면 되지. 어? 엄마가 학교 가라고 했다고 패고. 어? 밤새 게임만 하고. 어? 지 형한테 라면 끓여오라고 시키고. 어? 그렇게 자기가 왕처럼 다 시켜 먹고 맘대로 살면서 무슨 자살을 하겠다고."

아버지는 그동안 기적이에게 하고 싶었지만 못했던 마음속의 말을 막 쏟아냈다.

"아버님, 기적이가 학교에 안 가는 이유는 '아침에 엄마가 등교하라고 재촉하고 강요해서'라고 말하는데 이 부분만 해결되면 되니까, 이제는 집으로 데려가셔서 9시에 자도록 하고, 아침에 형 일어날 때 같이 일어나서 같이 등교하도록 하면 될 것 같아요. 그러면 엄마가 재촉하실 일도 없고, 기적이도 짜증 낼 필요가 없으니까요. 그러니 그만 정리하고 집으로 데려가세요."

"못 데려간다니까요. 얘 가면 애 엄마 죽어요."

"소장님, 저 진짜 센터에서 살 수 없어요?"

"기적아, 왜 자꾸 같은 말을 반복하게 하니? 어서 집으로 돌아가. 아버님, 저도 말장난하는 거 아닙니다. 어서 데려가세요."

내 목소리가 아주 단호하자, 기적이의 표정이 또 달라졌다.

"소장님, 그때는 반강제적으로 온 거라서 그래요."

"그게 무슨 말이야? 반강제적으로 왔다니? 언제를 말하는 거니?"

"처음에 입소했을 때랑 저번에 왔을 대는 반강제적으로 입소한 거예요. 그런데 이번에는 진짜로 제 스스로 센터에서 살면서 학교에 잘 다니고, 수면 패턴도 바꾸고 싶어서 온 거예요."

"기적아, 그런 건 이미 5개월 넘게 지내면서 다 배웠고, 센터에서는 더는 네게 해 줄 것이 없어. 그냥 집으로 돌아가서 내일 아침에 형 일어날 때 함께 일어나고 엄마가 재촉하기 전에 학교에 가면 일은 아주 쉽게 해결될 수 있으니까 어서 집으로 가."

"소장님, 저 진짜로 센터에 못 있어요?"

기적이가 눈물을 흘리면서 물었다. (기적이의 눈빛과 태도가 아까와는 사뭇 달라졌다.)

"기적아! 왜 센터에서 지내고 싶은 거야?"

"소장님, 저 정말로 학교 다니고 싶어요. 제발요."

"진심으로 센터에서 지내면서 6학년 졸업까지 잘 마칠 각오가 됐니?"

"예. 소장님 저 진심이에요."

"그렇게 가기 싫었던 학교였는데 왜 갑자기 다니고 싶어졌어?"

"제가 아까 까지는 철이 없었는데, 소장님이랑 얘기하면서 생각이 바뀐 거예요."

"이 순간을 벗어나려고 그러는 건 아니고?"

"아니에요. 저 진짜 6학년 잘 다니고 무사히 졸업하고 싶어요. 소장님, 저 진심이에요."

드디어 기적이의 눈에서 '번뜩이'가 보였다. 번뜩이를 발견하는 건 누구나 경험할 수 있는 게 아니다. 철없는 아이가 터무니없는 고집을 부리면서 논쟁하는 중에 뭔가를 깨달았을 때 나오는 그 눈빛이 바로 번뜩이다. 내가 아이들과 대화하면서 가장 좋아하는 순간이다. 때때로 '단호한 사랑법'은 번뜩이를 선물한다. 물론 번뜩이가 나오기까지는 무척 지루하고 말장난 같은 고된 에너지 소모가 필요하다.

"그렇구나. 일단 기적이 네가 자신의 마음을 잘 알아채고 잘 얘기해줘서 고마워. 그럼 지금부터 센터에서 지내면서 꿈아학교를 잘 다닐 각오와 다짐을 얘기해봐. 소장님이 잘 들을게."

"소장님! 먼저 지금까지 말꼬리 잡고 늘어져서 죄송합니다. 그리고 제 얘기를 들어주셔서 감사합니다. 저를 센터에 있게 해 주시면, 첫 번째로는 앞으로 규칙을 잘 지킬게요."

"첫 번째 각오와 다짐은 센터와 꿈아학교에서 배우는 규칙을 센터에서는 물론이고 집에서도 잘 지키겠다는 거니?"

"예. 맞아요. 둘째 각오는 공부를 열심히 할게요."

"그래, 첫째 각오는 집, 센터, 학교에서 학생으로서 지켜야 할 규칙을 잘 지키는 것, 둘째 각오는 공부를 열심히 하는 것. 이상이니? 잘 알겠어."

"아니요. 셋째도 있어요. 세 번째 각오는 남에게 민폐를 끼치지 않을게요."

"기적아! 남들도 중요하지만, 너와 너희 가족도 중요해. 민폐 끼치지 않는다는 각오에 부모님께 예의 바르게 대하고 형에게 심부름시키지 않는 것, 폭력하거나 자살하겠다고 막말하지 않는 것도 가능하겠니?"

"네."

"그래 알겠어. 일단은 네가 말한 세 가지 각오를 다 알아들었어. 자 그럼 이제는 너의 입소와 관련된 회의를 할 때, 네가 입소할 수 있도록 소장님이 다른 선생님들을 설득해야 하는 이유를 얘기해봐."

"첫째는 저를 잘 키우면 사람들에게 칭찬받기 때문이고, 둘째는 소장님이 희열을 느끼게 되기 때문이에요."

"기적아, 잘 들어. 소장님은 어린이를 잘 키워서 다른 사람에게 칭찬받는 것에는 관심이 없어. 그런데 너희 아빠 의견은 어떤지 여쭤보자. 아버님! 아버님은 기적이의 말이 어떻게 들리세요?"

"저야 뭐 얘가 잘한다고 사람들이 칭찬하면 기분은 좋죠."

"아버님은 기적이가 각오한 것을 잘 지켜서 그 모습을 보고 사람들이 기적이를 잘 키웠다고 칭찬한다면 기분이 좋을 거라는 거죠?"

"그럼요. 아주 좋지요."

"기적아, 소장님이 기적이의 각오와 다짐을 듣고 아버지의 생각도 들었는데 솔직히 소장님은 아직도 너의 다짐과 각오를 믿을 수가 없어."

"그럼, 소장님. 제가 보여드릴게요."

"뭘? 무엇을 보여줄 건데?"

"저번에 생명존중 수업 때 애들한테 소장님이 제 얘기를 한 거요. 제가 사람들에게 영향력 있는 태양과 같은 사람이 되겠다고 말한 거요."

"그래? 일단 알겠어. 소장님이 이번에도 믿어보려고 노력할게. 그리고 아까부터 계속 자살하겠다고 막말하면서 협박했던 것 아버지께 사과부터 드리자. 그리고 아버님도 기적이에게 오늘 막말하신 것 사과하세요."

기적이와 아빠는 서툴지만, 진심으로 사과하고 용서하는 시간을 가졌다.

"기적아, 소장님이 실장님 모시고 오면 아까 버릇없이 막말한 것도 사과드리자. 가능하겠니?"

"예."

기적이가 회의실로 온 실장님에게 사과드렸다. 실장님이 기적이에게 용기 내서 사과해줘서 고맙고 앞으로는 대화할 때 예의를 잘 차리자고 말해줬다. 그 후 기적이는 따뜻하고 안락하게 꾸며놓은 자기 방으로 갔고, 아버지도 집으로 갔다. 시계를 보자 10시 45분이었다.

멋있는 각성

재입소가 결정된 후, 기적이의 삶은 정말 달라졌다. 센터에서 다시 지낼 수 있게 된 한 달을 굉장히 소중하게 여겼다. 동생들에게 자신의 실수를 먼저 얘기하면서 너희들은 그러지 말라고 조언하기도 했다. 꿈아학교에서 수업을 할 때도 열심히 공부해서 서울대에 가겠다며 점심시간에도 얼른 먹고 시간을 아끼며 공부했다.

드디어 12월 30일 6학년 졸업생들의 퇴소 날이 다가왔다. 그해에 6학년을 마치고 퇴소하는 아이는 총 7명이었다. 선생님들은 저녁에 있을 〈퇴소 파티〉 준비에 바빴다. 동생들은 형아, 누나들에게 불러줄 축하 노래 연습으로 바빴고 형아, 누나들은 인사말 연습으로 바빴다. 조리장님은 잔치 음식 준비에 바빴다. 모두 바쁜 틈에 기적이가 나를 찾아왔다.

"소장님, 저 부탁드릴 것이 있어서요."

"그래. 우리 기적이의 부탁이 뭔지 들어볼까?"

"오늘 졸업생들 인사말 할 때, 저는 편지로 읽어도 돼요?"

"무슨 편지를 읽고 싶은데? 누구에게 쓴 편지인지 말해 줄 수 있니?"

"동생들이요. 동생들에게 하고 싶은 말이 있는데, 제가 말을 이상하게 하니까 동생들이 한 번에 못 알아들을까 봐 편지로 썼어요."

"그렇구나. 알겠어. 사회 보는 김연두 선생님께 말씀드려 놓을게."

나는 기적이의 부탁을 흔쾌히 들어줬다. 아래는 기적이가 쓴 편지의 내용이며, 매끄럽게 읽히도록 조금 다듬었다.

> 안녕하세요. 동생 여러분. 저는 기적이에요.
>
> 오늘은 우리 6학년들이 퇴소하는 것을 기념하는 퇴소 파티가 있는 날입니다.
>
> 저는 오연두 선생님을 떠나보낼 때 너무 힘들었어요. 막 좌절하고 싶고…. 그래도 저는 형이니까 동생 여러분 앞에서 좌절하고 포기하는 모습을 보이지 않을 테니, 동생 여러분도 이걸 본보기 삼아 우리 6학년들과 헤어지는 슬픔을 멋지게 이겨내면 좋겠어요. 여러분은 센터에서 교육을 더 받으니 저보다 훨씬 멋지게 성장하고 잘 클 테니까 저까지 기분이 좋은 것 같아요.
>
> 그렇게 되려면 우리 자신도 중요하지만, 우리를 빛나게 하고 지지해 주는 센터도 중요하기 때문에 우리는 항상 센터를 고맙게 생각해야 해요. 저는 그렇지 못했고 졸업하는 때가 되어서야 깨달았고, 이제야 고맙게 생각하니 너무 죄송하네요. 동생 여러분에게 좋은 모습을 다 못 보여주고 떠나서 너무 아쉬워요. 그리고 저의 마음을 이제라도 알리니까 다행이에요. 저는 이제 떠나지만, 동생 여러분이 잘 성장할 수 있을까 걱정이 됩니다. 저는 형이지만 동생 여러분에게 배운 것이 더 많아요. 저는 여러분과 센터에 대해 너무너무 고맙게 생각하고 그 마음을 전했으니 이것으로 만족하면 될 것 같아요.
>
> 참기적 드림

사실 퇴소를 앞두고 기적이는 퇴소 후에 센터에 놀러 와도 될지를 여러 번

물었다. 나는 기적이가 중학교에 가서 센터에서 배운 것처럼 기본생활 습관을 잘 지키면서 학교생활을 잘하여 동생들에게 본보기가 된다면 허락하겠다고 말했다. 그 말을 듣자 기적이는 중학교에 잘 적응할 것이라고 약속했다. 퇴소 후 기적이는 그 약속을 잘 지켰다.

사람은 고쳐 쓰는 것이 아니라는 말이 있다. 그러나 어린이는 고칠 수 있다. 어린이의 변화는 무궁무진하다. 그래서 세상은 아직 소망이 있다.

그 후에

새 학기가 시작되고 3월 중순의 어느 날, 기적이에게 전화가 왔다.
"소장님, 저 부반장 됐어요. 소장님이 동생들에게 본보기가 돼야, 센터에 놀러 올 수 있다고 하셨잖아요. 제가 자격을 갖추려고 우리 반에서 부반장 선거할 때 용기 내서 자원했어요. 저 이제는 학교에 잘 다니고 동생들에게 모범인 형이 돼서, 센터에 놀러 갈게요."

기적이의 반가운 전화에 가슴이 뭉클했다. 그 후에도 기적이는 자주 전화했다. 자신이 센터에 놀러 오기 위해서 얼마나 열심히 노력하고 있는지 계속 알려줬다. 선생님들은 기뻐하면서 격려와 지지 그리고 응원을 아끼지 않았다. 기적이는 여름방학이 되자 센터에 놀러 왔다. 그리고 자신이 매 방학마다 센터에 놀러 올 자격을 유지하기 위해서 얼마나 잘 지내고 있는지 자주 연락해서 들려준다.

마무리하면서

    나는 일상에서의 체험이나 느낌을 생각나는 대로 기록하는 것을 좋아한다. 이 책은 내가 만난 아이들과의 일상생활 중에서 학교폭력 근절에 관련된 내용들로만 채웠다.

    어떤 아이에게 '학교폭력'이라는 주홍 글씨가 새겨지면 그 아이 자체가 곧 학교폭력이 된다. 그러나 그 주홍 글씨는 아이들이 경험한 '물리적 폭력'과 '정신적 학대' 속 서사에 대해서는 아무것도 말해주지 않는다. 대부분은 학교폭력을 하는 아이가 불편하고 싫을 뿐 그 아이의 삶을 궁금해하지 않는다.

    사람은 자기 눈에 보이는 걸로 상대방을 판단하기 때문에 겉으로는 보이지 않는 외상에 의한 고통 속에서 몸부림치는 아이들을 이해하지 못한다. 그저 문제아로 취급하며 연민도 동정도 느끼지 못한다. 그러는 와중에 많은 아이가 끔찍한 고통에서 구출되지 못했다. 그리고 견디기 힘든 고통 속에서 학대자가 된 아이들은 친구들을 향해서는 학교폭력을, 선생님에게는 교권 침해를 한다.

    이대로 두면 우리 사회에서 폭력이 계속 대물림 되어 모든 아이의 미래는 캄캄한 절망에 갇힐 수 있다. 그것이 바로 내가 이 책을 '시작하면서'에서 언급했던 '모두가 망한다'라고 염려한 현실이다. 다행히 더 늦기 전에 듣게 된 매우 소중한 이야기들 덕분에 지금 우리는 이처럼 귀한 고민을 하게 됐다. 만약 용기 있는 아이들이 목소리를 들려주지 않았다면 우리는 아직도 '학교폭력'이라는 흉측한 단어에 매몰돼서 그저 '요즘 애들은~'을 시전하며 정죄하고 있을지 모른다. 그래서 나는 이 책에서 만난 모든 아이에게 심심한 감사를 전한다.

분명히 강조하지만 나는 학교폭력 가해의 어떤 이유도 옹호하지 않는다. 2부에서 만났던 아이들 대부분이 어쩔 수 없는 상황이었다 손 치더라도 나는 가해를 편들지 않는다. 다만 그럴 수밖에 없었던 배경을 알리고 싶었다. 또 학교폭력 근절을 위해서는 어른이 먼저 폭력을 멈추자고 설득하고 싶었다. 어른들은 아이들이 매 없이는 훌륭하게 자랄 수 없을 거라는 '자기 불안'에서 벗어나야 한다. 사랑의 매가 없어도 우리 아이들은 충분히 훌륭하게 성장한다. 하루는 막대사탕을 입에 문 '명랑'이가 소장실에 들어오더니 갑자기 물었다.

"소장님, 소장님은 월급을 얼마 받아요?"

"우리 명랑이가 갑자기 소장님의 월급이 왜 궁금해졌을까?"

"소장님이 우리 아빠보다 더 많이 받을 거 같아서요."

"왜 그렇게 생각하는데?"

"세상에서 제일 힘든 일을 하잖아요. 우리 키우면서 맨날 잠도 못 자고요. 그러니까 월급을 많이 받겠지요."

"명랑아~ 정말 그렇게 생각해?"

"선생님들이 우리를 키우는 일이 세상에서 제일 힘든 거라고 우리 아빠가 말해줬어요. 그래서 항상 감사하래요. 그리고 소장님도 우리가 소중하다고 맨날 가르쳐주잖아요. 그렇게 중요한 일을 하시니까 월급을 많이 받겠지요."

"어머나! 명랑아, 너 어른이 되면 우리나라를 이끌어가는 대통령 되지 않을래?"

"왜요?"

"어린이들 키우는 일이 힘들지만 중요한 일이라는 것을 잘 아는 사람이 정치를 하면 좋겠다는 생각이 들어서. 명랑이가 대통령이 되면 더 많은 어린이가 안전하고 행복해질 것 같아."

"싫어요. 저는 우리 아빠처럼 버스 운전하는 사람이 될 거예요."

서두에서 사랑이는 내게 뇌가 없냐고 물으면서 그 이유로 뇌가 있었다면 공부를 열심히 해서 돈을 잘 버는 의사가 됐지, 무시당하고 맞으면서 아이들 키우는 일을 하고 있겠냐고 말했다. 반면에 명랑이는 아이들 키우는 일은 세상에서 제일 중요하고 힘든 일이라서 월급을 많이 받아야 한다고 말했다.

두 아이가 본 내 삶은 같지만 같은 것을 본 두 아이의 생각은 달랐다. 두 아이의 생각이 다른 이유는 무엇 때문일까? 정확한 이유는 알 수 없으나 명랑이의 아버지의 말과 태도로 약간의 유추는 할 수 있을 것 같다.

명랑이의 아버지는 시민의 발인 시내버스를 운전한다. 그는 버스에 태우는 모든 승객을 귀하게 대하는 자신의 직업적 사명감과 감사하는 삶에 대한 가치관을 아들에게 지속해서 전수했다. 또 아이 앞에서 "선생님들은 어쩌면 아이들에게 이렇게까지 헌신할 수 있으세요?"라고 자주 표현했다. 아마도 명랑이는 아빠의 타인을 대하는 태도와 가르침을 잘 소화하며 성장하는 것 같다. 덕분에 명랑이는 사랑이라는 본질이 가진 위대한 가치를 잘 알고 있었다.

독자도 이제 더 확실히 알게 되었을 텐데, 이 책은 학교폭력을 근절하기 위해서 우리 아이들과 어른들이 그리고 우리 사회가 이미 잘하고 있는 매우 긍정적인 움직임을 소문내는 글이다. 그리고 이미 잘하고 있는 것을 유지하고 더 개발하기 위해서 아쉬운 부분을 쪼끔만 더 신경 쓰자고 외치는 글이다. 궁극적으로는 학교폭력에 대한 인식을 변화시키는 목적이 담겨 있다. 독자는 학교폭력 근절을 위해 내가 제1부에서 강조한 것이 '충분하면서도 적당한 돌봄 그리고 올바른 가르침과 배움'이라는 걸 확인했을 것이다. 제2부에서는 그와 함께 '전문가적 개입과 진정한 사랑'을 강조한 것도 확인했을 것이다.

결론적으로 이 책 전체에서 내가 강조한 것은 모든 것을 아우르며 사람을 사람답게 만드는 본질인 '사랑'이다. 진정한 사랑이 우리 삶에 충분히 스며든다면 학교폭력은 물론이고 이 세상의 모든 폭력은 사라진다. 그리고 우리는 탈폭력 세상에서 안전하고 행복하게 살 것이다. 그렇다면 진정한 사랑이란 어떤 걸 말하는 것일까? 워낙 타고난 사랑이 부족하고 이기적인 나는 아이들을 잘 키우기 위해서 사랑을 공부해야 했다. 내가 사랑을 배우기 위해 선택한 교과서는 '바울'이라는 사람이 신약성경에 기록한 '사랑의 찬가'였다. 나는 사랑의 찬가로 여전히 사랑을 공부하고 연습하고 훈련한다.

"사랑은 오래 참고 사랑은 온유하며 투기하는 자가 되지 아니하며 사랑은 자랑하지 아니하며 교만하지 아니하며 무례히 행치 아니하며 자기의 유익을 구치 아니하며 성내지 아니하며 악한 것을 생각지 아니하며 불의를 기뻐하지 아니하며 진리와 함께 기뻐하고 모든 것을 참으며 모든 것을 믿으며 모든 것을 바라며 모든 것을 견디느니라 사랑은 언제까지든지 떨어지지 아니하나 예언도 폐하고 방언도 그치고 지식도 폐하리라."[57]

이 세상에서 가장 위대하며 모든 것인 사랑만이 탈폭력 세상이라는 불가능을 가능하게 할 수 있다. 서로가 서로에게 진정한 사랑을 먼저 행할 때 학교폭력은 근절되고 탈폭력 세상은 속히 올 것이다. 그 세상에서 우리 아이들은 어제보다 오늘, 오늘보다는 내일 더 안전하고 행복하게 살 수 있다. 그런데도 사랑하기를 미룰 것인가?

---

57. 대한성서공회, 「고린도 전서」 13장 4절–8절, 『성경전서 개역한글판』, 1961.

참고문헌

〈단행본〉

김유숙 외 공저, 『불안장애 아동』, (이너스북, 2012.)

도상금 외 공저, 『충동통제장애』, (학지사, 2016.)

최우성 지음, 『학교폭력, 우리 아이를 지켜주세요』, (성안당. 2023.)

엘리스 밀러(Alice Miller), 신홍민 옮김, 『사랑의 매는 없다』, (양철북, 2005.)

엘리스 밀러(Alice Miller), 노선정 옮김, 『천재가 될 수 밖에 없었던 아이들의 드라마』, (양철북, 2019.)

데니스 라인스(Dennis Lines), 정희성 외 옮김, 『쉽고 간결한 학교상담』, (한울. 2019.)

디트리히 본회퍼(Dietrich Bonhoeffer), 에릭 메택시스(Eric Metaxas), 김순현 옮김, 『디트리히 본회퍼』, (포이에마, 2011.)

네이션 메이너드(Nathan Meynard) 외 공저, 홍수연 옮김, 『오늘부터 시작하는 회복적 생활교육』, (우리학교, 2022.)

올리버 색스(Oliver Sacks), 조석현 옮김, 『아내를 모자로 착각한 남자』, (이마고, 2006.)

페트리샤 에반스(Patricia Evans), 이강혜 옮김, 『언어폭력』, (북바이북, 2019.)

스테판 프라이어(Stephen Prior), 『심각한 외상과 대상관계』, (한국심리치료연구소. 2016.)

〈비매품 교육자료〉

청소년폭력예방재단, 「2012년 청소년폭력예방전문가 양성연수」, (청소년폭력예방재단. 2012.)

〈논문과 학술지〉

김철(2022), 「노르웨이 올베우스 학교폭력 예방프로그램(OBPP)에 관한 연구」, 교육문화연구 제28권 제2호,

박지영(2015), 「멈춰 프로그램을 활용한 학교폭력예방교육이 학교폭력 대처능력에 미

치는 영향」, 한국방송통신대학교 대학원 청소년교육학과 석사학위 논문,

박효정(2012), 「노르웨이의 학교폭력 실태와 대책, 그리고 한국교육에의 시사점」, 세계
교육정책 인포메이션 제1호, 한국교육개발원,

〈뉴스 및 인터넷 기사 외〉

네이버 지식백과, 〈제노비스 신드롬〉
https://terms.naver.com/entry.naver?docId=937567&cid=43667&category
Id=43667 (최근 검색일 2024. 6.13.)

〈영상 자료〉

EBS지식채널(2007.2.17), 제목: 38명의 목격자

KBS1, 시사기획 창, (2012. 5. 15.), 제목: 학교폭력, 가해자는 말한다

SBS스페셜, (2013.1.13.~2013.1.27.), 제목: 학교의 눈물

하트가 썩었어요

폭력이 사라진 교실을 꿈꾸며

초판인쇄 2024년 10월 31일
초판발행 2024년 10월 31일

글쓴이 김대원
발행인 채종준

출판총괄 박능원
책임편집 유 나
디자인 서혜선
마케팅 안영은
전자책 정담자리
국제업무 채보라

브랜드 드루
주소 경기도 파주시 회동길 230 (문발동)
투고문의 ksibook13@kstudy.com

발행처 한국학술정보(주)
출판신고 2003년 9월 25일 제406-2003-000012호
인쇄 북토리

ISBN 979-11-7217-580-1 03330

드루는 한국학술정보(주)의 지식 · 교양도서 출판 브랜드입니다.
세상의 모든 지식을 두루두루 모아 독자에게 내보인다는 뜻을 담았습니다.
지적인 호기심을 해결하고 생각에 깊이를 더할 수 있도록, 보다 가치 있는 책을 만들고자 합니다.